HALL
UND DAS SALZ

HALL UND DAS SALZ

Beiträge zur hällischen Stadt- und Salinengeschichte

Im Auftrag der Stadt Schwäbisch Hall
unter Mitarbeit von Hans Hagdorn, Raimund J. Weber,
Gerd Wunder und Heinrich Mehl

herausgegeben von

Kuno Ulshöfer und Herta Beutter

Jan Thorbecke Verlag Sigmaringen
1982

Einband Vorderseite: Naives Wasserfarbenbild aus dem (späten?) 18. Jahrhundert. Erläuterung Seite 92.
Einband Rückseite: Das Schöpfwerk von 1716/17. Erläuterung Seite 62.

CIP-Kurztitelaufnahme der Deutschen Bibliothek

Hall und das Salz: Beitr. zur häll. Stadt- u. Salinengeschichte / im Auftr. d. Stadt Schwäbisch Hall unter Mitarb. von Hans Hagdorn... hrsg. von Kuno Ulshöfer u. Herta Beutter. – Sigmaringen: Thorbecke, 1982.
ISBN 3-7995-4041-5

NE: Hagdorn, Hans [Mitverf.]; Ulshöfer, Kuno [Hrsg.]

GEDRUCKT MIT UNTERSTÜTZUNG DER STADT SCHWÄBISCH HALL

Buchgestaltung: Ulrich Ulrichs, Sigmaringen

Gesamtherstellung: M. Liehners Hofbuchdruckerei KG, Sigmaringen
Printed in Germany · ISBN 3-7995-4041-5

Inhalt

Karl Friedrich Binder	Vorwort	7
Kuno Ulshöfer	Die Salzstadt Hall	9
Hans Hagdorn	Salz und Sole	27
Hans Hagdorn	Die Technik der Salzgewinnung	41
Raimund J. Weber	Die Haller Floßmäler. Organisation und Recht der Salineflößerei	83
Kuno Ulshöfer	Der hällische Salzhandel	95
Raimund J. Weber	Die Haller Saline und ihr Recht. Rechtsgeschichtliche Probleme der alten Schwäbisch Haller Salinenverfassung	113
Gerd Wunder	Die Haller Sieder als genealogische Gemeinschaft (am Beispiel der Familien Blinzig, Seyboth, Müller und Wetzel)	147
Heinrich Mehl	Bemerkungen zum Brauchtum der Haller Sieder	163
	Abkürzungs- und Sigelverzeichnis	192
	Orts- und Personenregister	193

Vorwort

Es ist erstaunlich, daß es bis heute keine zusammenfassende Darstellung zum Thema »Hall und das Salz« gab, obwohl das Salz für diese Stadt existentielle Bedeutung hatte. Um so lieber habe ich das Stadtarchiv beauftragt, eine Ausstellung »Hall und das Salz« für die Landesgartenschau 1982 in Schwäbisch Hall zu erarbeiten. Das vorliegende Buch soll diese Ausstellung begleiten und darüber hinaus ihre Ergebnisse festhalten. Zur allgemeinen Haller Geschichte gibt es eine Reihe guter Veröffentlichungen; deshalb konnte auch der einleitende Beitrag kurz gehalten werden. Zur speziellen Salz- und Salinengeschichte aber sind nur wenige gedruckte Abhandlungen erschienen. Neben Dr. Werner Matti haben sich besonders Prof. Dr. Walter Carlé, Prof. Dr. Gerd Wunder, Dr. Raimund J. Weber und Gottlob Jungk um die wissenschaftliche Erarbeitung dieses umfassenden Themas verdient gemacht. Im vorliegenden Sammelband werden zum ersten Mal die bisherigen Forschungen einer größeren Öffentlichkeit in Text und Bild vorgestellt. Damit ist die Haller Geschichtsschreibung um einen wichtigen Beitrag reicher geworden. Die Stadt Schwäbisch Hall trägt, wie mir bewußt ist, eine große Verantwortung hinsichtlich ihrer besonderen Geschichte und der noch lebendigen, erhaltenswerten Siedertradition. Dieses Buch möge zeigen, daß wir das althergebrachte Erbe pflegen.

Allen denen, die zum Gelingen des Bandes beigetragen haben, danke ich sehr.

Schwäbisch Hall, im Mai 1982

Karl Friedrich Binder
Oberbürgermeister

Was bedeutet »Hall«?

Die Herkunft des Wortes »Hall« ist dunkel und wissenschaftlich umstritten. Mit Sicherheit läßt es sich nicht aus dem Keltischen oder Illyrischen herleiten, auch wenn von verschiedenen »Hall«-Orten keltische Salinen archäologisch belegt sind. Am wahrscheinlichsten bleibt die Herleitung von einer westgermanischen Wortfamilie mit der Bedeutung »durch Hitzeeinwirkung austrocknen«.

Die ältesten Belege des Wortes stammen aus dem Althochdeutschen

daz hal = Saline
daz halhūs = Salinengebäude

Im Mittelhochdeutschen sind belegt

daz hal = Saline, Salzquelle
der halgrave = Oberbeamter, Richter über eine Saline

Ortsnamen auf »Hall« verweisen auf alte Salzgewinnung, z. B.:

Schwäbisch Hall
Niedernhall
Halle/Saale
Hall in Tirol
Hallstatt
Hallein
Reichenhall
Herzogenhall

Seit dem Absolutismus wurden neuerbaute Salinen, die sogenannten Barocksalinen, nach dem Muster

Name des Landesherrn + -hall

benannt. Beispiele sind:

Friedrichshall
Clemenshall (bei Offenau)
Wilhelmshall (bei Rottweil)
Ludwigshalle (bei Wimpfen)

Die Salzstadt Hall

VON KUNO ULSHÖFER

»Daß ein gesegnetes Salzwerk für einen Staat von großem Wert sey, darf nicht erst weitläufig erwiesen werden. Ein solcher Staat erspahrt nicht nur sein eigen Geld; sondern er gewinnt wohl gar fremdes. Beydes macht ihn reich, das ist: glückselig; denn ein reicher Staat ist allemal glücklich: so, wie ein armer es nicht ist.« Mit diesen Worten führt der bayerische Geheimrat und Finanzreferendar Franz Xaver Anton von Stubenrauch den Leser in sein Buch »Unterricht vom Salzwesen« (1773) ein. Wenn ein Gemeinwesen so absolut auf einen einzigen Erwerbszweig hin angelegt ist wie über Jahrhunderte hinweg die Siedlung und spätere Reichsstadt Hall auf die Salzgewinnung und den Salzhandel, dann läßt sich an seiner Geschichte die Gültigkeit dieses Satzes vom glücklichen Staat leicht verfolgen. Die Gründung und Entwicklung der Stadt Hall – ihre Entstehung im Kochertal um die Salzquelle, ihr topographisches Wachstum, ihre Architektur, die Entfaltung ihrer Einwohner- und Bürgerschaft, ihr Wirtschafts- und Sozialwesen, der Aufbau ihres Territoriums – hängt aufs engste mit ihrer Geschichte als Salzstadt zusammen.

Hall darf mit Fug und Recht als ältester kontinuierlich besiedelter Industrieort des deutschen Südwestens gelten: Durch Ausgrabungen sind an dieser Stelle des Kochertals technische Anlagen zur Salzgewinnung nachgewiesen, die in die Keltenzeit (Latènezeit, seit ca. 500 v. Chr.) reichen. Auch als sich die keltische Bevölkerung aus den Tälern zurückzog und Höhensiedlungen *(oppida)* bevorzugte, blieb Hall im Tal weiterbestehen. Der Standort der Siedlung, im Kriegsfall schwer zu verteidigen, war an den Bodenschatz, die Solequelle, gebunden. Für die Geschichte der folgenden Jahrhunderte sind uns bisher allerdings noch keine Dokumente bekanntgeworden, die eindeutig die Fortexistenz von Hall belegten. Doch lassen der Name des Ortes und das auf vorchristliche Einflüsse deutende Haller Brauchtum (Brunnenzug, Haalgeist) auf eine kontinuierliche Besiedlung schließen.

In salischer Zeit endlich ist ein Ort »Hall« belegt, der sich zweifellos auf unser Hall bezieht: Bischof Gebhard von Regensburg gab 1037 in einer Urkunde, dem sogenannten Öhringer Stiftungsbrief, die Hälfte der *villa halle* an die Grafen von Komburg. Die Rekonstruktion des *Abb. 1* damaligen Ortsgrundrisses zeigt deutlich eine dreigliedrige Struktur: Im Tal befand sich um die Haalquelle auf einer Kocherinsel das »Haal«, die Produktionsanlage, vermutlich von einer hölzernen Palisadenbefestigung umgeben. Östlich daran schloß sich hangwärts das Gewerbe-, Handwerker- und Handelsquartier mit dem ältesten Haller Markt an (heute: Hinter der Post). Weiter am Hang hinauf grenzte der Herrschafts- und Verwaltungsbereich mit einer Jakobskirche die Siedlung ab. Im Schutz dieses Bezirks, zwischen ihm und dem Marktgeviert, zog sich die Nord-Süd-Straße durch den Ort. Eine Abzweigung führte zum Markt und zum Haal und – durch eine Furt – auch zu einer Martinskirche jenseits des Flusses, der heutigen Katharinenkirche. Stadtherren waren die Grafen von Komburg, von denen Hall durch Erbheirat an die Staufer überging.

Abb. 2 Im staufischen Jahrhundert wurden Hall und das Haal großzügig ausgebaut. Um die neue Michaelskirche, die Bischof Gebhard von Würzburg 1156 weihte, gruppierten sich die Höfe der staufischen Ministerialen, des hällischen Stadtadels, und die Wohnbereiche der Geistlichkeit (Pfarrgasse). Die alte Jakobskirche, bei der ein jährlicher Jakobimarkt stattfand, und das durch die modernen Stauferbauten überflüssig gewordene Verwaltungszentrum dienten nun den Minoriten als Niederlassung und Kloster. Auch ein Spital entstand damals, das nach einem Brand 1228 als bürgerliche Stiftung zur Versorgung von Alten, Kranken und Pilgern neu gegründet wurde. Es ist eines der ältesten Stadtspitäler in Südwestdeutschland. Das Haal war bisher durch einen Kocherarm vom Handelsquartier getrennt; es wurde jetzt unmittelbar an die Stadt angebunden, indem die staufische Verwaltung im Zuge der Neugestaltung der Altstadt den östlichen Kocherarm zuschüttete und überbaute. Hier, am neu gebildeten Kocherufer, war auch ein Wohnbezirk für die 1241 bezeugte Haller Judengemeinde ausgewiesen.

Staufische Ministeriale leiteten im Auftrag des Königs die Stadt (der Schultheiß), das Haal (der Sulmeister) und eine Münzprägestätte (der Münzmeister). In der Haller Münze wurde spätestens seit der Zeit Kaiser Friedrich Barbarossas der berühmtgewordene »Heller« geschlagen, eine Kleinmünze im Wert eines halben Pfennigs, der rasch in weiten Gebieten des Reichs kurrent wurde. Nach dem Gesetz »schlechtes Geld verdrängt gutes Geld« war der Heller bald das verbreitetste Zahlungsmittel.

Die Haller Altstadt erhielt um die Mitte des 13. Jahrhunderts Mauern, Tore und Türme; dadurch wurde ihr äußerer Rahmen abgesteckt, den sie bis zum Ende des alten Reiches beibehielt; lediglich im heutigen Spitalgelände und im Bereich des Rosenbühls fügte das späte Mittelalter noch einige Ergänzungen hinzu. Im übrigen konnte es Stadterweiterungen danach nur noch entlang der Straßen außerhalb des Mauerrings geben. So entwickelten sich die *Abb. 3* Gelbinger Vorstadt im Norden entlang der Gelbinger Gasse, die Weilervorstadt um die Anlage des Johanniterordens im Gebiet »Weiler« jenseits des Kochers im Westen und, im Zusammenhang mit der Weilervorstadt, die Katharinenvorstadt um St. Katharina. Auch diese Vorstädte mußten im 14. Jahrhundert befestigt und ummauert werden. Sechs Haupttore erschlossen jetzt den gesamten Stadtbereich, der sich nach drei Seiten hin gut ausgestaltet hatte. Nur gegen Süden war der Stadt Hall die Ausdehnung verwehrt. Hier hatten staufische Ministeriale, die Schenken von Limpurg, um 1230 ihren Sitz Oberlimpurg erbaut, zu dessen Füßen sie eine Siedlung mit eigener Pfarrkirche St. Maria (später St. Urban) gründeten. Dieser Ort »Untermberg« oder »Unterlimpurg« war eigentlich als eine Gegengründung zu Hall gedacht, als Hauptstadt der Schenken von Limpurg. In der ausgehenden Stauferzeit strebten die Schenken nach der Macht über Hall. Beide Seiten bekriegten sich heftig. Die Sache kam schließlich vor den König, der sie – er brauchte die Städte als Geldgeber! – 1280 zugunsten Halls entschied. Jetzt konnte Hall, die Stauferstadt, zur Reichsstadt werden, nur dem Kaiser untertan. Der Außenfeind war abgeschlagen. Die Siedlung der Schenken, Unterlimpurg, kam im Schatten Halls nur kümmerlich voran, bis sie – lange später – von der Reichsstadt kurzerhand aufgekauft wurde. Im Innern aber brachen Unruhen unter den Bürgern und Einwohnern aus, Verfassungskämpfe, die dazu führten, daß Kaiser Ludwig der Bayer 1340 der mittleren Bürgerschicht und den Handwerkern *Abb. 4* ein Mitregiment einräumte: Neben zwölf Adligen, die gleichzeitig das Gericht bildeten, saßen von nun an sechs Mittelbürger und acht Handwerker im Rat, reichgewordene Haller, die an der Macht im Kleinstaat teilhaben wollten. Dieser Rat bestimmte künftig die Geschicke der Stadt, ihre Innen- und Außenpolitik. Er lenkte ihre Wirtschaft, gewann Einfluß auf das Haal, indem er nach und nach die Mehrheit der Siedeanteile in die eigene Hand brachte und die Kontrolle über weitere Sieden, zum Beispiel die Spitalsieden, erlangte. Im Laufe der Zeit erwarb die Stadt vom Reichsoberhaupt immer mehr staatliche Rechte, etwa das Recht, selbst Münzen prägen zu dürfen. Schließlich ging auch das Reichsschultheißenamt, bisher ein unmittelbar vom Kaiser besetztes Amt, an Hall über. Immer wieder erneuerten und ergänzten kaiserliche Privilegien die Rechte der Stadt und garantierten ihren Status als Stadt des Reiches.

Hall besaß als Industrieort keine große Gemarkung; es gab so gut wie keinen Ackerbau hier und nur sehr wenig Weinbau. So begann die Stadt im 14. Jahrhundert mit dem Aufbau eines Territoriums. *Abb. 6* Aus den Besitzungen und Rechten der Haller Bürger auf dem Lande, den Gütern des Hospitals – Stiftungen liegender Habe in Dutzenden von Ortschaften rings um Hall – und endlich mittels eigener großer Erwerbungen wuchs ein ansehnliches Landgebiet zusammen, das mit Wall und Graben, der sogenannten Landheg, umgeben wurde und damit eine (zum Teil noch heute) sichtbare Grenze gegen die Nachbarn Württemberg, Hohenlohe, Limpurg, Komburg, um nur die wichtigsten zu nennen, erhielt. Das Haller Territorium bestand schließlich aus mehreren Städten (neben Hall: Ilshofen und Vellberg) und über hundert Dörfern und Weilern. Nach Nürnberg und Ulm besaß Hall wie die Schwesterstadt Rothenburg eines der größten reichsstädtischen Landgebiete: die »res publica Hallensis«. In diesem »Staat« galt hällisches Recht; die Bewohner waren bis 1802 hällische Untertanen, lange Zeit übrigens Leibeigene, die ihre Bauerngüter als Erblehen bewirtschafteten und beträchtliche Abgaben an ihren Landesherrn, die Stadt Hall, zu entrichten hatten.

In den Jahren 1510 bis 1512 brachte die bürgerliche Mehrheit der Reichsstadt schließlich nach erneuten Streitigkeiten um die Macht, die von einer kaiserlichen Kommission geschlichtet werden mußten, das Alleinregiment an sich; die alten Adelsfamilien verließen Hall in der Folgezeit. Zuvor jedoch hatte eine große Bauwelle die Stadt wiederum verändert: Anstelle der romanischen St. Michaelsbasilika erbaute der Rat im 15. Jahrhundert die spätgotische Hallen- *Abb. 5* kirche, deren einmalige Freitreppe einen künstlerischen und städtebaulichen Gestaltungswillen ersten Ranges bezeugt; der gesamte Marktplatz wurde umgestaltet (gotischer Fischbrunnen mit Pranger); 1495/96 beging Hall mit großem kirchlichem Zeremoniell die Neuerrichtung des Haalbrunnens. Nach der Jahrhundertwende entstand, neben St. Michael nunmehr das Stadtbild beherrschend, das vielstöckige Büchsen- und Zeughaus, heute noch »Neubau« genannt.

Woher nahm die Stadt die hohen Investitionssummen? Eine neuere Untersuchung der städtischen Finanzwirtschaft im 15. und 16. Jahrhundert hat gezeigt, daß die Einnahmen aus dem Siedewesen »einen der wichtigsten Grundpfeiler der städtischen Finanzen« darstellten (Kreil). Die Stadt kam aber nicht nur über die eigenen Siedeanteile zu Geld, sie lebte auch von den Steuern, die der Salzhandel und der Handel aus den Rückfrachten sowie der Zulieferungshandel einbrachten, von den Zöllen und – mittelbar – von den Betrieben, die aus der Salzproduktion Nutzen zogen (Handwerker, Beherbergungsgewerbe etc.). Ohne diese wirtschaftlichen Grundlagen wäre ihr Aufschwung nicht möglich gewesen: »Ein reicher Staat ist allemal glücklich!«

Das neue Jahrhundert begann mit einschneidenden Veränderungen. Kaum war der Verfassungskampf 1512 mit der Ausschaltung des Adels von der Regierung beendet, berief der Haller Rat den jungen Theologen Johannes Brenz von Heidelberg als Prediger an die Michaelskirche *Abb. 7* (1522). Brenz führte behutsam aber konsequent die Reformation in Hall ein: Er schaffte die lateinische Messe ab, schuf eine eigene Kirchenordnung, schrieb einen Katechismus für die Jugend, verbesserte das Schulwesen, richtete vor allem deutsche Schulen, auch für Mädchen, ein und regelte das Sozialwesen. Bald drang sein Ruf weit über die Stadt hinaus, und er war als Berater vieler Herren und Städte – zum Beispiel für Herzog Christoph von Württemberg, Markgraf Georg von Brandenburg, die Reichsstadt Nürnberg – tätig, bis ihn der württembergische Herzog als ersten Theologen und Reformator nach Stuttgart holte, wo er seit den fünfziger Jahren das Kirchen- und Staatswesen ordnete.

Unter seinem Einfluß waren die Ereignisse des Bauernkriegs im hällischen Land nicht so blutig wie andernorts im Fränkischen; er hielt beide Parteien an, sich maßvoll zu verhalten, und stand, als es um die Bestrafung der Aufständischen ging, keineswegs auf seiten der Obrigkeit, die »auch nit allweg Seiden gesponnen« habe. Er veranlaßte die Stadt dazu, dem Schmalkaldischen Bund beizutreten. Das hatte sie später, nach dem Sieg des Kaisers über die Schmalkaldischen Bundestruppen, zu büßen, indem sie eine riesige Geldsumme als Entschädigung aufbringen mußte. Aber nicht nur dieses Mal, auch sonst entging Hall durch Geldzahlungen immer wieder einem allzu schlimmen Kriegsschicksal.

Niemals ist die Reichsstadt in Kriegszeiten zerstört oder auch nur eingenommen worden; auch nicht im Dreißigjährigen Krieg, der seine Spuren allerdings auf dem Haller Lande hinterließ und die durch harte Kontributionen geschwächte Bevölkerung arg dezimierte und viele der Überlebenden bis an den Rand der Existenz brachte, so daß *die Leute oft Gras essen* mußten. Pestjahre und Truppendurchzüge setzten Land und Leuten zu; die Saline mußte manches Mal ihre Produktion einstellen. Dennoch kam es in dieser Epoche hier zu keinem wirtschaftlichen Niedergang, wie er im Reich sonst allgemein zu verzeichnen war. Der Große
Abb. 8 Stättmeister Georg Friedrich Seifferheld (1613–1686) führte den Salzhandel mit Hilfe einer Salzhandelskasse nach dem Krieg zu neuer Blüte. Unter seiner Ägide wurde 1655 in der Reichsstadt auch ein »akademisches Gymnasium« gegründet. Die barocke Gesellschaft der protestantischen Stadt lebte gut. Die Söhne der Oberschicht studierten und traten in reichsstädtische Dienste – in der Kleiderordnung nahmen sie die erste Klasse ein. Die Handwerkersöhne machten nach der Lehrzeit oft weite Wanderungen und Reisen. Das sittliche Leben war allerdings von der kirchlichen Orthodoxie bestimmt, die nicht nur einen freier denkenden Pfarrer samt seiner Anhängerschaft böse verfolgte, sondern auch gegen alle Andersgläubigen, zumal gegen Juden, mit unerbittlicher Härte vorging. Als der jüdische Arzt Dr. Hirsch einst vom Rat die Genehmigung erhalten hatte, in Hall *wegen seiner vortrefflichen Experienz und Kunst* zu praktizieren, griff ihn der Dekan mit der Devise an: *Es wäre besser mit Christo gestorben, als per Judendoctor mit dem Teufel gesund werden.* Kurz darauf bekämpfte ein Haller Prediger die Familie des in Unterlimpurg wohnenden hällischen Schutzjuden: *Das verfluchte Judengschmeis* (solle) *aus unserm territorio sich begeben und ihren Stab weitersetzen.* Doch lebte auch weiterhin ein reichsstädtischer »Handelsjud« in Unterlimpurg wie jener Löw Wolf, der sich von einem galizischen Synagogenmaler aus Brody im 18. Jahrhundert den heute
Abb. 10 im Keckenburg-Museum aufgestellten Holzsynagogenraum malen ließ. Ansonsten verlief das Leben in den alten Bahnen: »Die meisten Bürger und Hintersassen kleideten sich in einheimische Stoffe und aßen und tranken einheimische Erzeugnisse; für sie sind die ererbten Gewohnheiten und Zustände mehr bestimmend als die Zeitmoden. Die Salzsieder leisteten ihre schwere Arbeit am Haal nicht anders als Jahrhunderte vorher und besahen mit Mißtrauen das Gradierwerk, das um 1740 eingeführt wurde, um das Salzwasser zu konzentrieren und die Produktion zu steigern« (Wunder).

Hall ist eine durchaus reiche Barockstadt. Zwar blieben verheerende Katastrophen nicht aus
Abb. 9 wie der Stadtbrand 1728, der fast die ganze Altstadt mit dem Haal in Schutt und Asche legte (auch 1316 war die Stadt abgebrannt, und 1680 hatte ein Großfeuer die Gelbinger Vorstadt vernichtet). Doch der Rat nutzte die Chance zu einer durchgreifenden Sanierung. Neue Straßenzüge wurden angelegt (die »Neue Straße«); statt der alten Jakobskirche entstand gegenüber von St. Michael am Marktplatz der spätbarocke Prunkbau des Rathauses nach den Plänen der württembergischen Schloßbaumeister Heim; den Hospital zum Heiligen Geist, eine reiche bürgerliche Stiftung zur Pflege und Versorgung von Alten, Kranken und Waisen, stellte die Stadt großzügig wieder her; die »abgebrannten« Haller erhielten Zuschüsse zum Wiederauf-

bau ihrer Häuser, die man zum Teil in einer bis zum Rhein, zur Donau und weiter reichenden Sammel- und Bettelaktion zusammengebracht hatte. Das Haal bekam neue Siedehäuser. So war der Stadtbrand bei allen schweren Einzelschicksalen doch auch die Ursache für einen städtebaulichen Gewinn.

Der Reichsstädter des 18. Jahrhunderts hielt seine Existenz und die des Gemeinwesens für gesichert, solange »die edle Gabe des Salzbronnens«, der »Hällische Salz- und Seegensbronn«, nur immer sprudelte wie seit über 2000 Jahren. Im hällischen Gesangbuch stehen die bezeichnenden Verse

Der Salzquell fließet stark und reich
durch Gottes Güt und Segen.

Die französische Revolution fand in der Stadt geteilte Aufnahme, und es verbreiteten sich Lieder, die die Eroberungskriege Napoleons verurteilten. Nach dem Frieden von Lunéville ließ sich der bayerische Minister Montgelas über Hall berichten; er hatte einen Offizier nach Schwaben und Franken geschickt, um nach Beutegut Ausschau zu halten: »Die Stadt selbst würde ohne ihre Salzquelle gar nichts sein... Beinahe ganz Württemberg, ein Teil der Rheinpfalz und des Ansbachischen werden von Hall mit Salz versehen... Die Schulden ausgenommen ist alles nach verjüngtem Maßstabe zugeschnitten: Geist – Regierung – Fleiß – Zufriedenheit und Wohlstand. Dieser Mittelstand behaget.« Aber Hall kam nicht an Bayern. Vielmehr erhielt Württemberg die Stadt als Entschädigung für die an Frankreich verlorengegangenen linksrheinischen Gebiete mit einer Reihe von Klöstern, Stiften und andern Reichsstädten zugesprochen.

Herzog Friedrich besetzte noch 1802, vor dem Reichsdeputationshauptschluß, die Stadt. *Abb. 11* 1803 publizierte er sein Besitzergreifungspatent und ließ es an den Toren und öffentlichen Gebäuden anschlagen. Hall wurde eine württembergische Oberamtsstadt. Die Saline ging nach langwierigen Verhandlungen ebenfalls an Württemberg über. Durch die Entdeckung großer Steinsalzlager verlor sie aber bald an Bedeutung und wurde, obwohl auch in der Nähe (Wilhelmsglück, Tullau) Steinsalz gefunden und verwertet wurde, schließlich aufgegeben. Heute erinnert an die lange Epoche der Stadt als Salzstätte nur noch der Haalplatz, das Siederbrauchtum und die jährliche Rente, die den Siedersnachkommen vom Land Baden-Württemberg ausbezahlt wird.

WEITERFÜHRENDE LITERATUR

Hansmartin DECKER-HAUFF: Die Anfänge des Jakobimarkts in Hall. In: Schwäbische Heimat 1956. Sonderausgabe S. 13–17.

Führer zu vor- und frühgeschichtlichen Denkmälern. Bd. 23: Schwäbisch Hall, Comburg, Vellberg. Mit Beiträgen von G. S. GRAF ADELMANN, H. W. BÖHME, W. CARLÉ u. a. 1973.

Dieter KREIL: Der Stadthaushalt von Schwäbisch Hall im 15./16. Jahrhundert (= Forschungen aus Württembergisch Franken 1). 1967.

Eduard KRÜGER: Schwäbisch Hall mit Groß-Komburg, Klein-Komburg, Steinbach und Limpurg. Ein Gang durch Geschichte und Kunst. Neu bearb. von Fritz ARENS und Gerd WUNDER. 1982.

Hans-Martin MAURER/Kuno ULSHÖFER: Johannes Brenz und die Reformation in Württemberg (= Forschungen aus Württembergisch Franken 9). O. J. (1974).

Die Urkunden des Archivs der Reichsstadt Schwäbisch Hall. Bearb. von Friedrich PIETSCH. Bd. 1 (1156–1399). Bd. 2 (1400–1479) (= Veröffentlichungen der Staatlichen Archivverwaltung Baden-Württemberg 21 und 22). 1967 und 1972.

Walter STEINHAUSER: Was war das »Hall«? In: Mitt. Ges. Salzburger Landesk. 92 (1952). S. 147–151.

Kuno ULSHÖFER: König Rudolfs Wiener Schiedsspruch (1280). Hall und Limpurg im 13. Jahrhundert. In: WFr Bd. 64 (1980). S. 3–26.

Kuno ULSHÖFER: Bilder einer alten Stadt. Schwäbisch Hall. 1971.

Gerd WUNDER: Die Bürger von Hall. Sozialgeschichte einer Reichsstadt 1216–1802 (= Forschungen aus Württembergisch Franken 16). 1980.

Gerd WUNDER: Die Gesellschaft der Barockzeit in der Reichsstadt Hall. In: Barock in Baden-Württemberg. Katalog, Bd. 2 – Aufsätze, zur Ausstellung des Landes Baden-Württemberg. Schloß Bruchsal vom 27. Juni bis 25. Oktober 1981.

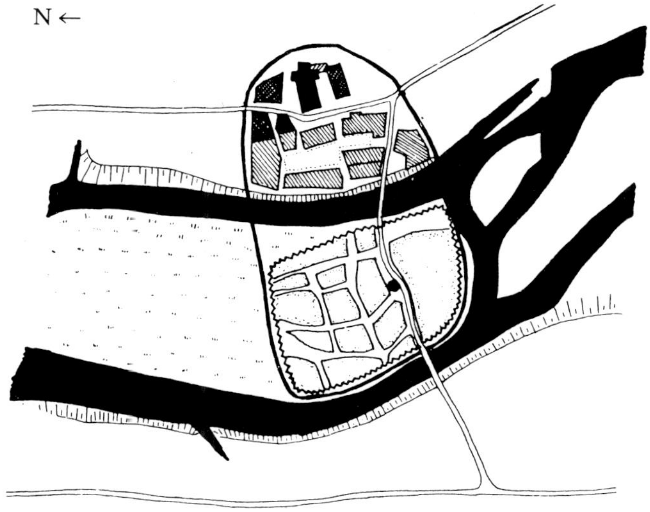

1 Das »Haal«, die hällische Salzproduktionsanlage, befand sich in salischer Zeit (11. Jahrhundert) auf einer von zwei Kocherarmen umschlossenen Insel, die vermutlich zusätzlich durch einen Palisadenzaun geschützt war. Östlich daran schloß sich der Marktbezirk an (Handel und Gewerbe). Der Verwaltungsbereich mit einer Jakobskirche begrenzte die Siedlung hangwärts. Eine Nord-Süd-Straße zog sich zwischen Verwaltungs- und Marktquartier durch Hall. Eine Stichstraße erschloß den Markt und das Haal.
(Aus: Schwäbische Heimat 1956. S. 94)

2 In staufischer Zeit entstand im Osten der Stadt ein neuer Verwaltungsbereich. Um die Michaelskirche (1156) legten sich Adelshöfe und der Wohnbezirk der Geistlichkeit. Der östliche Kocherarm wurde zugeschüttet und das Haal mit der Stadt verbunden. Am neuentstandenen Kocherknie siedelte sich die Haller Judengemeinde (1241 erwähnt) an. Die Stadt erhielt jetzt Mauern, Türme und Tore. Jenseits des Kochers bildeten sich Siedlungskerne um St. Katharina (südlich) und um die Niederlassung der Johanniter im Weiler.
(Aus: Schwäbische Heimat 1956. S. 95)

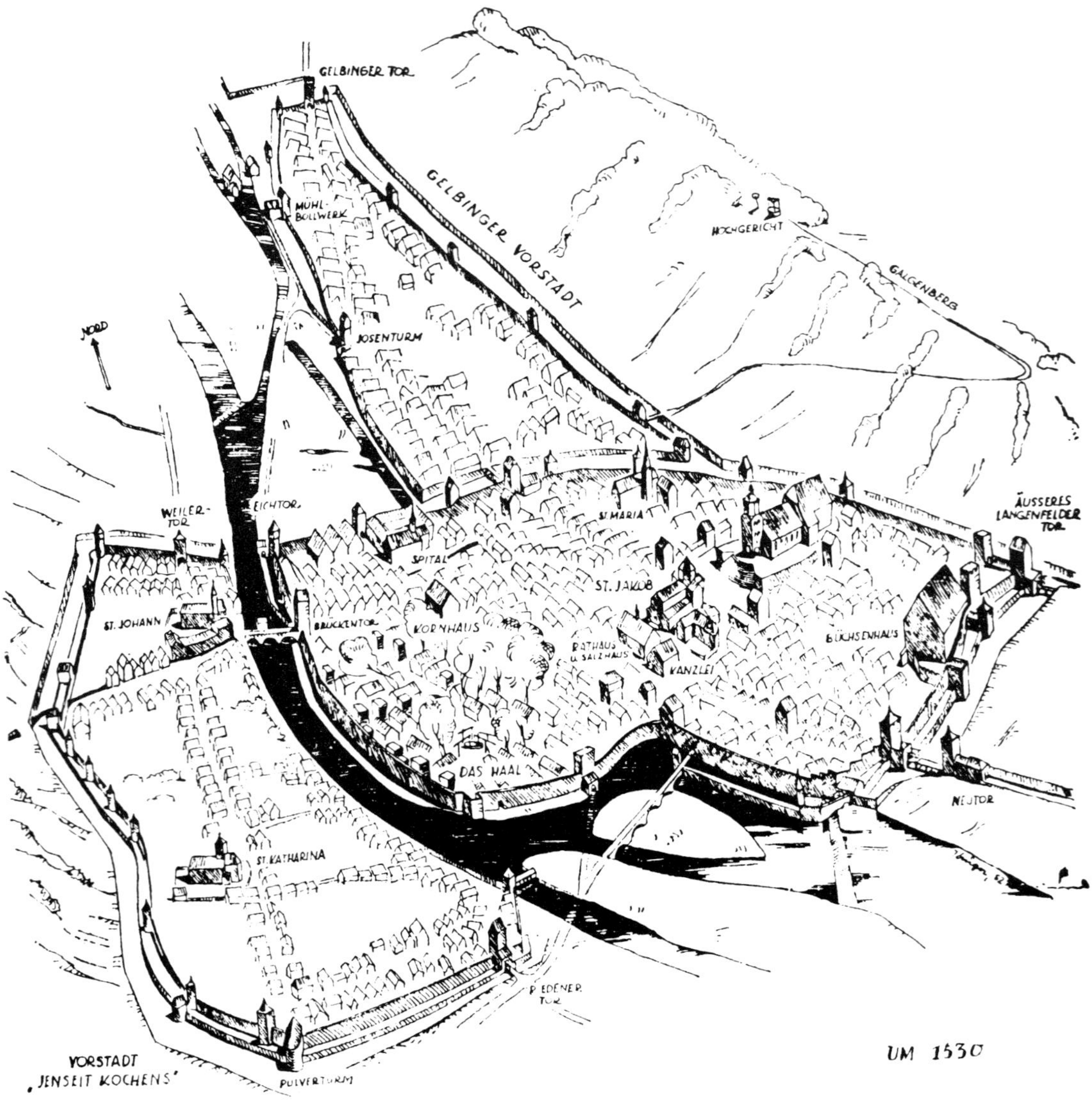

3 Die Haller Vorstädte »Gelbinger Gasse«, nördlich der Altstadt, und »jenseits Kochens« (Katharinen- und Weilervorstadt) werden im ausgehenden Mittelalter ummauert. Ihr neues Spital errichtet die Bürgerschaft am Rand der Altstadt. Gegen Osten legt der Rat eine starke Befestigung mit dem »Neubau« (Büchsenhaus) und dem Äußeren Langenfelder Tor an. Die romanische Michaelsbasilika wird zur spätgotischen Hallenkirche umgebaut. Der Marktplatz erhält mit der großen Freitreppe, dem Fischbrunnen und dem Pranger sein heutiges Aussehen. Sechs große Tore stehen an den Hauptzugängen zur Stadt.
(Aus: Eduard Krüger: Schwäbisch Hall. Ein Gang durch Geschichte und Kunst. 1982. S. 45)

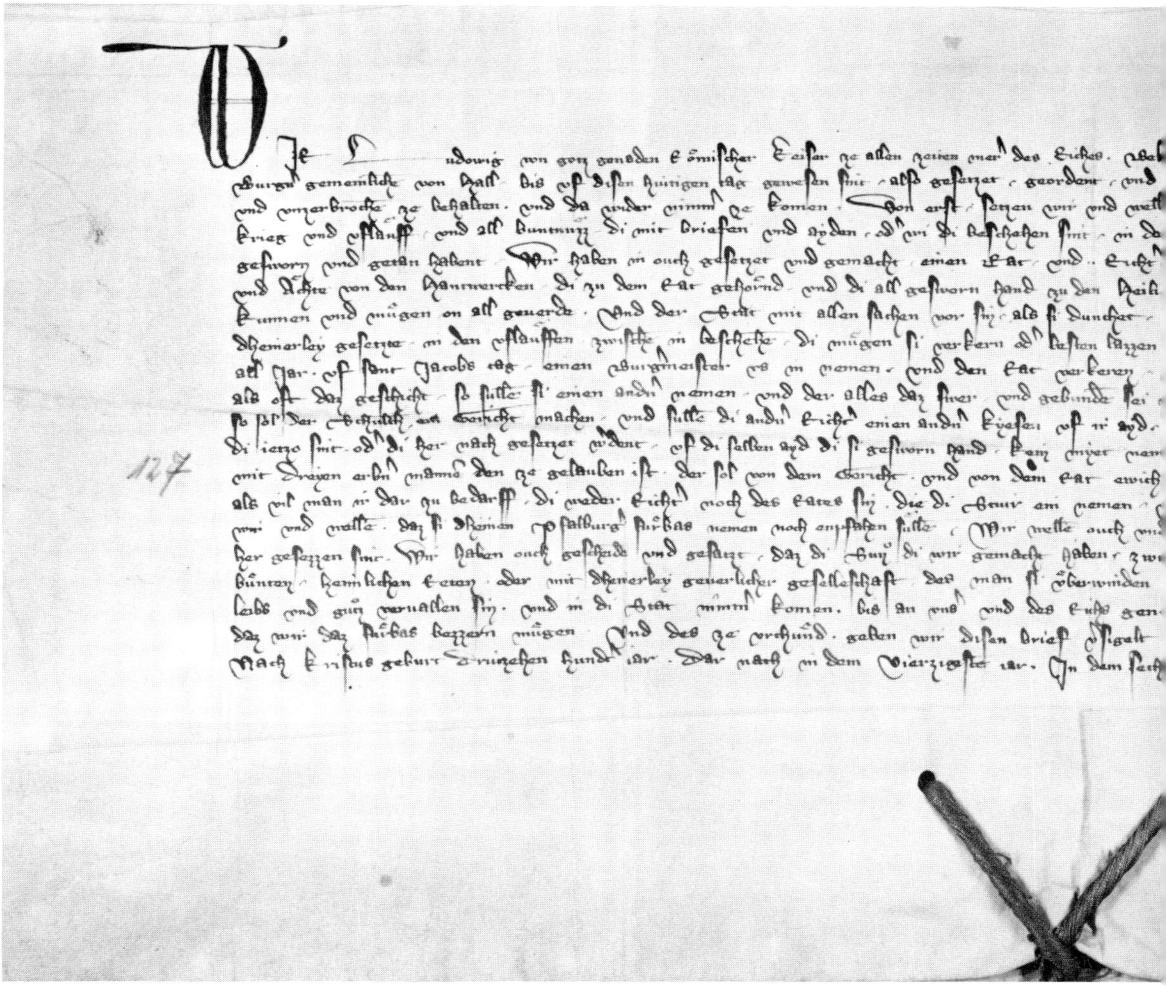

4 Nach innerstädtischen Auseinandersetzungen verkündet Kaiser Ludwig der Bayer am 19. September 1340 die neue Verfassung der Reichsstadt: Der Rat besteht nun aus zwölf Bürgern, die zugleich das Gericht unter einem Schultheißen bilden, sechs Mittelbürgern und acht Handwerkern. Der Bürgermeister (in Hall »Stättmeister« genannt) wird aus der Mitte des Rats gewählt. In dieser Form bleibt das oberste Gremium der Reichsstadt bis 1802 erhalten. Nach der Zeit des Hasenrats, der kurzlebigen Verfassungsänderung durch Kaiser Karl V., bilden jedoch nur 24 (statt 26) Mitglieder den »inneren Rat«, neben den ein größerer »äußerer Rat« tritt. (Originalurkunde HStASt H 51 U 419)

5 Bischof Gebhard von Würzburg weihte im Jahr 1156 die von der Haller Bürgerschaft erbaute Michaelsbasilika. Im Spätmittelalter entstand an ihrer Stelle die spätgotische Hallenkirche mit ihrem überhöhten Chor und der großen Freitreppe zum Marktplatz. Bis 1504 war St. Michael kirchlich ein Filial von St. Johann in Steinbach. 1522 berief der Haller Rat den jungen Theologen Johannes Brenz als Prediger an diese Kirche, die seither die »Hauptkirche« der Stadt und des Haller Landes ist.

(Kupferstich 1717. HV II/11)

6 Seit dem 14. Jahrhundert baute sich die Reichsstadt Hall systematisch ein eigenes Territorium auf. Es wurde in sieben Ämter gegliedert: Rosengarten, Kocheneck, Schlicht, Bühler, Vellberg, Ilshofen, Honhardt. Große Teile des Landgebiets, das schließlich ca. 440 km² umfaßte, waren mit einer aus Wällen und Gräben bestehenden Grenze, der sogenannten Landheg, umgeben. Innerhalb der Landheg galt hällisches Recht, die Bewohner des Gebiets waren »hällische Untertanen«. 1802 kam mit der Reichsstadt auch das Haller Territorium an Württemberg. (Kupferstichkarte HOMANNS Erben 1762. StAH)

7 Johannes Brenz (1499–1570) hatte 1517 Luther in Heidelberg kennengelernt. Fünf Jahre später nahm er in der Reichsstadt Hall die Stelle des Predigers bei St. Michael an, die er bis 1548 innehatte. Er führte in Hall die Reformation ein und war als Berater und Gutachter für viele auswärtige Landesherren tätig. Sein Haller Katechismus und seine Kirchenordnung dienten einigen Landeskirchen als Vorbilder. Brenz floh 1548 vor den spanischen Truppen Kaiser Karls V. aus Hall. Wenig später trat er in die Dienste Herzog Christophs von Württemberg als erster Theologe und Reformator des benachbarten Landes.

(Kupferstich von Johann Theodor DE BRY 1597. StAH)

8 Nach den schweren Jahren des Dreißigjährigen Krieges organisierte der Große Stättmeister Georg Friedrich Seifferheld (1613–1686) den Haller Salzhandel neu, indem er eine Vertriebsgesellschaft, die sogenannte Salzcassa, gründete und besonders die abgerissenen alten Verbindungen ins Elsaß wieder herstellte. Auf ihn geht auch die Erhebung der Haller Lateinschule zum akademischen Gymnasium zurück.
(Kupferstich von Johann Ulrich Kraus 1686. StAH)

9 Im Laufe ihrer Geschichte brannte die Reichsstadt Hall mehrmals ab: 1316, 1680 (Gelbinger Gasse) und 1728. Nach dem Großfeuer von 1728 entstand Hall als Barockstadt ganz neu. Gegenüber der alten Jakobskirche wurde das Rathaus errichtet. Von der Henkersbrücke in gerader Linie nach Osten zog sich die »Neue Straße«. Der Hospital zum Heiligen Geist erhielt große Neubauten mit einer Saalkirche. Die »abgebrannten« Bürger bekamen finanzielle Zuwendungen, die zum Teil mit Bettelbriefen im Reich

gesammelt wurden, damit sie ihre Häuser rasch aufbauen konnten. Im Produktionsbereich, dem »Haal« am Westrand der Altstadt, nahmen die Haller bald nach dem Brand die Salzsiederei wieder auf. Die Holzschränke vor der Mauer, das Quartier um St. Michael und die Vorstädte waren 1728 vom Feuer verschont geblieben.

(Kupferstich von J. P. MEYER 1728. StAH)

10 In der Unterlimpurger Vorstadt hatte in der Neuzeit ein jüdischer »Schutzverwandter« Wohnrecht. 1739 ließ der damalige »Schutz- und Handelsjud« einen Synagogenraum von einem wandernden Synagogenmaler aus dem galizischen Brody ausgestalten. Die Haller Holzsynagoge, heute im Keckenburg-Museum, ist als einzige dieser Art hier noch erhalten. Die verschiedenen Tafeln tragen ornamentalen und figürlichen Schmuck und liturgische Texte. Hinter der durchbrochenen Holzwand (oben) befand sich der Frauenraum. Eine der Darstellungen zeigt das symbolische Bild der ummauerten Stadt Jerusalem. (Foto: KUB, HV)

11 Infolge der napoleonischen Kriege erhielt Württemberg eine Reihe von Stiften, Klöstern und Reichsstädten, darunter Hall, als Ersatz für die an Frankreich verlorengegangenen linksrheinischen Gebiete zugesprochen. Im Herbst 1802 ließ Herzog Friedrich von Württemberg Besitz von der Reichsstadt Hall ergreifen. Auf dem Marktplatz marschierten die württembergischen Truppen auf, um die »provisorisch militairische Besiznahme« vorzunehmen. Damit war die Geschichte der Stadt Hall als *Reichs*stadt zu Ende.
(Schützenscheibe im Keckenburg-Museum Schwäbisch Hall)

Salz und Sole

VON HANS HAGDORN

Das Meerwasser

1 kg Meerwasser enthält im Durchschnitt ca. 35 g gelöste Stoffe: Salze. Der Salzgehalt des Meerwassers liegt also bei 3,5%. Dieser Wert kann aber stark schwanken. So sinkt der Salzgehalt im Mündungsbereich großer Flüsse oder in Nebenmeeren der gemäßigten Breiten stark ab. Im Bottnischen Meerbusen der Ostsee, weit entfernt von der Zufuhr frischen Salzwassers durch das Skagerrak, liegt er beispielsweise unter 0,3%. In subtropischen Meeren wie dem Roten Meer kann der Salzgehalt dagegen bei entsprechend starker Verdunstung zunehmen. Zur Salzausscheidung kommt es allerdings erst, wenn sich in Trockenklimaten flache Wasserbecken bei hohem Wasserstand füllen und im Sommer eindampfen. An den Stränden des Mittelmeers und des Schwarzen und Roten Meers erntet man das Salz so in künstlich angelegten »Salzgärten«.

Meersalz ist ein Gemisch aus verschiedenen Salzen. Es enthält folgende Ionen:

Ion	‰ im Meerwasser
Chlor	18,980
Natrium	10,556
Sulfat	2,649
Magnesium	1,274
Calcium	0,400
Kalium	0,380
Karbonat	0,140
Brom	0,065
Strontium	0,008
Bor	0,004
Fluor	0,001

Nach dem Ionenbestand sind im eingedampften Meerwasser fast ausschließlich Chloride und Sulfate der Alkali- und Erdalkalimetalle zu erwarten.

Fiktive Verbindungen im Meersalz in Gewichtsprozent:

78,03 %	$NaCl$	Steinsalz, Kochsalz
0,01 %	NaF	Natriumfluorid
2,11 %	KCl	Sylvin
9,21 %	$MgCl_2 \cdot 6\ H_2O$	Bischofit
0,25 %	$MgBr_2$	Magnesiumbromid
6,53 %	$MgSO_4 \cdot H_2O$	Kieserit
3,48 %	$CaSO_4 \cdot 6\ H_2O$	Gips, Anhydrit
0,05 %	$SrSO_4$	Coelestin
0,33 %	$CaCO_3$	Kalkstein
100,00 %		

In Wirklichkeit sind viele einfache Chloride und Sulfate aber zu verschiedenen Doppelsalzen verbunden:

Carnallit	$KCl \cdot MgCl_2 \cdot 6\ H_2O$
Kainit	$KCl \cdot MgSO_4 \cdot 3\ H_2O$
Polyhalit	$2\ CaSO_4 \cdot MgSO_4 \cdot K_2SO_4 \cdot 2\ H_2O$
Langbeinit	$2\ MgSO_4 \cdot K_2SO_4$

Weiterhin enthält das Meerwasser zahlreiche Spurenelemente (unter 1 mg/kg).

Diese Zusammensetzung des Meerwassers galt auch für die Meere der geologischen Vergangenheit.

Salzabscheidung aus dem Meerwasser

Beim Eindampfen von Meerwasser fallen die Salze in der Reihenfolge ihrer Löslichkeit aus. Es folgen übereinander vier große Eindampfungsabschnitte:

4. K-, Mg-Chloride und -Sulfate (daneben NaCl und $CaSO_4$)
   (= sehr leicht lösliche Edelsalze)
   Ausfällung von der 60,5fachen Konzentrationserhöhung an.

3. NaCl (daneben $CaSO_4$)
   (= leicht lösliches Steinsalz)
   Ausfällung bei 11- bis 60,5facher Konzentrationserhöhung.

2. $CaSO_4$
   (= mäßig löslicher Gips und Anhydrit)
   Ausfällung bei 3,5- bis 11facher Konzentrationserhöhung.

1. Karbonate
   (= schwer löslicher Kalkstein und Dolomit)
   Ausfällung bei 1- bis 3,5facher Konzentrationserhöhung.

Am häufigsten werden demnach Karbonate, am seltensten Edelsalze ausgeschieden. Der letzte Eindampfungsabschnitt mit den wirtschaftlich wichtigen Edelsalzen fehlt deshalb den meisten Salzlagerstätten.

Theoretisch würde ein 1000 m tiefes Meer in einem völlig abgeschlossenen Becken zu einer 15,75 m dicken Salzschicht eingedampft. Im Rückstand würden übereinander folgen:

2,4 m	Magnesiumsulfate und -chloride
0,4 m	Kaliumsulfate und -chloride
12,4 m	Steinsalz
0,5 m	Anhydrit und Gips
0,05 m	Kalkstein und Dolomit

In der Natur ist dieses Mengenverhältnis jedoch nirgends verwirklicht. Immer sind die Edelsalze gegenüber dem Steinsalz unterentwickelt, Karbonate und Gips dagegen überrepräsentiert.

Damit in der Natur Salzlagerstätten entstehen können, muß warmes Trockenklima mit entsprechender Verdunstung herrschen. Weiterhin muß ein Meeresbecken vom freien Ozean durch eine Untiefe, eine »Barre«, teilweise abgeriegelt sein. Über diese Schwelle konnte vom Ozean her ständig Wasser in das Becken zuströmen, während der Rückstrom der schweren, konzentrierten Lauge durch die Schwelle verhindert wurde. Aus der Lauge, die sich in den Mulden des Beckens sammelte, fielen dann in der beschriebenen Abfolge die Salze aus. *Abb. 12*

Nur nach dieser von Ochsenius 1877 aufgestellten Theorie lassen sich Salzlager von 500 m Dicke, wie sie im deutschen Zechstein vorkommen, erklären. Die Gesamtmenge des im Weltmeer gelösten Salzes würde nämlich bei vollständiger Eindampfung den Meeresboden nur 60 m hoch bedecken.

In den heutigen Meeren fehlen die Voraussetzungen für die Entstehung mächtiger und großflächiger Salzlager. Nur aus kleineren Lagunen im Persischen Golf, im Roten Meer und im südlichen Mittelmeer kennt man vergleichbare, aber lokal eng begrenzte Eindampfungsfolgen.

Das Muschelkalk-Salz

Während der erdgeschichtlichen Epoche der Mitteltrias vor etwa 230 Millionen Jahren herrschte bei uns subtropisches Trockenklima. In Mitteleuropa lag ein flaches Meeresbecken, das Muschelkalkmeer, in dem Karbonate abgesetzt wurden, solange Meerwasser vom Tethys-Ozean im Süden ungehindert zuströmen und vor allen Dingen wieder abfließen konnte. Zu Beginn des Mittleren Muschelkalks wurde der Wasseraustausch mit dem Ozean beeinträchtigt, und es kam zunächst zur Ablagerung von Dolomit und Gips. Später nahm die Salzkonzentration weiter zu, und es kam zum Absatz von Steinsalz. Weitere Konzentrationserhöhung trat nicht ein, weshalb Edelsalze fehlen. Statt dessen setzte sich unter Einfluß weniger salzhaltigen Wassers wieder Gips und Dolomit ab. Mit Beginn des Oberen Muschelkalks funktionierte dann der Wasseraustausch mit der Tethys wieder; damit wurden im Germanischen Becken wieder Karbonate abgelagert. *Abb. 13* *Abb. 14*

Salzablaugung

Wo Salzlager durch Abtragungsvorgänge in der geologischen Vergangenheit unter Einfluß von Tagwasser geraten sind, wurden sie rasch abgelaugt. Dieser Subrosion genannte Vorgang spielt sich noch unter der Erdoberfläche ab, ja sogar unter größerer Schichtenbedeckung.

Abb. 15 Das südwestdeutsche Muschelkalk-Salzlager ist deshalb in seiner ursprünglichen Mächtigkeit nur noch dort erhalten, wo Unterkeuper (»Lettenkohle«) und Oberer Muschelkalk als schützende Deckschichten darauf liegen. In Gebieten mit gestörter Schichtlagerung kann die Subrosion dagegen bis in größere Tiefen vordringen.

Südlich von Großaltdorf (Kreis Schwäbisch Hall) dürfte das Salzlager noch intakt sein, *Abb. 16* während von ihm bei Wilhelmsglück im Kochertal nur noch eine Salzlinse erhalten ist. Diese Linse ist auf drei Seiten von Auslaugungstonen umgeben. Deshalb war es ein besonders glücklicher Zufall, daß die Bohrung bei der Neumühle 1822 gerade über dieser Linse angesetzt wurde.

Der bergmännische Abbau in Wilhelmsglück brachte wichtige Erkenntnisse über den Ablaugungsvorgang. Vom Schacht aus weiter nach Norden und Nordwesten erstreckte sich das Salzlager in abbauwürdiger Mächtigkeit. Richtung Süden und Osten und Richtung Südwesten war der Ablaugungsrand des Flözes dagegen bald erreicht. Das Flöz nahm nach Süden kontinuierlich bis auf 2 m Dicke ab und stieß schließlich mit senkrechter Wand gegen ein dunkelgraues Gemenge von ungeschichtetem Ton, Kalkstein- und Dolomitblöcken und Gips. Hier kam es auch zu sekundärer Salzabscheidung. Nach 50 m traf man auf eine weitere Salzlinse. Diesem Kranz von Rückstandstonen, der schützend die Salzlinse umgibt und weitere Ablaugung verzögert, ist es wohl zu verdanken, daß bei der Neumühle überhaupt noch Salz erhalten war, denn die Deckschichten des Oberen Muschelkalks sind dort nur noch 30 m dick. Der höhere Teil des Oberen Muschelkalks wurde vom Kocher bereits abgetragen.

Abb. 16 Weiter im Norden sind im Kochertal und an seinen Flanken Salz und Gips völlig ausgelaugt, während es unter dem Keuperbergland wohl noch erhalten ist.

An den Talrändern, wo die Mächtigkeit des Mittleren Muschelkalks durch die Ablaugungsvorgänge stark geschrumpft ist, kam es zu Verstürzungen und Schichtenverbiegungen im nachsackenden Oberen Muschelkalk. Besonders charakteristische, oberflächlich sichtbare *Abb. 16* Erscheinungen sind dabei die Dolinen (Erdfälle). Die meisten von ihnen entstanden jedoch durch Auflösung von Kalkstein des Oberen Muschelkalks. Auf das Konto von Gipsauslaugung im Mittleren Muschelkalk gehen vielleicht der schiefe Turm der Urbanskirche in der Unterlimpurger Vorstadt, ein Erdfall im Langen Graben und Bauschäden an den Gebäuden der ehemaligen Spinnerei Held und Teufel.

Carlé (1965) berechnete aufgrund von Kocherschottern, die durch eiszeitliche Wirbeltierfunde datiert werden können, daß die Salzablaugung bei Hall schon vor 250000 Jahren in der Mindel-Riß-Zwischeneiszeit im Gang war, in der Riß-Würm-Zwischeneiszeit wahrscheinlich schon zu Ende ging.

Weiter berechnete Carlé die Schnelligkeit des Ablaugungsvorgangs. Bei 10 l/sec einer 5%igen Sole, die ständig in die Talauen des Kochers ausfließt, würden täglich 43,2 t Salz oder jährlich 15768 t Salz abgelaugt. Das sind pro Jahr 7167 m^3 Salz, pro Jahrtausend 7167000 m^3! Diese Menge entspricht zwei Streifen eines 7 m mächtigen Salzflözes von 1000 m Länge und 500 m Breite. Diese Berechnung zeigt, daß das Salzlager um Hall während der letzten Zwischeneiszeit und seit Ende der letzten Eiszeit weggelöst wurde. Während der Vereisungen selbst wurde kein Salz gelöst, denn im dauernd gefrorenen Boden gab es kein bewegliches Grundwasser.

Der Haalquell

Die Sole des »Salz- und Segensbronns«, die heute noch mit Konzentrationen von fast 40 g/l auf dem Haalplatz gefördert wird, kann den hohen Salzgehalt nicht ausschließlich aus den salzhaltigen Rückstandstonen des abgelaugten Salzflözes aufnehmen, sondern muß mit kompakten Salzlagern in Berührung gekommen sein. Sie muß also aus größeren Entfernungen heranfließen. Carlé nennt drei mögliche Entstehungsgebiete, ohne daß nach dem Forschungsstand angegeben werden könnte, von welchem nun die Sole wirklich stammt:

1. Durch erweiterte Klüfte kann zwischen Wilhelmsglück und Tullau Grundwasser in den Muschelkalk versickern und dort noch vorhandene Salzlinsen ablaugen.
2. Im Bühlertal südlich von Unterscheffach, dessen Sohle höher als die des Kochers liegt, können Wässer in den ausgelaugten Mittleren Muschelkalk eindringen und Kluftsystemen folgend unter der Haller Ebene durch ins tiefer gelegene Kochertal gelangen.
3. Wässer, die im Oberen Muschelkalk des Kocher- und Biberstales versickern, können das unter dem Keuperbergland noch erhaltene Salzflöz erreichen und weiter östlich wieder ins Kochertal eintreten.

Daß die Sole gerade bei Hall aufbricht, ist kein Zufall, denn hier quert eine leichte Schichtenaufwölbung, der sogenannte Haalsattel, das Kochertal. *Abb. 46*

Der historische Haalbrunnen war 13 m tief und reichte durch jüngere Aufschüttungen und Kocherablagerungen bis in den Dolomithorizont des Mittleren Muschelkalks hinab. *Abb. 17*

Sein Wasser gehört zu einem tiefliegenden, salzigen Wasserstockwerk, das von einem darüberliegenden Süßwasserstockwerk überlagert ist. Beide Stockwerke stehen in engem Kontakt.

Schon die alten Sieder hatten beobachtet, daß nach starken Regengüssen die Schüttung des Haalbrunnens anschwoll. Eine Erklärung für diese Erscheinung schlug Alexander von Humboldt in seinem Gutachten von 1792 vor: »Vielleicht steigt die Sole bey dürren Tagen in obere Klüfte, aus denen sie bei naßen durch höhere Tagwaßer verdrängt wird« (zitiert nach Carlé 1965).

Humboldt hatte damit die richtige Erklärung gefunden: Wenn nach starken Regenfällen der Grundwasserspiegel in den Talauen steigt, werden durch den erhöhten Druck des oberen Wasserstockwerks auf das Solestockwerk viele unerkannte Soleaustritte verschlossen. Die Sole folgt nun beim Aufstieg dem geringsten Widerstand, und den bietet der künstliche Brunnen.

Nachdem die alte Soleleitung von Tullau ins Haller Solbad schadhaft geworden war, beschloß die Stadtverwaltung 1957 eine Tiefbohrung auf dem Haalplatz. Man hielt sich etwa 30 m nördlich von dem durch zahllose Umbauten und Fassungsarbeiten zerrütteten Haalbrunnen. Während die 51 m tiefe Bohrung abgeteuft wurde, entnahm der Bohrtrupp Wasserproben aus unterschiedlichen Tiefen. Nach den Analysen sind bereits die Wässer der Talkiese schwach salzig. Die konzentrierten Solen stammen aus dem Gipsflöz und den Rückstandstonen des abgelaugten Salzlagers. Unter dem Salzton sinkt die Konzentration dann wieder ab. *Abb. 17*

Die Brunnenfassung fördert den Analyseergebnissen entsprechend 6 l/sec Sole aus Teufen zwischen 20 und 45 m. Das sind bei Dauerentnahme 518 m^3 pro Tag.

Analytiker:	Dr. K.-E. Quentin; Balneologisches Institut der Universität München. 27. Januar 1959
Wasserspiegel:	etwa 3 m u. G.
Wassertemperatur:	12,13° C

	mg/kg	mval	mval-%
Natrium	12663,00	550,800	88,54
Kalium	9,95	0,255	0,04
Magnesium	37,73	3,103	0,50
Calcium	1361,20	67,923	10,92
Eisen	0,83	0,030	–
Mangan	0,14	0,005	–
		622,116	100
Nitrit	0,13	0,003	–
Nitrat	1,77	0,029	–
Chlorid	19436,00	548,160	88,12
Sulfat	3245,60	67,570	10,86
Hydrogenphosphat	0,39	0,008	–
Hydrogenkarbonat	386,57	6,335	1,02
	37143,31	622,105	100
Metakieselsäure	13,43		
	37156,74		
Kohlendioxyd	61,60		
	37218,34		

In Spuren nachgewiesen:	Lithium, Strontium, Aluminium; Bromid, Jodid; Metaborsäure
Wassertyp:	Sole

Zwischen der Bohrung und dem Haalbrunnen besteht ein hydrostatischer Zusammenhang. Als im Haalbrunnen bakterielle Verunreinigungen nachgewiesen wurden, mußte man ihn verschließen, um die Verschmutzung der Sole zu verhindern.

LITERATURVERZEICHNIS

Friedrich von Alberti: Halurgische Geologie. 2 Bde. 1852.

Walter Carlé: Bau und Entwicklung der Süddeutschen Großscholle. (Beihefte zum Geologischen Jahrbuch Heft 16.) 1955.

Walter Carlé: Die erd- und landschaftsgeschichtliche Entwicklung des mittleren Kocher- und Jagst-Gebietes. In: Führer zu vor- und frühgeschichtlichen Denkmälern. Bd. 23: Schwäbisch Hall, Comburg, Vellberg. 1973. S. 7–29.

Walter Carlé: Der geologische Bau und die erdgeschichtliche Entwicklung. In: Der Kreis Schwäbisch Hall. 1976. S. 23–46.

Walter Carlé: Die natürlichen Grundlagen und die technischen Methoden der Salzgewinnung in Schwäbisch Hall. 1. In: JhVVNW. 120 (1965). S. 79–119. 2. In: JhVVNW. 121 (1966). S. 64–130.

Walter Carlé: Zur Frage der vor- und frühgeschichtlichen Salinen in Baden-Württemberg. In: Oberrhein. geol. Abh. 14 (1965). S. 141–166.

Karl Endriss: Die Steinsalzformation im Mittleren Muschelkalk Württembergs. 1898.

Hans Füchtbauer und German Müller: Sedimente und Sedimentgesteine. 3. Aufl. 1977.

Geologische Karte 1:25000 von Baden-Württemberg. Blatt 6824 Schwäbisch Hall mit Erläuterungen von Alfred Vollrath. 1977.

Geologische Karte 1:25000 von Baden-Württemberg. Blatt 6924 Gaildorf mit Erläuterungen von Eugen Eisenhut. 1974.

Otto Franz Geyer und Manfred P. Gwinner: Einführung in die Geologie von Baden-Württemberg. 2. Aufl. 1968.

Franz Lotze: Steinsalz und Kalisalze. 2. Aufl. 1957.

K. Ochsenius: Die Bildung der Steinsalzlager und ihrer Mutterlaugensalze. 1977.

Richter-Bernburg: Über salinare Sedimentation. In: Zeitschr. deutsch. geol. Ges. 105 (1955). S. 593–645.

E. Schachl: Das Muschelkalksalz in Südwestdeutschland. In: N. Jahrb. Geol. Paläontol. 98 (1954). S. 309–394.

G. Schübler: Über die Lagerungsverhältnisse des Steinsalzes zu Wilhelmsglück. In: Naturwiss. Abh. 1 (1827). S. 359–366.

Georg Wagner: Einführung in die Erd- und Landschaftsgeschichte mit besonderer Berücksichtigung Südwestdeutschlands. 3. Aufl. 1960.

Georg Wagner: Zur Erd- und Landschaftsgeschichte von Hall. In: Schwäbisch Hall – Ein Buch aus der Heimat. 1937. S. 1–55.

Helmut Wild: Das Salzlager des Mittleren Muschelkalkes im süddeutschen Raum, Schichtenfolge und Ausbildung – Rückschlüsse auf die Genese. In: Fifth International Symposium on Salt – Northern Ohio Geological Society. Vol. 1. 1980. S. 185–192.

Helmut Wild: Das Steinsalzlager des Mittleren Muschelkalks, seine Entstehung, Lagerung und Ausbildung nach alter und neuer Auffassung. In: Jahresh. geol. Landesamt Baden-Württemberg 10 (1968). S. 133–155.

Helmut Wild: Die Gliederung der Steinsalzregion des Mittleren Muschelkalks im nördlichen Württemberg, ihre ursprüngliche und heutige Mächtigkeit. In: Jahresh. geol. Landesamt Baden-Württemberg 3 (1958). S. 165–180.

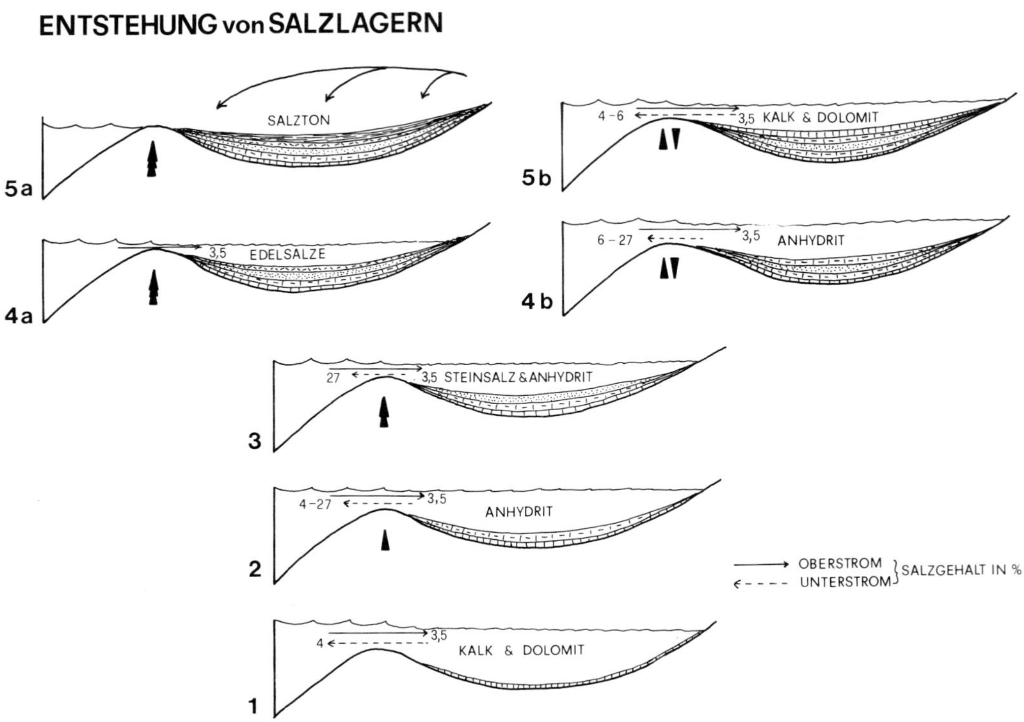

12 Entstehung von Salzlagern nach der »Barrentheorie« von Ochsenius (nach Wagner 1960). Ein Meeresbecken (rechts) ist durch eine Schwelle vom freien Ozean (links) teilweise abgeschnürt. Bei heißem Trockenklima verdunstet Wasser. Frisches Meerwasser mit einem Salzgehalt von 3,5 % fließt ständig über die Schwelle vom Ozean her nach (Oberstrom). Durch die Eindunstung konzentriertes und deshalb schwereres Wasser strömt zunächst noch über die Schwelle zum Ozean zurück (Unterstrom). Wenn die Schwelle weiter angehoben wird, wird auch der Rückstrom immer stärker eingeschränkt, die Salzkonzentration steigt am Meeresboden an, und schließlich fallen in der Reihenfolge ihrer Löslichkeit die Salze aus: zuerst die Karbonate Kalkstein und Dolomit (1), dann die Sulfate Gips und Anhydrit (2), dann Steinsalz (3). Wenn der Unterstrom ganz erlischt und die Barre seltener überflutet wird, scheiden sich schließlich die leicht löslichen Edelsalze ab (4a). Diese können dann von Staubwinden zugeschüttet und versiegelt werden (5a). Ein vollständiges Salzlager vom Typus des norddeutschen Zechsteinsalzlagers ist entstanden.
Senkt sich die Barre nach der Steinsalz-Fällung wieder ab, wird erneut Anhydrit (4b) und schließlich wieder Karbonat (5b) abgeschieden. So ist das Muschelkalk-Salzlager entstanden, aus dem das Haller Solevorkommen stammt.

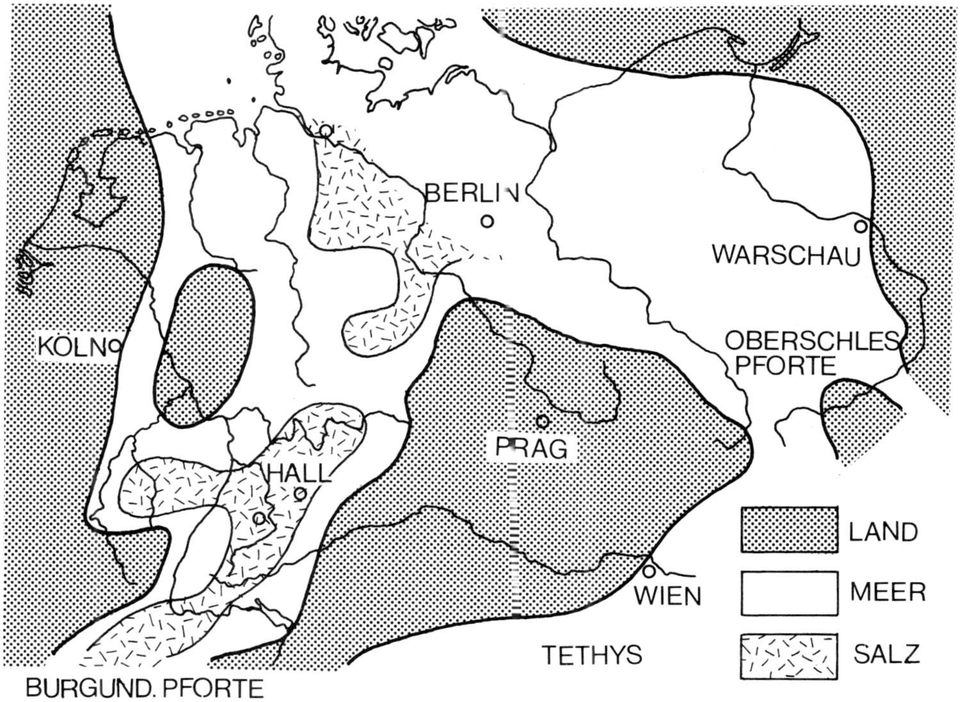

13 Land und Meer zur Zeit des Muschelkalks vor 230 Millionen Jahren (nach RICHTER-BERNBURG 1955). Über Mitteleuropa erstreckte sich das flache Germanische Becken, das über die Oberschlesische Pforte mit dem Tethys-Ozean im Süden verbunden war. Während des Unteren Muschelkalks funktionierte der Wasseraustausch gut: Im Germanischen Becken wurde Kalkstein abgelagert. Mit Beginn des Mittleren Muschelkalks hob sich die Pforte, der Laugenrückstrom wurde eingeschränkt, und es kam zunächst zu Dolomit- und Anhydrit-Ablagerung. Weiter zum Beckeninneren hin nahm schließlich die Salzkonzentration weiter zu, und in den Mulden des Beckens wurde Steinsalz abgeschieden. Unter Einfluß weniger salzhaltigen Wassers setzte sich später wieder Anhydrit und Dolomit ab. Mit Beginn des Oberen Muschelkalks lief der Wasseraustausch mit der Tethys wieder ungestört, nun aber über die Burgundische Pforte im Südwesten. Nun wurde im Muschelkalkbecken wieder Kalkstein abgesetzt.

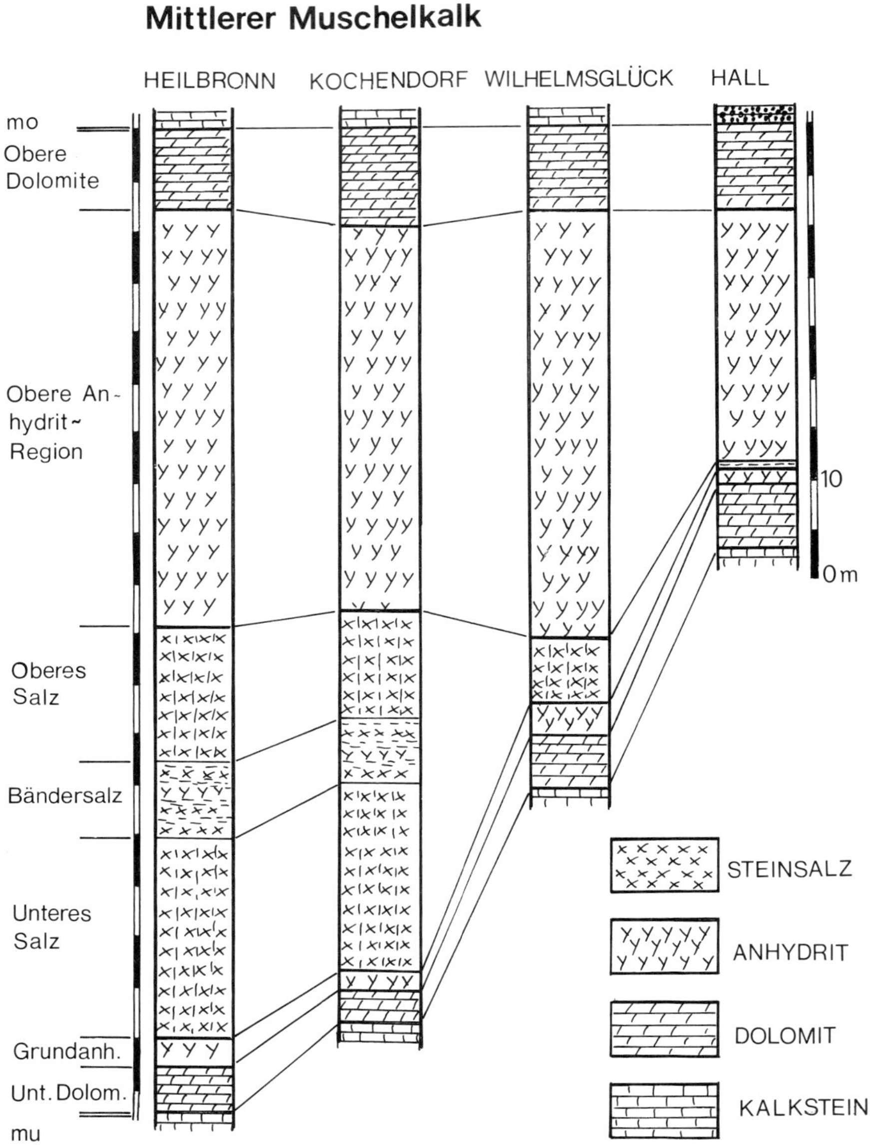

14 Schichtenfolge und Mächtigkeit des Mittleren Muschelkalks (nach WILD 1958 und CARLÉ 1965). An der Grenze des Unteren Muschelkalks (mu) zum Mittleren Muschelkalk dokumentiert der Umschlag von Kalkstein nach Dolomit, dann nach Anhydrit die beginnende Eindampfung. Diese erreicht ihren Höhepunkt, als in den tiefsten Teilen des Muschelkalkbeckens Steinsalz ausgeschieden wurde. Die umgekehrte Abfolge nach oben von Steinsalz über Anhydrit zu Dolomit belegt, wie der Wasseraustausch mit dem freien Ozean langsam wieder besser wurde. Zu Beginn des Oberen Muschelkalks (mo) wurde dann wieder Kalkstein abgesetzt.
Heilbronn lag zur Zeit des Muschelkalks weiter im Beckeninneren, wo mehr Salz abgeschieden wurde als am Beckenrand (Wilhelmsglück). In Hall (Tiefbohrung auf dem Haalplatz) ist dagegen das Salzflöz nachträglich wieder abgelaugt worden. Nur noch eine dünne Salztonschicht als Rückstand zeugt vom ehemaligen Salzlager.

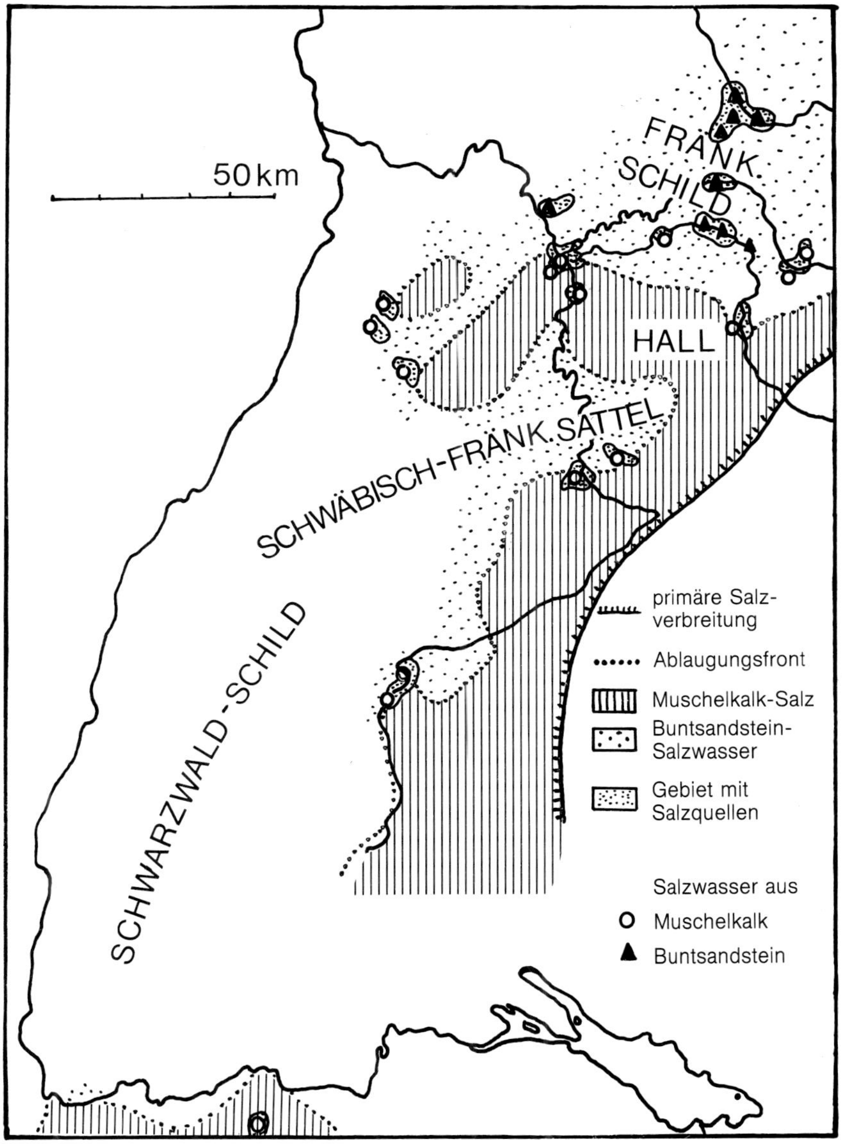

15 Ablaugung des Muschelkalk-Salzlagers und Salzwässer aus Muschelkalk und Buntsandstein (nach Carlé 1965). Die Ablaugung rückt von den hochgelegenen geologischen Schild- und Sattelstrukturen, gewaltigen Schichtenaufwölbungen, langsam auf die geologischen Mulden zu. Vor der Ablaugungsfront verläuft ein breiter Solengürtel. Dort können Oberflächenwässer aus dem Einzugsgebiet eines Flusses bis zum Salzflöz hinunterdringen, Kluftsysteme durchwandern und dann im tiefer gelegenen Tal als Solequellen wieder zutage treten. Vom Salzrand weg nimmt die Solenkonzentration ständig ab. Die Haller Solevorkommen fallen genau in diesen Solenkranz hinein, denn wenige Kilometer südlich von Hall ist das Salzlager noch erhalten.

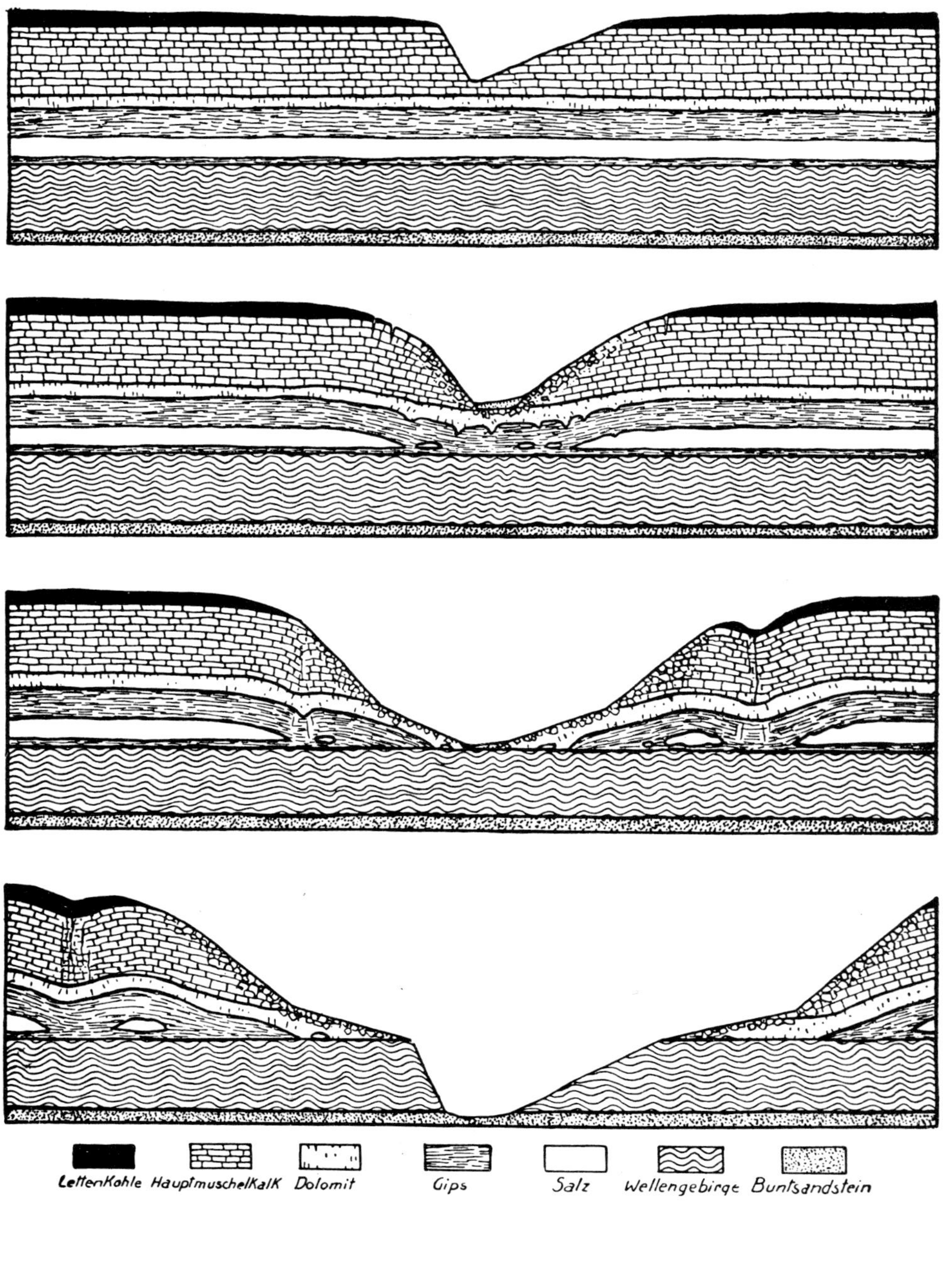
LettenKohle
HauptmuschelKalK
Dolomit
Gips
Salz
Wellengebirge
Buntsandstein

16 Geologie und Landschaft im Kochertal (schematisch)

1. Das Kochertal bei Wilhelmsglück. Der Kocher und seine Seitenklingen haben sich tief in den harten Oberen Muschelkalk eingeschnitten. Das Salz- und Gipslager ist aber noch weitgehend intakt. Auf den steilen Talhängen wachsen Laubwälder. Eine breite Talaue fehlt dem verkehrsfeindlichen Tal. Siedlungen und Verkehrswege liegen deshalb oben auf der fruchtbaren Lettenkeuper-Gäufläche.

---

2. Das Kochertal bei Hall. Der Kocher hat nun den Oberen Muschelkalk ganz durchschnitten. Das Salzlager ist abgelaugt. Am Talrand sind die Schichten über dem ausgelaugten Untergrund nachgestürzt und verbogen. Hangschuttmassen bedecken die Talflanken. Verkehrswege folgen den Windungen der nun etwas breiteren Talaue.

---

3. Das Kochertal bei Enslingen. Der weiche Mittlere Muschelkalk ist durchschnitten und ausgeräumt. An den Talrändern brechen Dolinen ein. Die historischen Verkehrswege folgen nun auch dem Tal mit breiter, als Wiesen- und Ackerland genutzter Talaue. Siedlungen wurden hochwassergeschützt auf den Schwemmkegeln der Seitenbäche angelegt.

---

4. Das Kochertal bei Ingelfingen. Über einer Schichtenaufwölbung hat der Kocher den harten Unteren Muschelkalk durchsägt und bis in die Röttone des Buntsandsteins eingeschnitten. An den Prallhängen entstanden steile Felswände (Klebe). Die Talhänge sind dreigliederig profiliert:

- steil im harten Unteren Muschelkalk, Laubwälder, auf der Sonnenseite Weinberge;
- flache Terrasse im weichen Mittleren Muschelkalk, Acker- und Wiesenland, auf der Sonnenseite Obstgärten und Siedlungen (Künzelsau), Lesesteinriegel;
- wieder steil im Oberen Muschelkalk, Laubwälder bzw. Weinberge.

Auch die Hauptverkehrswege folgen nun den Talauen.

(Nach WAGNER 1960)

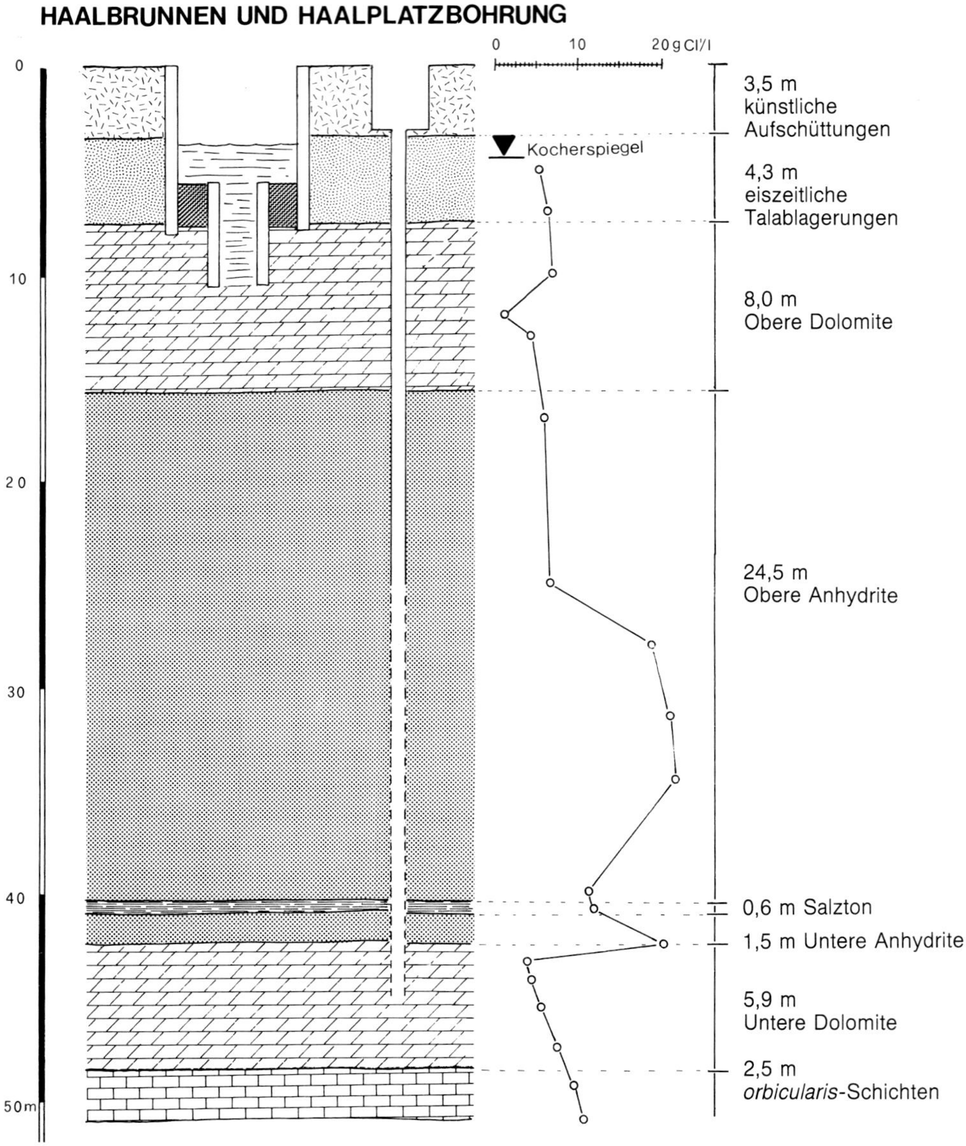

17 Geologie des Haalbrunnens. Der historische Haalbrunnen war ca. 13 m tief und reichte in die Oberen Dolomite des Mittleren Muschelkalks hinab. 1957 bohrte man durch den ganzen Mittleren Muschelkalk bis in die *orbicularis*-Mergel des Unteren Muschel-Kalks. Aus verschiedenen Teufen entnommene Soleproben zeigten unterschiedliche Konzentrationen (Diagramm). In die Fassung der 45 m tiefen Förderbohrung können zwischen 25 und 45 m Teufe, dem Bereich höchster Konzentration, Salzwässer eintreten.

(Nach CARLÉ 1965 und 1966)

Die Technik der Salzgewinnung

VON HANS HAGDORN

DIE KELTISCHE SALINE

Schon als 1907 und 1909 in den Ackeranlagen in latènezeitlichen Gräbern Schmuckstücke gefunden wurden, vermutete man, daß es das Salz war, das die Menschen in das enge, siedlungsfeindliche Kochertal bei Hall führte. 1939 stießen Arbeiter dann beim Bau der Kreissparkasse »Hinter der Post« in 5 m Bodentiefe auf mehrere übereinander folgende, insgesamt 1,2 m mächtige Schichten, die Kost (1939/40) anhand von Keramik als latènezeitlich datierte. Einige Scherben und eine Gagatperle aus dem Liegenden dieser Fundschichten haben hallstattzeitliches Alter. Das Fundgut brachte den Beweis, daß in Hall während der Latène-Zeit (400 vor Chr. bis zur Zeitenwende) eine keltische Salzsiedersiedlung bestanden hatte. Vielleicht existierte diese auch schon in der Hallstatt-Zeit. *Abb. 18*

Gleichzeitig wurden auch im oberen Seille-Tal in Lothringen, in Bad Nauheim, in Halle/Saale, vielleicht auch in Kirchberg/Jagst und Bad Mergentheim von den Kelten Salinen betrieben. Im Salzberg bei Hallstatt und im Dürrnberg bei Hallein bauten die Kelten Salz bergmännisch ab; an den Küsten Südenglands, Belgiens und Frankreichs gewannen sie das Salz durch Eindampfen von Meerwasser.

Die Grabung in Hall lieferte folgende, der Salzgewinnung dienende Gegenstände:

1. Solebrunnen

   Zwei Wannen von ca. 1 m Durchmesser und einigen Dezimetern Tiefe, die von einem Pfahlkranz mit Weidengeflecht umgeben waren. Dahinter war zur Abdichtung gegen hereindringendes Grundwasser eine Lettenfüllung eingestampft. In der tiefsten Stelle saß eine quadratische Quellfassung aus Rundhölzern. *Abb. 19*

   Nach Veeck (1939/40) handelt es sich um Sole-Eindampfungswannen. Die Sole sei darin durch Sonneneinstrahlung und Feuer am Wannenrand konzentriert worden. Ferner hätten die keltischen Sieder erhitztes Ziegelwerk, wie es um die Wannen herum gefunden wurde, hineingeworfen. Riehm (1958 und 1962) und Carlé (1965) halten demgegenüber eine Deutung als Solefassungen für wahrscheinlich.

2. Holztröge

   In nächster Nähe der beiden Erdwannen lagen, in Letten eingebettet, sieben einbaumartige Holztröge von bis zu 5 m Länge, 1,2 m Breite und 0,5 m Tiefe. Die Tröge waren z. T. paarweise übereinander angeordnet. Trog 6 trug einen Aufbau aus Eichenbohlen, die den Hohlraum vergrößerten, und eine Abdeckung aus Tannenbrettern. In diesen Trog mündete auch eine hölzerne Rinne aus einem ausgehöhlten Stämmchen, das mit einem Brett abgedeckt war. *Abb. 20*

Kost sah in den Trögen ausgemusterte Einbäume, die zur Soleaufbewahrung verwendet wurden. Carlé (1965) vergleicht sie, Hommel (1939/40) folgend, mit dem mittelalterlichen Naach, in dem salzdurchtränktes Ziegelwerk (Gewöhrd) zur Gradierung (Konzentrationserhöhung der Sole) gesammelt wurde.

3. Briquetagen

Aus dem Bauaushub wurden 1500 faust- bis geldstückgroße Tonstücke geborgen, die zu Nestern konzentriert um Solebrunnen und Tröge lagen. Hommel schätzt, daß im gesamten Aushub ursprünglich ca. 30000 solche Stücke gesteckt haben mußten. Gut erhaltene, vollständige Tonstücke, wie sie allgemein publiziert und ausgestellt werden, täuschen jedoch leicht darüber hinweg, daß die Masse des Fundguts zerbrochen war.
Derartige Massen von Ziegelwerk und Scherben (Briquetage) sind typisch für vorgeschichtliche Salinen. Im Haller Briquetage ließen sich folgende Typen unterscheiden:

- *Gefäßscherben* aus Lehm, sehr häufig Bodenrandscherben von flachen, bis 60 cm weiten Schalen, die wohl zum Salzsieden verwendet wurden (45 % des Briquetages).
- *Scherben von Salzformgefäßen* aus gemagertem Ton von zylindrischer bis stumpfkegelförmiger Gestalt. Die Innenwände der bis 2,5 cm dicken Scherben sind glatt, die Außenwände achtlos geformt. Außen- und Innenwände tragen dünne Kalkbeläge. Kost sah in ihnen Metallverarbeitungstiegel, Carlé Salzformgefäße, deren Scherben als Briquetage verwendet wurden.
- *Lehmverputzstücke* und *quaderförmige Ziegel*, die als Reste von abgebrochenen Siedeherden gedeutet werden (12 %).
- *walzenförmige Ziegelkörper* von Faustgröße aus stark gemagertem, hart gebranntem Ton. Ihre hohe Porosität kommt von beigemengten Holzstückchen und Getreidespelzen, die beim Brennen verglühten. Von 650 Fundstücken dieses Typs waren nur 10 unversehrt erhalten (43 %). Sie dienten wohl, bevor sie ins Gewöhrd kamen, als weiche Untersetzer für die Salzformgefäße, damit diese einen festen Halt auf gebrannten Tonstützen erhielten. Solche Tonstützen waren allerdings im Haller Briquetage selten, während sie von anderen vorgeschichtlichen Salinen in großer Vielfalt vorliegen.

4. Schmelzöfen

An drei Stellen der Grabung ließen sich Feuerstellen nachweisen. Der Fund einer Ofensau (Schlackenrückstand aus einem Schmelzofen) und einer Tondüse, wie sie für Gebläseöfen verwendet wurden, legt die Vermutung nahe, daß in der Siedlung auch Metall verarbeitet wurde. Carlé, der die bei den Feuerstellen gefundenen »Tiegel« als Salzformgefäße deutet, schließt nicht aus, daß es sich vielleicht um Salzsiedeöfen handelte.

Die Arbeitsweise der keltischen Salzsieder

Carlé kommt, von Überlegungen Hommels ausgehend, aufgrund von Vergleichen mit anderen vorgeschichtlichen Salinen (Riehm 1962) und mit der mittelalterlichen Haller Siedetechnik zu folgender Deutung der Arbeitsabläufe in der Keltensaline:

Aus Solebrunnen, die gegen eindringendes Grundwasser mit Faschinen und Lettendichtungen geschützt waren, wurde Salzwasser in die Holztröge geschöpft oder über Holzrinnen hineingeleitet. In den Trögen aufgehäuftes poröses Briquetage saugte wie ein Docht Salzwasser auf und beschleunigte die Verdunstung. Mit steigender Konzentration schieden sich auf den Tonkörpern Salzkristalle ab. Andere Tonstücke häuften die Sieder auf die Trogabdeckungen und übergossen sie mit Sole, bis auch auf ihnen Salz ausblühte. Zur weiteren Konzentrationserhöhung warf man noch salzverkrustete Ziegel von abgebrochenen Siedeherden und zerschlagene Salzformgefäße in die Tröge, bis die Sole schließlich so konzentriert war, daß sich das Sieden lohnte. Die Kelten wendeten also schon die Gradierungsmethode des mittelalterlichen Haller Siedebetriebs an, die als Gewöhrdgradierung bezeichnet wird. Die gradierte Sole wurde dann auf gemauerten Herden, vermutlich in flachen Tonschalen, wie sie in Scherben nachgewiesen sind, versotten. Das auskristallisierte Salz stampften die Sieder dann in feuchtem Zustand in die Formgefäße und ließen es bei den Feuerstellen trocknen. Um die festen Salzhüte, handliche Handelsware, zu gewinnen, mußte man ursprünglich die Formen zerschlagen, denn das Salz verbuk fest mit den Poren der Form. Die Scherben kamen ins Gewöhrd. Später wurden die Formen innen mit einer dünnen Kalkschicht überzogen, damit sich der Salzhut leicht aus der Form lösen ließ.

Das Schicksal der keltischen Saline

Die latènezeitliche Siedlung wurde während der Jahrhunderte ihrer Existenz ständig durch abgeschwemmten Hangschutt vom Galgenberg beeinträchtigt. Eine dramatische Bergrutschkatastrophe, die das Salinendorf plötzlich 5 m tief verschüttet haben soll, hat aber sicher nicht stattgefunden. Carlé erklärt die starke Hangerosion vielmehr als ökologische Folge des starken Holzeinschlags, der zur Befeuerung der Siedeöfen nötig war.

Bauliche Änderungen am Solebrunnen und am Holztrog 6 wertet Riehm als Schutzmaßnahmen gegen zunehmende Aufschüttung von Hochwassersedimenten, die wiederum auf verstärkte Rodungstätigkeit zurückzuführen sind.

Wann die Saline endgültig abgegangen ist, bleibt unsicher. Ungeklärt ist auch, ob die Römer, die nur 13 km südwestlich im Kastell Mainhardt saßen, aus Hall Salz bezogen. Bisher fehlen aus Hall römische Funde. Lediglich eine von Mainhardt genau auf Hall ausgerichtete Straße gibt einen vagen Hinweis auf mögliche Handelsbeziehungen. Andererseits könnte man sich auch vorstellen, daß die Römer die wirtschaftlich wichtige Salzquelle unter ihren Einfluß gebracht hätten, wenn sie ihnen bekannt gewesen wäre.

Auch alamannische Funde fehlen aus Hall. Nach Ausweis des Ortsnamens ist das nahegelegene Gelbingen eine alamannische Gründung in der dort schon breiteren und siedlungsfreundlicheren Talaue des Kochers. Ein offen zutage tretender Salzquell wäre von diesen Siedlern bestimmt nicht unentdeckt geblieben.

Auch aus fränkischer Zeit ist für Hall keine Siedlung belegt. Das Verwaltungs- und Missionszentrum lag weiter östlich auf der Stöckenburg bei Vellberg.

Vielleicht brach in diesen dunklen Jahrhunderten ohne archäologische und urkundliche Belege die Salzquelle im Flußbett auf, oder sie floß unerkannt in den Lockerschichten der Hangschuttmassen ins Grundwasser der Talaue.

DER HAALBRUNNEN

Um aus einer wild aus der Talaue austretenden Salzquelle, die bei Hochwasser immer wieder verschüttet wurde, einen Brunnen zu machen, muß sie durch bauliche Maßnahmen gefaßt werden. Die Ziele dieses *Sulenbaus* waren, den Brunnen von Schlammabsätzen zu reinigen und die hölzernen Brunnenstuben zu reparieren und gegen den unerwünschten Zutritt von Wildwässern abzudichten. Zum Sulenbau sahen sich die Sieder immer gezwungen, wenn die Konzentration der Sole abgesunken war und beim Sieden zu viel teures Holz verbraucht wurde.

An diesen Zielen und den Problemen, die beim Sulenbau auftraten, änderte sich im Laufe der Jahrhunderte wenig. Die sich wandelnde Technik fand aber ihren Niederschlag in den oberirdischen Brunnenbauwerken.

Zwischen den einschneidenden Neukonstruktionen mußte man in unregelmäßigen Abständen den Haalbrunnen reinigen. Diese *Sulenfegen* genannte Prozedur schadete aber dem Brunnen und begünstigte den Zutritt von Wildwässern. *Abb. 29, 30, 31*

Über die Brunnenkonstruktionen aus der Zeit vor 1316 wissen wir wenig, denn die Akten gingen in den Flammen des Stadtbrandes auf.

Die Bühlersche Chronik berichtet, daß die Quelle seit dem 11. Jahrhundert durch eine Brüstung gefaßt gewesen sei. Diese wurde 1309 erhöht und das ganze Haal aufgeschüttet, um es hochwassersicher zu machen. Die Sole mußten aber von nun an Schöpfknechte mit Eimern fördern.

Beim Sulenbau von 1496 setzte der städtische Werkmeister Peter Lackorn in die achteckige äußere Brunnenumrandung ein achteckiges inneres Brunnenstüblein aus Eichenbohlen ein, das mit Letten abgedichtet war. Die einbrechenden Wildwässer hob der Bautrupp mit Eimerschöpfwerken und leitete sie über Rinnen in den Kocher.

Schon 1521 war ein neuer Sulenbau nötig. Um die Wildwassereinbrüche besser zu bewältigen, grub man diesmal nahe beim Brunnen 4 Schächte von 4,6 m Tiefe, aus denen sich das Wasser leichter schöpfen ließ. Diese Schächte wurden dann über Gräben verbunden, die das zufließende Wasser in das sogenannte Brünnlein führten, von wo es Schöpfknechte bei Tag und Nacht in den Kocher beförderten. Das Wasser im Brünnlein enthielt bis zu 30 g Salz/Liter.

Abb. 21, 22, 23 Beim Sulenbau von 1540 wurde in die achteckige äußere Brunnenfassung ein quadratischer Brunnenkasten eingesetzt, der aber einen Anbau (Arca) bekam, weil der Hauptquellaustritt außerhalb dieses Kastens aufgebrochen war.

1714 wollte man diesen Quellaufbruch dann in der Mitte des inneren Stübleins haben und setzte die neue Fassung deshalb exzentrisch in das Achteck des Brunnenbauwerks. Über diesem Brunnen, der 1716 vollendet war, erbauten Zimmerleute auf 8 mächtigen Holzpfeilern das berühmte Schöpfwerk, welches das ganze Stadtbild prägte. Hier förderten Schöpfknechte über zwei mal sechs Schöpfgalgen die Sole aus dem inneren Stüblein in Holzrinnen, über die sie in die Haalhäuser zum Versieden geleitet wurde. *Abb. 25* *Abb. 26, 27, 28*

1728 verbrannte das Schöpfwerk mit den ganzen Haalanlagen beim großen Stadtbrand. Es war aber schon 1729 in alter Form wieder errichtet.

1754 mußte das Schöpfwerk einem hölzernen Turm weichen, in dem 4 Pumpen arbeiteten. Diese trieb ein von Caspar Walter aus Augsburg gebautes Kunstrad auf dem Unterwöhrd über ein Kunstgestänge an. Die Arbeit der Pumpen beschädigte den Brunnen aber, so daß wieder Wildwässer einbrachen. Vom Kanal durch den Unterwöhrd sind heute noch Ein- und Ausmündung zu sehen. *Abb. 32, 33, 38*

Für eine grundlegende Sanierung erstellte der Bergingenieur Carl August Rausch aus Clausthal 1779 ein Gutachten, an dessen Verwirklichung noch im selben Jahr ein Konsortium von Haller Salinentechnikern zu arbeiten begann. Johann Georg Glenk, der führende Mann, umringte den Brunnen in 7,5 m Tiefe mit einem begehbaren »Circumvallations-Stollen«, mit dem er nun alle Wildwässer fernzuhalten hoffte.

Wegen Auseinandersetzungen mit seinem Vorgesetzten und weil er sich in Hall verkannt fühlte, verließ Glenk heimlich die Stadt und nahm eine Stelle als Direktor der fürstlich hohenlohischen Saline in Weißbach an. Den Brunnenbau selbst führte Rausch aus.

Eine eingehende Beschreibung des Brunnens und der übrigen salztechnischen Anlagen gab

Alexander von Humboldt, der 1792 als preußischer Beamter in der ansbachischen Saline Gerabronn gutachtete und einen Abstecher in die berühmte Salzstadt Hall unternahm.

Weil die Solequalität 1798 sich schlagartig verschlechterte, rief der Magistrat im Jahre 1800 Johann Martin Hoppensack, den Leiter der Saline Clemenshall, nach Hall, um den Brunnen vollständig gegen Wildwasser abzudichten. Er ließ 50 m südöstlich vom Haalbrunnen einen Schacht bis auf 15,4 m abteufen, der die Sole liefern sollte, bis der Haalquell saniert sei. Das Unternehmen scheiterte aber an der Wasserhaltung und durch Sabotage.

Nach weiteren vergeblichen Versuchen setzte sich zu Beginn des 19. Jahrhunderts schließlich endgültig die Erkenntnis durch, daß man den Zutritt von Wildwässern nicht vollkommen unterbinden könne und daß man seit Einführung der Gradierung (1740) den Haalbrunnen zu stark bewirtschaftet hatte. Auflastendes Süßwasser stellt ja den Solehorizont unter starken hydrostatischen Druck. Pumpt man das Süßwasser ab, sinkt auch der Druck ab, und Sole kann in verschiedenen wilden Quellen aufbrechen und in den Lockerschichten der Talfüllung verschwinden.

Hinter diese hydrostatischen Zusammenhänge war Alexander von Humboldt gekommen. Seinem Bericht verdanken wir genaue Angaben über den Stand der Technik in der Saline Hall.

Über dem »Hällischen Salz- und Segensbronn« steht heute ein achteckiger, sandsteinverkleideter Sockel aus dem 19. Jahrhundert, ein Torso, der nach Gestaltung verlangt. *Abb. 34*

DAS SIEDEWESEN

Seit vorgeschichtlicher Zeit erhöhten die Sieder in Hall die Konzentration der Sole mit der Technik der Gewöhrdgradierung. Allerdings konnte bisher keine Kontinuität des Salinenbetriebs nachgewiesen werden, obwohl die rekonstruierten vorgeschichtlichen Techniken den aus zahlreichen zeitgenössischen Beschreibungen bekannten Techniken des Mittelalters und der Neuzeit auffallend ähnlich sind.

Das *Gewöhrd* bestand aus salzüberkrustetem und salzdurchtränktem Material, das man in Brunnensole ablaugte, um die Konzentration zu erhöhen. Die Sole wurde damit gradiert.

Gewöhrdbereitung und Siedevorgang in den Haalhäusern oder *»Hallesern«* waren eng gekoppelt.

Größe, Bauweise und Einrichtung der Haalhäuser veränderten sich im Laufe der Zeit. Nach dem großen Stadtbrand von 1728 wurden rasch 37 dreifache Haalhäuser (mit drei Pfannen) neu erbaut, die vom Haalgericht kontrolliert wurden. *Abb. 35, 37*

In der frühen Neuzeit gehörte zu einem Haalhaus:

Der *Kasten,* ein Solebehälter an der Außenwand des Hauses, in den über aufgestelzte Holzrinnen Sole direkt vom Brunnen eingeleitet wurde.

Der *Naach,* ein durch die Wand mit dem Kasten verbundener Holztrog von 6,3 m Länge, 1,1 m Breite und Höhe, der ca. 6 m^3 Sole faßt. Hinten, im sogenannten Trüchle (= Truhe), verjüngte sich der Trog und lag tiefer. Im Naach lösten die Sieder das Gewöhrd in Brunnensole zu einer schmutzigen, aber konzentrierten Sole auf (»beizen«). Das Unlösliche, Salzschleim oder Ziemtschloter genannt, setzte sich im Trüchle ab.

Die *Gewöhrdstatt,* zwei oder drei Wannen, in denen das Gewöhrd gesammelt wurde. Dazu gehörten zerklopftes salzhaltiges Mauerwerk von abgebrochenen Siedeherden, verkohlte, mit Salzschleim gelöschte Holzreste, Pfannenstein, Schaum und Schlamm, der beim Sieden anfiel.

Die *Siedepfanne* auf dem gemauerten *Herd* von ca. 1 m Höhe und 60–70 cm Mauerdicke. Die *Abb. 36*

Herde bauten die Sieder aus einem Gemisch von Holz, viel Asche, Erde und Ton mit Sole und Salzschleim, das zementartig erstarrte. Beim Sieden übergossen sie den Herd ständig mit Sole.

Nach ca. 3 Wochen mußte man den Herd abbrechen und gab seine Bestandteile zerklopft ins Gewöhrd. Der Herd stand auf einer Lehmtenne. Zum Neubau eines Herdes hob man die schwere Pfanne mit Seilen an und mauerte unter der schwebenden Pfanne den neuen Herd auf. Vorne im Feuerraum lag der Fornichstein, ein Stahlbarren, auf dem sich die Holzscheiter zum Verbrennen stapelten.

Abb. 24, 37 Die Siedepfannen waren normiert und mußten geeicht werden. Bei schiffsförmigem Umriß waren sie 4,3 m lang, vorn 1,3 m, in der Mitte 1,47 m und hinten 1,25 m breit; ihre Tiefe betrug 37 cm. Eine Pfanne wog ca. 260 kg. Haalschmiede nieteten sie aus einzelnen Blechen zusammen, die Fugen verschmierten sie mit »Gemüß«, einem Gemenge aus Rinderblut, Leber und Asche, in späterer Zeit mit Werg und gelöschtem Kalk.

Abb. 36 Im Jahre 1607 führte der Haalobermeister Alexander Seyfferheld die *Vorwärmpfanne* ein. Sie war ebenfalls normiert, stand etwas erhöht, mit der Längsachse quer zum Herd. In ihr wurde Sole durch abziehende heiße Flammengase erhitzt, was den Siedeprozeß beschleunigte und verbilligte.

Arbeitsablauf eines Suds

Abb. 35 Die Sole gelangte über Rinnen und durch ein Sieb vom Naach in die beiden Pfannen. Zunächst wurde langsam angeheizt, dann mit starkem Feuer scharf aufgekocht *(stören)*, wobei sich schmutziger Schaum bildete. In die Pfanne legten die Sieder flache Setzpfannen, in denen sich die schweren Schmutzteile absetzten. Schaum und Schleim aus den Setzpfannen kamen in die Gewöhrdstatt. Während die Störens füllten die Sieder ständig Sole aus der Vorwärmpfanne nach. Dann leerten sie den Pfanneninhalt in vier Gölten (große Holzeimer) und schwenkten die Pfanne mit Rohsole aus. In den Gölten setzte sich der Schmutz ab. Die geläuterte Sole schöpften oder pumpten die Sieder dann in die Pfannen zurück. Wenn sich eine Salzhaut auf der Sole bildete, setzten sie zur weiteren Läuterung schaumbildende Mittel (Eiweiß, Tierblut, Bier) zu und schöpften den schmutzigen Schaum ab. In der heutigen Technik nennt man diesen Prozeß »flottieren«.

In der Phase des Soggens fällt das Salz am Pfannenboden aus. Mit Besen und Holzkrücken zog man es dann zum Pfannenrand und schaufelte es auf ein Brett auf der Ofenmauer.

Die Mutterlauge mit den bitteren Magnesiumsalzen wurde als Düngemittel (Haalbötzig) verkauft.

Während des Salzauszugs füllten die Sieder im *Pfaunstle* eine längliche Grube mit glühenden Holzkohlen, die mit Sand abgedeckt wurden. Darüber formten sie mit Brettern eine Salzmauer von ca. 5 m Länge und 1,4 m Höhe. Wenn diese stabil geworden war, entfernten sie die Bretter und sägten die Salzwand mit dem Reißmesser in 16 gleichgroße Platten, die *Schilpen,* die Handelseinheit des Haller Salzes. Wenn sie transportfähig waren, brachte man sie zum völligen Trocknen ins *Löchle,* wo sie mit glühenden Holzkohlen umgeben wurden. Ein Sud dauerte ca. 16 Stunden.

Das ganze Siedewesen war streng reglementiert. Montags um 11 Uhr wurde untergebrannt (angeheizt), samstags um 19 Uhr mußte gelöscht werden. Diese Zeitspanne war die *Haalwoche.* Die Arbeit war in sechsstündige Schichten eingeteilt. Pro Woche sott man in sechs Suden 96 Stunden lang und erhielt 96 Salzschilpen zu je 30 Pfund. Man sott je nach Absatzlage 5–20 Wochen pro Jahr (= *Siedensjahr*). Die übrige Zeit hieß das *Kaltliegen.* Bei sieben Haalwochen betrug die Produktion ohne Extragesiede ca. 20000 Zentner Salz.

Umstellungen im Siedewesen nach Einführung der Gradierung

Um die Gradieranlage und den umfänglichen Wasserbau, der für den Betrieb der Gradierung nötig war, zu finanzieren, richtete die Stadt ein Gradiergesied ein, dessen Erlös der Gradierkasse zufloß.

Dazu baute die Stadt zwischen 1739 und 1749 an der Eich (bei der heutigen Jugendstrafanstalt) zwei steinerne Haalhäuser mit je drei großen, hintereinandergeschalteten Siedepfannen. Auf dem Haal verarbeiteten 10 moderne Haalhäuser Gradiersole zu Gradiersalz; die restlichen zwölf, später sechs Haalhäuser produzierten noch mit der Gewöhrdmethode Schilpensalz. 1786 verbot der Rat aber das Gewöhrdsieden völlig. *Abb. 37, 38, 39, 40*

Jeder Sieder bekam gegen ein Gradiergeld eine festgelegte Solemenge. Die alten Gemeinen-Haalhäuser verschwanden vollends; in den 22 modernen Herren-Haalhäusern sott man nun in 45 großen Pfannen wesentlich rationeller.

Mit der Verarbeitung von Gradiersalz änderte sich auch die Einrichtung der Haalhäuser: der Naach wich einem hölzernen Gradiersole-Kasten, und der Herd wurde dauerhafter gebaut, weil ja nun das Gewöhrd entfiel.

Auch die Siedetechnik wurde abgewandelt. Das Soggen verlegte man in die Vorwärmpfanne. Das Salz wurde in trichterförmigen Körben in Trockenkammern getrocknet.

Mit drei bis vier Suden produzierten die Sieder nun mehr Salz als mit sechs Suden nach der Gewöhrdmethode; infolgedessen konnte man auch die Pfannenzahl und die jährliche Siededauer reduzieren.

DIE GRADIERUNG

Seit vorgeschichtlicher Zeit hatte man in Hall die Salzkonzentration mit der Gewöhrdmethode erhöht. Die von Natur aus reiche Haller Sole, die technische Perfektion dieser Gewöhrdgradierung gerade in Hall und der Holzreichtum der Limpurger Wälder erübrigten aber die Einführung der neuen, effektiveren Luftgradierung. Dabei läßt man Sole wiederholt durch meterhoch aufgeschichtete Schwarzdornwände träufeln und von Sonne und Wind verdunsten. In Salinen, die geringer konzentrierte Sole verarbeiten mußten, fand die neue Technik schon im 16. Jahrhundert Eingang. So richteten etwa die Saline Sulz schon 1571, die Saline Niedernhall 1593 eine Luftgradierung ein. Der wichtigste Hinderungsgrund für die Einführung einer Gradieranlage war aber, daß die Haller Saline wegen ihrer Verfassung sich nicht straff organisieren ließ.

Zwar hatten schon seit dem Ende des 16. Jahrhunderts »Verbesserer des Salzwesens« beim Haller Magistrat Vorschläge zur Gradierung eingebracht, die sich aber nicht durchsetzen konnten. Als 1727–1730 nun die Salzpreise stark gesunken, die Holzpreise gleichzeitig angestiegen waren, mußte sich auch in Hall der Magistrat ernsthaft mit der Einrichtung einer Gradierung beschäftigen.

Er beauftragte dazu den bedeutenden Salinentechniker Joachim Friedrich Freiherrn von Beust, der in seinem Gutachten zur Abschaffung der veralteten Gewöhrdgradierung riet und für die Haller Saline eine neue Verfassung empfahl. Gegen den Willen der Sieder ließ der Magistrat 1739 auf Beusts Empfehlung auf den Spitalwiesen ein Probegradierhaus von 44 m Länge errichten.

Nun konnte man selbst die höchstens dreilötige Sole (30 g Salz/l) aus dem »Brünnlein«, die bisher unter großem Aufwand in den Kocher gepumpt wurde, auf 21 Grad (210 g/l) veredeln.

Mit derselben Holzmenge ließ sich im neuen Siedhaus an der Eich aus luftgradierter Sole nun die zweieinhalbfache Menge Salz sieden.

Trotzdem waren die Sieder von der neuen Technik noch nicht überzeugt; sie sabotierten den Bau der Holzleitungen vom Haalplatz zum Gradierhaus und zum Siedhaus. Aber der Magistrat ließ die von der Stadt finanzierte und verwaltete Gradieranstalt ausbauen: 1745 folgten das zweite, 1748 das dritte, 1749 das vierte und fünfte Gradierhaus. 50 bis 100 Menschen fanden dort nun Arbeit. Für den Betrieb ließ der Magistrat durch Caspar Walter aus Augsburg Pumpen erbauen, die von Wasserrädern an einem umfangreichen Kanalsystem betrieben wurden. An der Eich entstand ein zweites steinernes Siedhaus.

Abb. 41, 42, 43; vgl. auch Karte S. 53

Von 1756 an erweiterte man die Anlage noch um die »Berggradierung« auf dem Grat des Rippergs, welche die herrschenden Winde besser nutzte. Um genügend Gefälle für den Betrieb der Pumpen zu gewinnen, mußte der Ripperg in einem Stollen von 143 m Länge durchstochen werden.

Nach der genauen Beschreibung durch Alexander von Humboldt von 1792 waren die hintereinandergeschalteten Häuser der Talgradierung zwischen 122 und 252 m lang und besaßen je zwei Dornwände von acht Metern Höhe und einer Gesamtfläche von 16058 m^2. Gradierhaus 6 auf dem Ripperg war mit 360 m Länge das größte. Die sieben Häuser der beiden Gradierwerke waren insgesamt 1594 m lang.

Abb. 41

Für den Betrieb der beiden Gradierwerke, die unabhängig voneinander arbeiteten, waren umfangreiche bauliche Anlagen nötig: mehr als 5 km lange Deichelfahrten (Holzröhren-Leitungen) zwischen Haalbrunnen, Gradierhäusern und Siedehäusern und dazwischengeschaltete Solereservoirs. Auch im Kunstturm über dem Haalbrunnen lag ein Reservoir, welches das nötige Gefälle für den Fluß der Sole zu den Gradierhäusern lieferte. Das Reservoir auf dem Ripperg faßte in acht übereinander angeordneten Holzbehältern insgesamt 1450 m^3 gradierte Sole, die zum alten Reservoir im Tal und von dort zum Siedhaus an der Eich geleitet wurde.

Abb. 44

Jährlich gradierte man 30624 m^3 Brunnensole. Um gerechte Verhältnisse beim Sud zu schaffen, ließ der Magistrat die höhergrädige Sole der Sommerproduktion (max. 240 g/l) mit der schwächeren aus der Herbst- und Frühjahrsproduktion (130 g/l) zu einer 18grädigen Sole ausgleichen, auf die auch der Siedebetrieb eingestellt war. Obgleich die Berggradierung mit 594 m nur wenig mehr als halb so lang wie die Talgradierung war (1000 m), war sie genauso leistungsfähig. Trotz der effektiveren Produktion ist der Holzverbrauch absolut gesehen nicht zurückgegangen, denn die Salzproduktion wurde auf das Achtfache gesteigert.

Nach 86 Jahren legte die Regierung die Gradieranlage still, denn seit 1825 wurde vollötige Sole aus dem Bergwerk Wilhelmsglück versotten. Von 1828 an brach man die Gradieranlage ab.

DAS BERGWERK WILHELMSGLÜCK UND DIE NEUE SIEDESALINE

Die Reichsstadt Hall war im Jahre 1802 württembergisch geworden, der württembergische Staat seit 1804 Eigentümer der Saline. In diesen Jahren erlebten geologische Grundlagenforschung und Bohrtechnik gewaltige Fortschritte, was auch der Salz- und Solesuche neuen Auftrieb brachte. Die Erfolge des Pächters der Saline Clemenshall zu Offenau, des Legationsrats Johann Wilhelm Thon, der dort 1810 eine 15grädige Sole (= 150 g/l) erbohrt hatte, erregte die Aufmerksamkeit der württembergischen Verwaltung. Sie hoffte, auch in Hall solche hochkonzentrierten Solen zu erschließen, und setzte Thon 1811 als Direktor der Königlichen Saline ein.

Von 1813 an ließ Thon an verschiedenen Stellen in Hall bohren, fand aber keine konzentrierte Sole. Ein Schachtbau beim Friedhof, der eine Sole von 50 g/l lieferte, ließ die Salzkonzentration im Haalbrunnen stark absinken und wurde deshalb wieder zugeschüttet. Als um 1820 in Jagstfeld, Wimpfen und Offenau vollötige Sole ohne vorherige Gradierung gefördert wurde, investierte der Staat auch wieder Mittel für die Salzsuche am Kocher. 1822 wurde unter Thons Stellvertreter, Salineninspektor von der Osten, an vier Stellen im Kochertal gebohrt. Thon selbst lag in schwerem Zerwürfnis mit der Landesregierung, weil er seinen Anspruch auf sein privates Pachtverhältnis der Saline Clemenshall nicht an den Staat abtrat. Am Ripperg erreichte ein Bohrtrupp mit 236 m die bis heute größte Tiefe, in die bei Hall je gebohrt wurde, fand aber wie auch in den Bohrungen an der Haalsteige und bei Steinbach kein Salz. Mit der Bohrung Neumühle auf der Gemarkung Uttenhofen wurde schließlich in 95 m Tiefe ein Salzflöz von 6 m Dicke erschlossen. *Abb. 45* *Abb. 46*

König Wilhelm hatte bei seinem Besuch am Fundbohrloch befohlen, einen Schacht abzuteufen. Aus dem Bohrloch solte man in der Zwischenzeit eine 25–27prozentige Sole aus, die in Fässern nach Hall transportiert wurde. Später wurde die Solung eingestellt, um das inzwischen eröffnete Bergwerk nicht zu gefährden. Mit dem Schachtbau wurde noch im April 1823, 114 m vom Fundbohrloch entfernt, begonnen. Am 31. Juli 1824 war das 6–9 m mächtige Flöz durchfahren. Weitere Erschließungsbohrungen in der Umgebung zeigten, daß 1822 die Bohrung mit viel Glück genau an der richtigen Stelle angesetzt hatte. Der König kam ein zweites Mal zur Neumühle und gab die Genehmigung, das Bergwerk *Wilhelmsglück* zu nennen. *Abb. 47*

Die Bergwerksleitung ließ das Flöz im Pfeilerbau abbauen. Abbautechnik und Werkzeug hat G. Jungk genau beschrieben: Von Hand wurden die Bohrlöcher für die Sprengladungen geschlagen. Seit 1854 wendeten die Bergknappen auch das sogenannte Schlitzverfahren an, um den Abbau zu verbilligen. Noch unter Tage schieden sie reines von unreinem Salz; das reine wurde dann über Tage in einer Salzmühle gemahlen, in Säcke oder Fässer verpackt und von 1880 an über eine Drahtseilbahn zur 150 m höher gelegenen Bahnlinie Gaildorf-Hessental transportiert. Das unreine Salz, etwa ein Fünftel der Förderung, löste man seit 1836 in zwei Sinkwerken von 470 m³ Fassungsvermögen noch in der Grube auf. Die 25prozentige Sole aus den Sinkwerken gelangte bis 1888 über eine 10,3 km lange Deichelfahrt, die getreu den Windungen des Kochertals folgte, nach Hall. Dort konnte die Saline nun konzentrierte Sole versieden. Haalbrunnen und Gradierung waren überflüssig geworden. *Abb. 48*

Das Wilhelmsglücker Bergwerk blühte rasch auf: Schon 1826 wurden 150000 Zentner Salz gefördert, in den 50er Jahren dann 400000 Zentner. Zur Sicherung der Belegschaft und um das größer gewordene Bergwerk besser zu bewettern, beschloß die Bergwerksleitung den Bau eines zweiten Schachtes. Nach einem Jahr und neun Monaten war ein mit 29° 53′ 41″ geneigter Schrägschacht vollendet. Der alte Saigerschacht diente nun der Förderung und dem einziehenden Wetterstrom, der Treppenschacht der Mannschaftsfahrt und dem ausziehenden Wetterstrom.

Um 1850 arbeiteten ca. 150 Personen im Bergwerk, das für die ländliche Umgebung ein bedeutender Arbeitsplatz war. Seit 1859 spürte der Betrieb aber zusehends die Konkurrenz des Werkes Friedrichshall in Jagstfeld, wo nun ebenfalls ein Schacht bis aufs Salzflöz abgeteuft war. Alle Rationalisierungsmaßnahmen konnten aber die schlechte Verkehrslage Wilhelmsglücks nicht ausgleichen. Für Wilhelmsglück blieben als Absatzgebiet die Teile Bayerns, die nicht von Reichenhall aus beliefert wurden. Die am Rhein entstehende Großchemie bezog ihr Steinsalz von Friedrichshall über den Binnenschiffahrtsweg. Die Entwicklung der Produktion verdeutlicht den Einfluß der Friedrichshaller Konkurrenz:

1848	238 000 Zentner
1857	468 000 Zentner
1859	264 000 Zentner
1860	211 000 Zentner
1861	215 000 Zentner

Als im September 1895 der Jagstfelder Schacht ersoff, mußte Wilhelmsglück kurzfristig die Produktionslücke auffangen. 1899 wurde dann aber in Kochendorf der neue Schacht eröffnet, und damit war das Schicksal des Wilhelmsglücker Steinsalzbergwerkes besiegelt. Am 1. Februar 1900 wurde es trotz Protests aus der Bevölkerung stillgelegt. Die Beschäftigten fanden in der Haller Saline und in den Steinsalzbergwerken am Neckar Arbeit oder schulten auf andere Berufe um. Aus Sicherheitsgründen konnte man das Bergwerk auch nicht zur Besichtigung offenhalten, kam es doch tatsächlich 1914 zum Einsturz der Deckschichten über der Mitte des Abbaufeldes.

Heute zeugt nur noch der Ortsname und der völlig zerfallene Eingang zum Treppenschacht vom ältesten Salzbergwerk Deutschlands.

In Hall war der Wunsch entstanden, die schwer versiedbare Sole aus Wilhelmsglück durch eine näher bei Hall gelegene Solung zu ersetzen. Zudem war die Holzleitung schadhaft
Abb. 45, 46 geworden. So bohrte man 1887 auf den Lindenwiesen südlich von Tullau 100 m tief bis in den Unteren Muschelkalk, fand aber keine Sole. Das Salzflöz war dort bereits abgelaugt. Noch im selben Jahr wurden die Solesucher 700 m flußaufwärts, nur 1 km nördlich vom Wilhelmsglücker Grubenfeld, fündig: In 71 m Teufe wurde ein 12,3 m dickes Flöz erbohrt. Im nächsten Frühjahr teufte man 12 m entfernt ein weiteres Bohrloch ab, um die Sole über einen Balancier rationell zu fördern. Dazu leitete man Süßwasser ins Flöz. Der Balancier im Oberstock der Pumpstation wurde über ein starres Drahtseil von einem Wasserrad bewegt, das 350 m kocheraufwärts im heute noch erhaltenen Radhaus lief. Mit jeder Bewegung des Balanciers wurde abwechselnd aus dem einen und dem anderen Bohrloch 27prozentige Sole gefördert, die über eine eiserne Rohrleitung von 7 km Länge nach Hall lief und in der neuen Siedesaline verarbeitet wurde. Bis 1932 lieferte diese Anlage auch die Sole für Solbad und Diakonissenkrankenhaus.

Das Wilhelmsglücker Steinsalz erübrigte keineswegs das beliebte Siedesalz, wie man glauben könnte. Die Siedeanlagen auf dem Haal und an der Eich waren völlig veraltet, und so begann 1835 der württembergische Staat mit dem Bau einer modernen Salinenanlage. Planung und Ausführung in der ersten Baustufe der streng symmetrischen Salinenanlage lagen in den
Abb. 49, 50 Händen des Salinenbaumeisters Karl Stock. Der weitere Ausbau zog sich dann über ein halbes Jahrhundert hin.

Die aus Wilhelmsglück bzw. seit 1888 aus der Tullauer Solung per Deichelfahrt angelieferte
Abb. 51 Sole wurde im Reservoir in übereinanderliegenden Großbehältern gespeichert, die insgesamt 2000 m³ faßten. Vom Reservoir führten Leitungen zu den Siedhäusern. In jedem Siedhaus stand eine Pfanne von 115 m² Fläche, unter welcher in sechs Zügen von zwei Feuerungen aus geheizt wurde. Die Hitze genügte, um auch noch den anschließenden Trockenherd zu heizen. Wenn das Salz auskristallisierte, zogen es die Sieder mit Krücken zum Pfannenrand und ließen es auf einem Podest abtropfen. Von dort kam es auf den Trockenherd, dann ins Magazin, wo es gesiebt, gewogen und zum Versand verpackt wurde. Eine Siedeperiode dauerte sechs Wochen. Dann ließ man das Feuer ausgehen und leerte die Pfannen, um den Pfannenstein, feste

salzhaltige Absätze am Pfannenboden, zu entfernen und um zu rußen. Nach zwei Tagen konnte dann wieder mit dem Siedebetrieb begonnen werden. Beheizt wurde bis 1855 mit Holz, dann mit Steinkohle.

Die neue Saline arbeitete mit der vollötigen Sole sehr wirtschaftlich: 1823 erzeugten die Sieder in der alten Saline mit einem Klafter Holz 10,5 Zentner Salz, 1845 in der neuen Saline mit derselben Holzmenge 48,6 Zentner! Die Jahresproduktion lag in unserem Jahrhundert bei ca. 100000 Zentner.

Wiederum war es die ungünstige Verkehrslage, die am 1. April 1924 zur Schließung der Haller Saline führte. Die Baulichkeiten wurden größtenteils abgerissen. Nur der Straßenname weist noch auf die letzte Haller Saline, mit der die zweieinhalbtausendjährige Salztradition ihr Ende fand.

LITERATURVERZEICHNIS

Kurt Bittel, Wolfgang Kimmig, Siegwalt Schiek (Hrsg.): Die Kelten in Baden-Württemberg. 1981.

Georg Chr(istian) Wilh(elm) von Bühler: Hall und Limpurg. Geschichte der alten Saline Hall in Schwaben und des Floßwesens aus der Grafschaft Limpurg. 5 Bde. (19. Jh. Hs).

Walter Carlé: Ein berühmter Württemberger sieht das Haal. Heinrich Schickhardt mit dem Zeichenstift in Schwäbisch Hall. In: Haalq. (HT) 18 (1966). S. 13–14.

Walter Carlé: Joachim Friedrich Freiherr von Beust. Ein berühmter Salinist des 18. Jahrhunderts. In: Zs. Württ. Landesgesch. 31 (1972). S. 278–289.

Walter Carlé: Joachim Friedrich Freiherr von Beust. Ihm verdankte Hall die Gradiersaline. In: Haalq. (HT) 17 (1965). S. 49–50.

Walter Carlé: Johann Wilhelm Thon und die Königliche Saline zu Schwäbisch Hall. Ein noch unbekanntes Kapitel der Salinengeschichte. In: WFr NF 51 (1967). S. 21–35.

Walter Carlé: Die natürlichen Grundlagen und die technischen Methoden der Salzgewinnung in Schwäbisch Hall. 1. In: JhVVNW. 120 (1965). S. 79–119. 2. In: JhVVNW. 121 (1966). S. 64–130.

Walter Carlé: Die Saline im Brettachtal bei Gerabronn. In: WFr NF 47 (1963). S. 149–190.

Walter Carlé: Die Saline zu Criesbach, Niedernhall und Weißbach im mittleren Kochertal. In: WFr NF 48 (1964). S. 65–145.

Walter Carlé: Die Salinistenfamilie Glenck. 18. und 19. Jahrhundert. In: Lebensbilder aus Schwaben und Franken 11 (1969). S. 118–149.

Walter Carlé: Die Salzgewinnung in Schwäbisch Hall. In: Der Kreis Schwäbisch Hall. 1968. S. 81–87.

Walter Carlé: Die Salzgewinnung in Schwäbisch Hall auf neuen Wegen. Wilhelmsglück – das erste Steinsalzbergwerk Mitteleuropas. In: Haalq. (HT) 20 (1968). S. 33–36. S. 37–39. S. 41–42.

Walter Carlé: Salzsuche und Salzgewinnung im Königreich Württemberg und in der darauffolgenden Zeit bis heute. In: Veröff. Komm. Gesch. Landesk. Baden-Württemberg. Reihe B. 43. Band. (1968). S. 105–176.

Walter Carlé: Die Verbesserer des Salinenwesens. In: Haalq. (HT) 18 (1966). S. 25–27.

Walter Carlé: Vorgeschichtliche Salzgewinnung in Schwäbisch Hall. In: Haalq. (HT) 17 (1965). S. 25–27.

Walter Carlé: Zur Frage der vor- und frühgeschichtlichen Salinen in Baden-Württemberg. In: Oberrhein. geol. Abh. 14 (1965). S. 141–166.

F. Fischer: Die vorgeschichtliche Salzsiedersiedlung. In: Führer zu vor- und frühgeschichtlichen Denkmälern. Bd. 23: Schwäbisch Hall, Comburg, Vellberg. 1973. S. 116–125.

Johann Georg Glenk: Versuch einer Abhandlung des eindringenden wilden Wassers von den Salzbronnen. (Schwäbisch) Hall 1778.

Friedrich GUTÖHRLEIN: Die Entstehung des Gradierwesens in Schwäbisch Hall und die dadurch ausgelösten Streitigkeiten. Nach einem Vortrag vor den Siedern und Althallern. In: Haalq. (HT) 15 (1963). S. 37–39.

Friedrich GUTÖHRLEIN: Zur Erinnerung an den vor 200 Jahren erbauten Rippergkanal. In: Haalq. (HT) 13 (1961). S. 41–43.

Ferd. HAUG: Die Salzquellen des württ. Franken in der Römerzeit. In: ZWFr 10, 1 (1875). S. 66–70.

W(ilhelm) HOMMEL: Keltische und mittelalterliche Salzgewinnung in Schwäbisch Hall. In: WFr NF 20/21 (1939/40). S. 129–144.

Werner JORNS: Zur Salzgewinnung in Bad Nauheim während der Spätlatènezeit. In: Germania 38 (1960). S. 178–184.

Gottlob JUNGK: Das Steinsalzbergwerk Wilhelmsglück 1824–1900. Die letzte Saline in Hall 1834–1924. Hrsg. vom Verein Alt Hall e. V. (Schriftenreihe des Vereins Alt Hall e. V. Heft 7.) 1978.

Gottlob JUNGK: Steinsalzbergwerk Wilhelmsglück 1824–1900. In: Michelbach an der Bilz. Beiträge zur Geschichte und Gegenwart. 1980. S. 190–200.

E(mil) KOST: Die Keltensiedlung über dem Haalquell im Kochertal in Schwäbisch Hall. In: WFr NF 20/21 (1939/40). S. 39–112.

Franz LOTZE: Steinsalz und Kalisalze. 2. Aufl. 1957.

Werner MATTI: Alexander von Humboldt über die Saline Schwäbisch Hall. Neues Quellenmaterial aus dem Nürnberger Stadtarchiv. In: Haalq. (HT) 10 (1958). S. 57–60. S. 63. S. 69–72.

Werner MATTI: Die Einführung des Gradierwesens bei der Haller Saline im 18. Jahrhundert. In: Haalq. (HT) 8 (1956). S. 31–32. S. 35.

Werner MATTI: Eisenhandel für die Saline. In: Haalq. (HT) 9 (1957). S. 37–38.

Werner MATTI: Haalquelle und Brunnenbau in drei Jahrhunderten. In: Sonderbeil. z. HT v. 2. 6. 1956 (125) »Schwäbisch Hall – 800 Jahre Stadt 1156–1956«. S. 9–11.

Werner MATTI: Die Haller Siedemethode im 17. Jahrhundert. In: Haalq. (HT) 8 (1956). S. 19–20.

Werner MATTI: Moderne Saline. In: Haalq. (HT) 8 (1956). S. 31–32. S. 35–36.

Werner MATTI: Rationalisierung der Siedanlagen. In: Haalq. (HT) 9 (1957). S. 37–38.

Werner MATTI: Das Salzsieden im Haal ab 1786. In: Haalq. (HT) 9 (1957). S. 17–18.

Werner MATTI: Verfassung und Wirtschaftspolitik der Saline Schwäbisch Hall bis zum Jahre 1802. Tübingen. Rechts- und wirtschaftswiss. Diss. 1952. O. E. (mschr.).

O(skar) PARET: Salzgewinnung in urgeschichtlicher Zeit. In: Aus der Heimat 41 (1928). S. 4–15.

Ernst PENNINGER: Der Salzbergbau auf dem Dürrnberg. In: Die Kelten in Mitteleuropa. Kultur, Kunst, Wirtschaft. Salzburger Landesausstellung im Keltenmuseum Hallein/Österreich. 1980. S. 182–188.

Karl RIEHM: Neue Einblicke in die Technik der vorgeschichtlichen Salzsiedekunst. In: Forschungen und Fortschritte 32 (1958). S. 47–49.

Karl RIEHM: Werkanlagen und Arbeitsgeräte urgeschichtlicher Salzsieder. In: Germania 40 (1962). S. 360–400.

Lothar SÜSS: Die frühmittelalterliche Saline von Bad Nauheim. (Materialien zur Vor- und Frühgeschichte von Hessen. Bd. 3.) 1978.

Kuno ULSHÖFER: Bilder aus Hall. (Forschungen aus Württembergisch Franken. Bd. 12.) 1976.

W(alther) VEECK: Eine keltische Solesiederei in Schwäbisch Hall. In: WFr NF 20/21 (1939/40). S. 112–128.

Raimund J. WEBER: Die Suhlenfege von 1479. Gemeinwerk und Gemeinfest im Haal. In: Haalq. (HT) 29 (1979). S. 29–32.

Hartwig ZÜRN: Katalog Schwäbisch Hall. Die vor- und frühgeschichtlichen Funde im Keckenburgmuseum. (Veröffentlichungen des Staatlichen Amtes für Denkmalpflege in Baden-Württemberg. Reihe A. Vor- und Frühgeschichte Heft 9.) 1965.

ANHANG

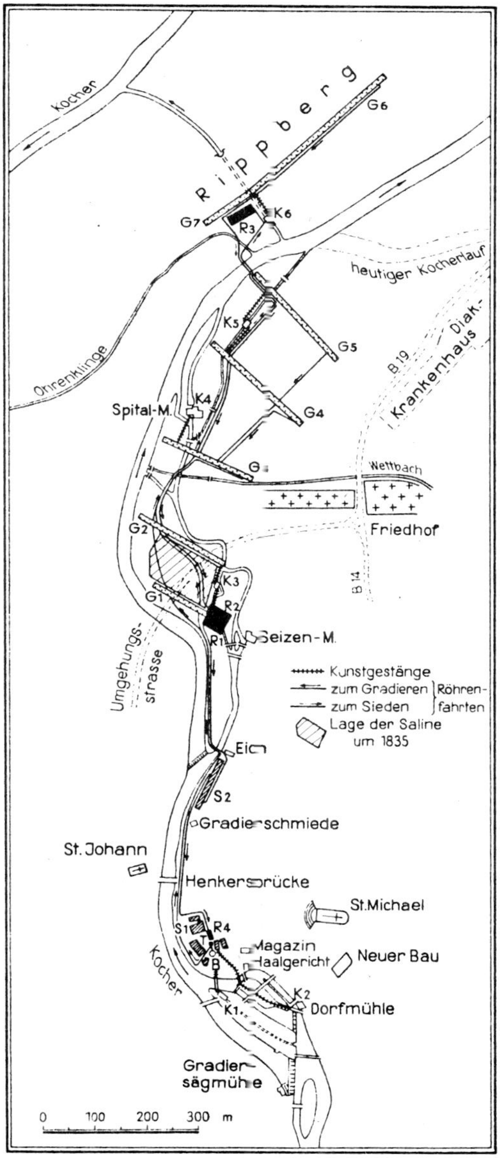

Übersichtskarte der Einrichtungen zur Salzgewinnung in Hall. Nach SEIFFERHELD (1804). – B Haalbrunnen; G 1–5 Talgradierung; G 6–7 Berggradierung; K 1–6 Kunsträder; R 1 altes Reservoir im Tal; R 2 neues Reservoir im Tal; R 3 Reservoir am Berge; R 4 Reservoir im Haal; S 1 Siedehäuser im Haal; S 2 Siedehäuser an der Eich; T Haalturm. Die Darstellung der Deichelfahrten ist stark vereinfacht worden.

(Aus: CARLÉ 1966)

1540 quadratischer innerer Brunnenkasten mit »Arca«

1521 Sulenbau: Wasserhaltung aus 4 miteinander verbundenen Schächten und dem »Brünnlein«

1496 Sulenbau durch Peter Lackorn: Sümpfung direkt im Brunnen. Erstmalig Idee eines Stollens rings um den Haalbrunnen

vor 1496 Achteckiger äußerer Brunnenkasten aus Eichenbohlen. Im Zentrum achteckiges Wasserstüblein

1471
1469

1309 (?) Erhöhung der Brüstung. Aufschüttung des Haals. Soleförderung mit Seil und Eimer

ca. 400 vor Chr. bis zur Zeitenwende: Quelle in Erdwanne und quadratischem Holzkasten gefaßt

1500 – 1450 – 1400 – 1350 – 1300 – 1200 – 1100 – 1000 – 900 – 800 – 700 – 600 – 500 – 400 – 300 – 200 – 100 – 0 – 100 vor Chr. – 200 vor Chr. – 300 vor Chr. – 400 vor Chr.

2200 Jahre Gewöhrdgradierung (400 vor Christus bis 1786)

ca. 400 vor Christus bis zur Zeitenwende: Holztröge mit Zulaufrinnen. Gewöhrd aus Scherben, Ofensteinen, roh geformten Tonkörpern

ca. 400 vor Christus bis zur Zeitenwende: Versieden der Sole in flachen Tonschalen. Ausgezogenes Salz wird in Formgefäße gestampft und am Herde getrocknet

ANLAGEN ZUR SALZGEWINNUNG IM WANDEL DER ZEIT

BRUNNENBAU

1957 Solebohrung auf dem Haalplatz. Auffüllung des Haalbrunnens

seit 1888 vollötige Sole aus dem Tullauer Bohrloch

seit 1825 vollötige Sole aus dem Steinsalzbergwerk Wilhelmsglück. Stillegung des Haalquells

1802 Gutachter J. Baader projektiert, Wildwässer in den Kocher zu leiten, rät dann aber zur Verbesserung der Gradierung

1801 J. M. Hoppensack läßt auf dem Haalplatz einen Schacht abteufen und setzt eine Bohrung an

1792 Besuch Alexander von Humboldts

1785 Reparaturarbeiten am Brunnen durch C. A. Rausch

1780–81 Ausführung durch J. G. Glenk und J. M. Katzner

1779 Gutachten von C. A. Rausch: Vorschlag eines »Circumvallations-Stollens« rings um den Haalquell

1754 Schöpfwerk wird durch Pumpenturm ersetzt

1742 Bauarbeiten

1729 Neubau des Schöpfwerks

1728 Großer Stadtbrand. Die Haalanlagen gehen in Flammen auf

1716 Ersatz von Arca und innerem Kasten durch quadratische, exzentrisch gelegene neue Fassung. Darüber Schöpfwerk mit 12 Schöpfgalgen (1717)

1697 J. G. Sieber: Erneut Idee eines Stollens rings um den Haalbrunnen

1660 Reparatur des Kastens. Neue Lettendichtung

1590 Sulenbau wie im Jahre 1540

SULENFEGEN

1798, 1793, 1790, 1786, 1777, 1776, 1772, 1767, 1748, 1744, 1741, 1736, 1733, 1730, 1729

1726, 1714, 1710, 1700

1699, 1685, 1684, 1676, 1667

1574, 1571, 1567, 1558

1950 · 1900 · 1850 · 1800 · 1750 · 1700 · 1650 · 1600 · 1550

ROHSTOFFVERARBEITUNG:

99 Jahre Versieden vollötiger Sole (1825–1924)

85 Jahre Luftgradierung (1740–1825)

GRADIERUNG

seit 1828 Abbruch der Gradieranlage

seit 1825 Sole aus dem Bergwerk Wilhelmsglück. Stillegung der Gradierung

1786 Verbot der Gewöhrdgradierung durch den Magistrat

seit 1756 Berggradierung auf dem Ripperg

1749 viertes und fünftes Gradierhaus

1748 drittes Gradierhaus

1745 zweites Gradierhaus

1740 Einführung der Luftgradierung

1739 Probegradierhaus auf den Spitalwiesen

1737–38 J. F. v. Beust entwirft eine Luftgradierung

1736 Versuch einer Gebläsegradierung durch G. Demmler und J. M. Roscher

1705 F. Ch. Hartmann schlägt eine Gebläsegradierung vor

1697 J. G. Sieber bietet den Bau einer Luftgradierung an, wird aber von Siedern bedroht und verläßt Hall

1592 H. Carlin schlägt die Luftgradierung vor. Er wird abgewiesen

1571 G. v. Harstal bietet ein Verfahren an, mit weniger Holz mehr Salz zu machen: vielleicht eine Luftgradierung

SIEDETECHNIK

1. 4. 1924 Schließung der Saline

1880 Siedehaus 6

1870 Siedehaus 5

seit 1855 Beginn der Feuerung mit Steinkohle

1844 Siedehäuser 3 und 4, Kassenamt, Magazinflügel

1835–37 Siedehäuser 1 und 2 der Württ. neuen Saline, gebaut durch Karl Stock

um 1830 noch Siedebetrieb im Haal und an der Eich

seit 1825 vollötige Sole aus Wilhelmsglück

1786 Verbot der Gewöhrdgradierung. Ersatz der Gemeinen-Haalhäuser durch steinerne, modernisierte Herren-Haalhäuser. 45 Siedestellen in 22 Haalhäusern. Salz wird nun in Körben getrocknet

1739/40 Aufbau von 2 steinernen Siedhäusern mit großen Pfannen an der Eich zum Versieden der Gradiersole

1729 Aufbau von 37 neuen Haalhäusern mit je 3 Pfannenpaaren. Verstärkte obrigkeitliche Aufsicht über den Siedebetrieb

31. 8. 1728 Vernichtung der 43 Haalhäuser und der übrigen Anlagen in der großen Feuersbrunst

1697 J. G. Sieber kritisiert die primitive Feuerung der Siedeherde

1607 Einführung von Vorwärmpfannen durch den Haalobermeister A. Seyferheld

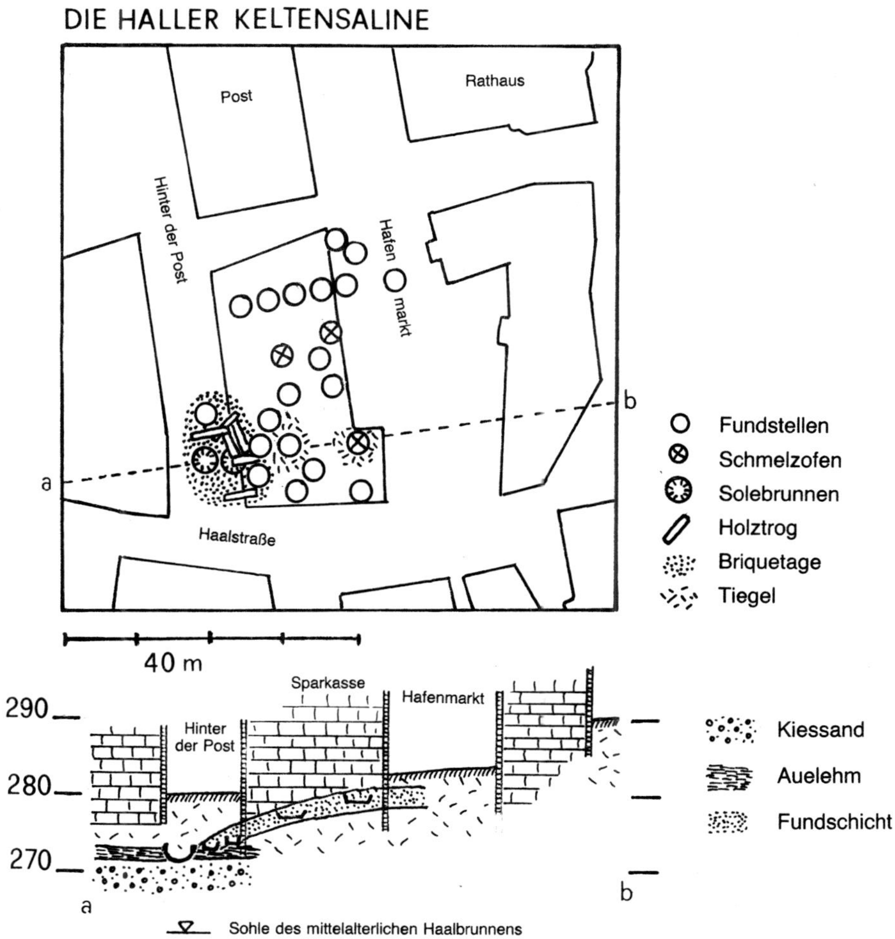

18 Der Kern der Haller Keltensiedlung lag zwischen Blockgasse und St. Michael, von wo aus sie sich bis zum Hafenmarkt und zum Keckenhof erstreckte. Wegen der Überbauung weiß man über die weitere Ausdehnung der Siedlung nichts. Sie lag hart am Ufer eines Kocherarmes, was durch Auelehm und Flußschotter unter der Fundschicht belegt wird. Das vorkeltische Kocherufer lag noch weiter östlich, unter der Kreissparkasse, wurde dann aber zunehmend nach Westen verlagert. Der Talhang muß sehr steil gewesen sein. (Umgezeichnet nach Kost 1939/40 und Carlé 1965)

19 Erdwanne, mit Weidenflechtwerk und einem Pfahlkranz gesichert. In der Mitte ein Holzrahmen. Vermutlich handelt es sich um einen Solebrunnen mit Quellfassung.
(Aus: Kost 1939/40)

20 Reste eines der Holztröge, in denen vermutlich Sole gradiert wurde. Über dem Trog ein Solezulauf aus einer überdachten Holzrinne. Ein Holztrog befindet sich im Keckenburg-Museum Schwäbisch Hall. Die übrigen fünf Tröge aus der Grabung von 1939 verbrannten während des Krieges in Stuttgart. Eine dendrochronologische Altersbestimmung nach den Jahresringen würde eine genauere Datierung erlauben. Eine solche Untersuchung steht aber noch aus. (Aus: Veeck 1939/40)

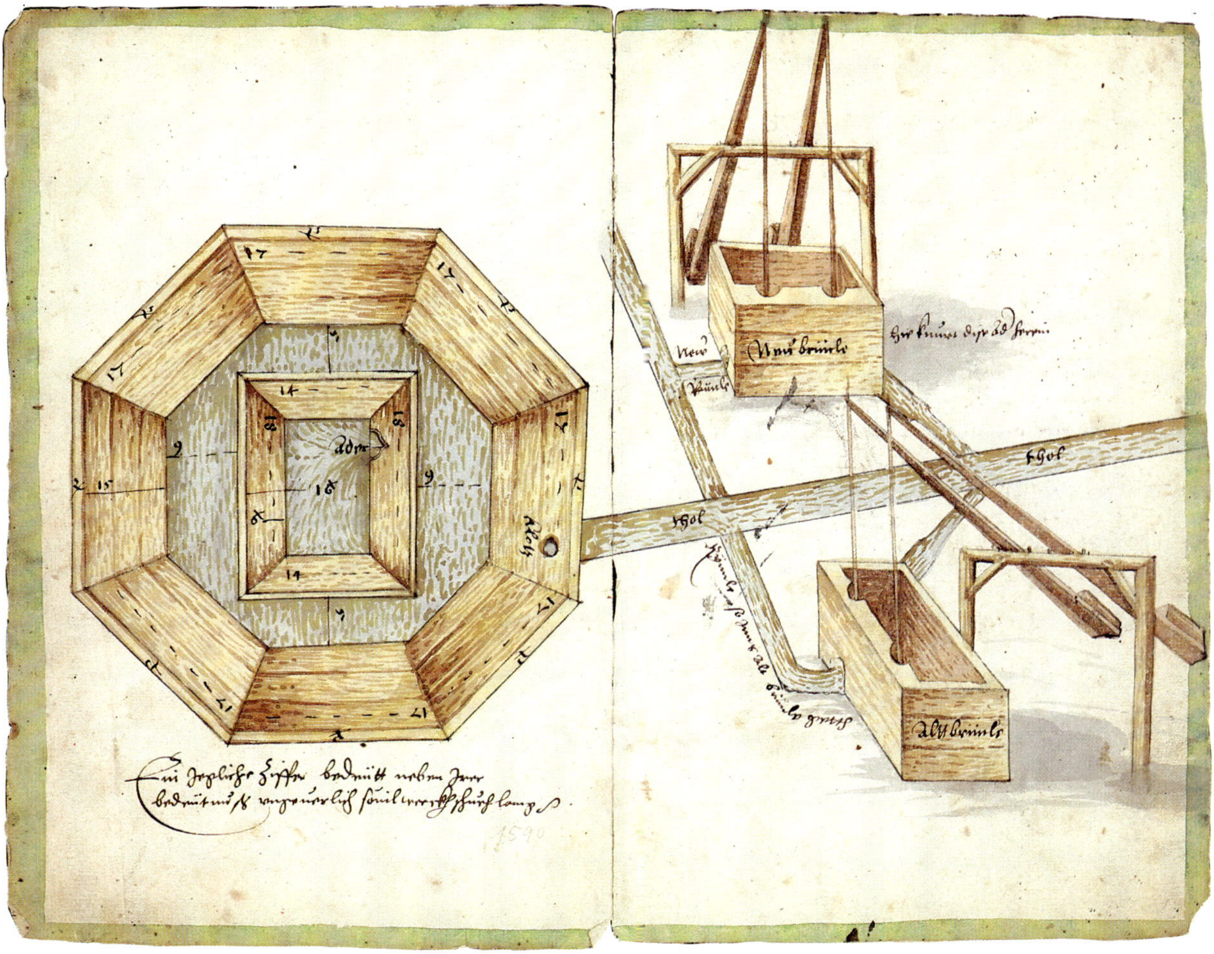

21 Der Haalbrunnen in der Fassung von 1590. Der äußere, achteckige Brunnenkasten war aus Eichenbohlen gezimmert. Im Zentrum stand der quadratische innere Kasten (»Stüblein«), in dessen Grund, 13 m unter dem Haalniveau, die Aufbrüche der Salzquelle liegen. Die wichtigste dieser Adern brach außerhalb dieser Fassung auf. Ihre Sole wurde seit 1540 durch Baumaßnahmen ins Stüblein geleitet. Ein Überlauf führte die nicht geförderte Sole über eine Rinne (Dohle) in den Kocher. Um den Zufluß von Wildwasser (unerwünschtes, süßes Grundwasser) zu verringern, legte man mehrere tiefe Schächte an (»Brünnlein«), an denen Tag und Nacht Schöpfknechte arbeiteten und das Wasser über »Dohlen« in den Kocher ableiteten. Das Wasser des Brünnleins enthielt bis zu 30 g Salz pro Liter.

(Aquarellierte Zeichnung von 1590. HA A 310)

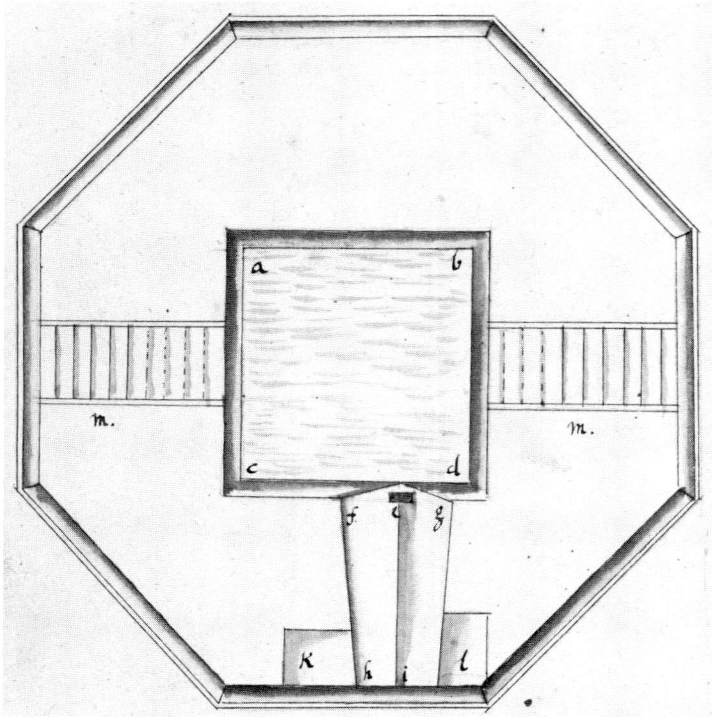

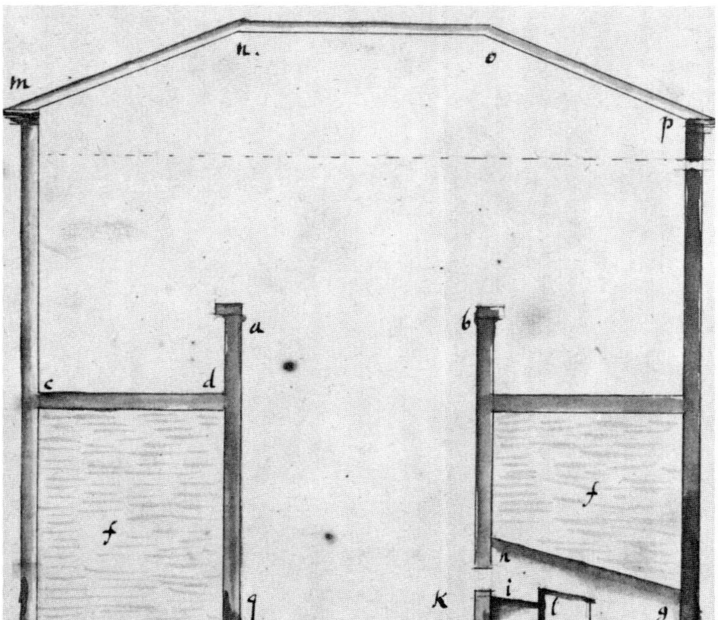

22 Die Brunnenfassung in der Konstruktion von 1590 mit zentralem quadratischem Stüblein, aus dem die Sole geschöpft wurde.
1. Grundriß. Vorne die »Arca«, ein schiffsartiger gezimmerter Kasten, durch den die Sole aus der außerhalb des Stübleins aufgebrochenen Hauptquelle ins Stüblein floß.
2. Aufriß. Der Raum zwischen innerem und äußerem Kasten war mit Lettenschlag abgedichtet.
(Aquarellierte Zeichnung von 1716. StAH 4/1036)

23 Die Brunnenfassung in der Konstruktion von 1590. Links die Einmündung des Hauptquellaufbruchs durch die »Arca« in das Stüblein, rechts die gezimmerte Arca mit Satteldach. Die Brunnenfassung war nach außen mit Lettenschlag gegen zudringendes Wildwasser abgedichtet. Beim Brunnen zwei Floßknechte mit Axt und Flößerhaken. (Aquarellierte Zeichnung von 1716. StAH 4/1036)

24 Szenen aus der Arbeitswelt von Siedern und Flößern. In der Mitte das Handschöpfwerk über dem Haalquell. Auf zwei überdachten Bretterbühnen standen die Schöpfknechte und bedienten zehn Schöpfgalgen. Die Gölten (große Holzeimer) hingen allerdings nicht an Seilen, sondern sie waren an Stangen befestigt. Diese Konstruktion war der Vorgänger des berühmten Schöpfwerks von 1716. Links vorne der Haalbrunnen in der Konstruktion von 1590. Rechts ein Haalschmied beim Vernieten der Bleche einer Siedepfanne. Im Hintergrund Haalhäuser und Holzstapel.

(Kupferstich von Joseph von Montalègre nach einer Zeichnung von Georg David Zweiffel 1715. HV II/1a)

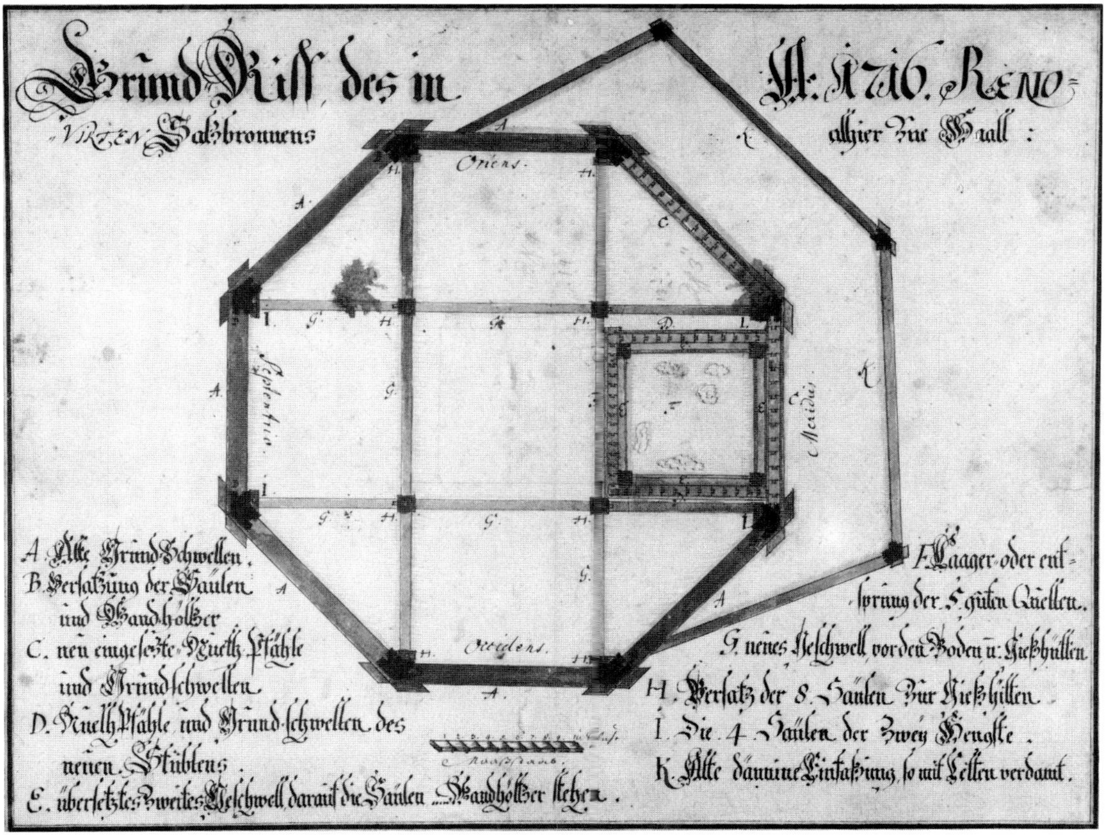

25 Grundriß und Verzimmerung des Haalbrunnens in der Fassung von 1716. Der kunstvoll gezimmerte innere Kasten wurde nun exzentrisch über den Hauptquellaufbruch gesetzt; dadurch entfiel die Arca. Über dieser Fassung wurde das große Schöpfwerk erbaut.
(Kolorierte Zeichnung von 1716. HA A 329)

26 Das Schöpfwerk von 1716/17. Auf acht mächtigen Holzpfeilern ruhte ein verbretterter Fachwerkbau, den die Schöpfknechte über Leitern betraten. Von zwei Bretterbühnen aus bedienten sie die zwölf Schöpfgalgen. Die Gölten mit zwei Handgriffen hingen schwenkbar an einer langen Stange. Die volle Gölte lag im Gleichgewicht mit dem Balken und ließ sich deshalb mit mäßiger Mühe heben. Um die Gölte wieder einzutauchen, mußten die Knechte schon kräftig ziehen. Sie leerten sie deshalb nur halb aus, um Kraft zu sparen. Das Spiel der Schöpfgalgen erforderte die Schlitze im Dach. (Aquarellierte Zeichnung. HA A 329)

27 Grundriß des Schöpfwerks von 1716/17 über dem achteckigen Brunnenrand. Die Schöpfknechte arbeiteten auf den Bretterbühnen mit dem Gesicht zur Wand. Die Stangen mit den Gölten führten sie durch die quadratischen Durchbrüche vor der Längswand und entleerten die volle Gölte dann in den zentralen Gießtrog. Von hier wurde die Sole über aufgestelzte Holzrinnen auf die Haalhäuser verteilt. An den Schmalseiten der Hütte lagen heizbare Kammern für die Gießer.

(Aquarellierte Zeichnung um 1733. HA B 935)

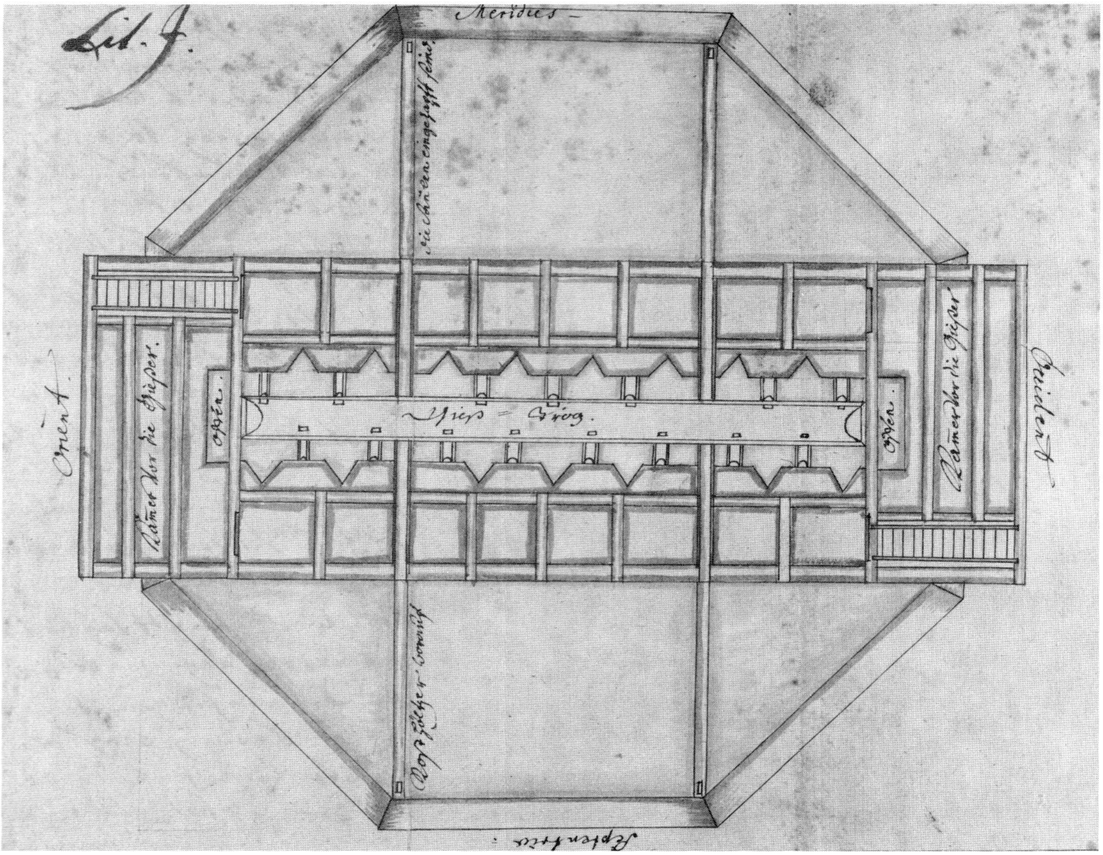

28 Voller Stolz auf ihr neues Schöpfwerk prägten die Haller zur Brunneneinweihung am 2. Februar 1717 eine Gedenkmedaille. Dankbarkeit spricht auch aus dem Festgedicht (zitiert nach CARLÉ 1966):

Halline bringet hier auf diesem Dankaltar
In tief gebogener Pflicht ihr Andachtsopfer dar.
Die Kocherstadt sich freut, weil Gottes Gnadensegen
Will neuen Überfluß in diese Salzstadt legen.
Nun heißt sie wiederum ein Salzstadt in der Tat,
Weil Gott den Sulenbau so wohl beglücket hat.

Am 31. August 1728 brannte das Schöpfwerk beim Großen Stadtbrand mit den übrigen Bauten des Haals ab, war aber schon ein Jahr später in gleicher Konstruktion wieder erbaut. (Gedenkmedaille. StAH)

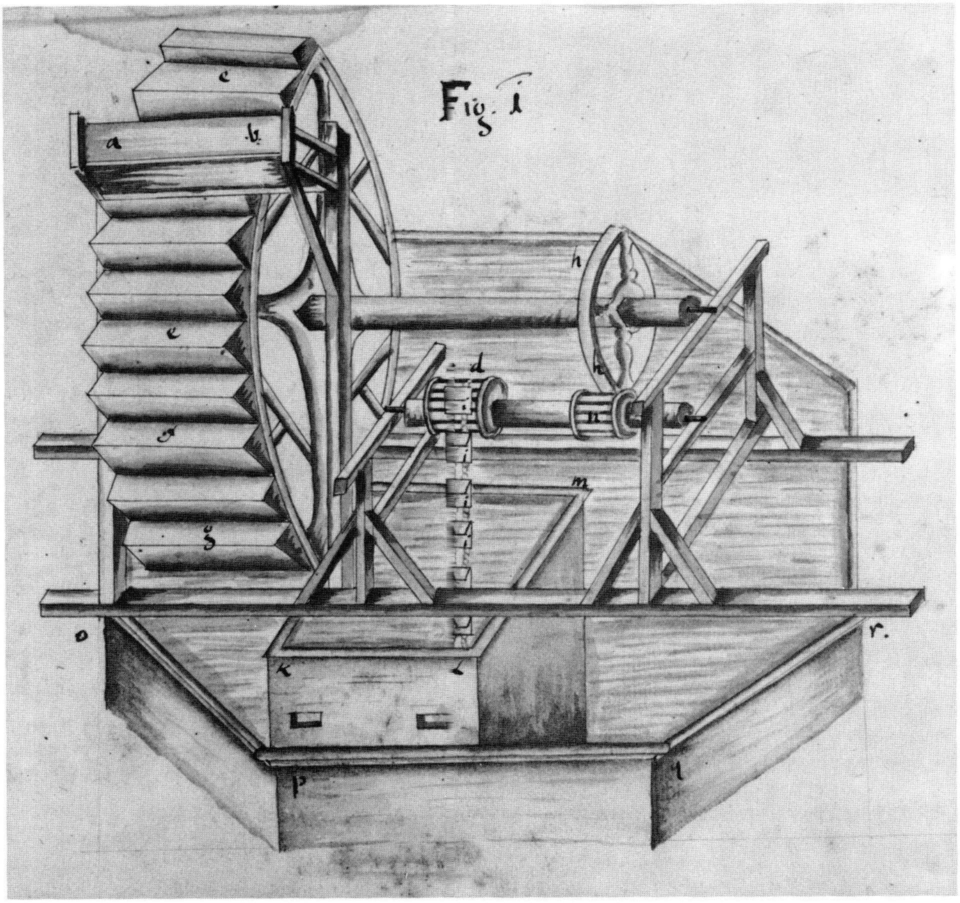

29 und 30 Sulenfegen. Beim Sulenfegen legten die Sieder den Brunnen trocken und reinigten ihn von Schlammabsätzen, Sinterbildungen und hineingefallenen Gegenständen.
Als im 18. Jahrhundert die Erträge wegen der veralteten Siedetechnik zurückgegangen waren, glaubten die Sieder, verschlechterte Solequalität sei schuld an der Lage. Sie hofften nun, durch häufiges Sulenfegen die Sole wieder verbessern zu können. Um die Sieder zu beruhigen, ließ der Magistrat sie gewähren, obwohl ihm die technische Rückständigkeit als wahre Ursache der schlechten Ertragslage bekannt war.
Beim Sulenfegen von 1726 sümpfte man den Brunnen mit großen Eimern an Seilzügen, vor die Pferde gespannt waren. Der innere Kasten wurde aber seiner Enge wegen mit Eimerketten gesümpft. Dem Antrieb

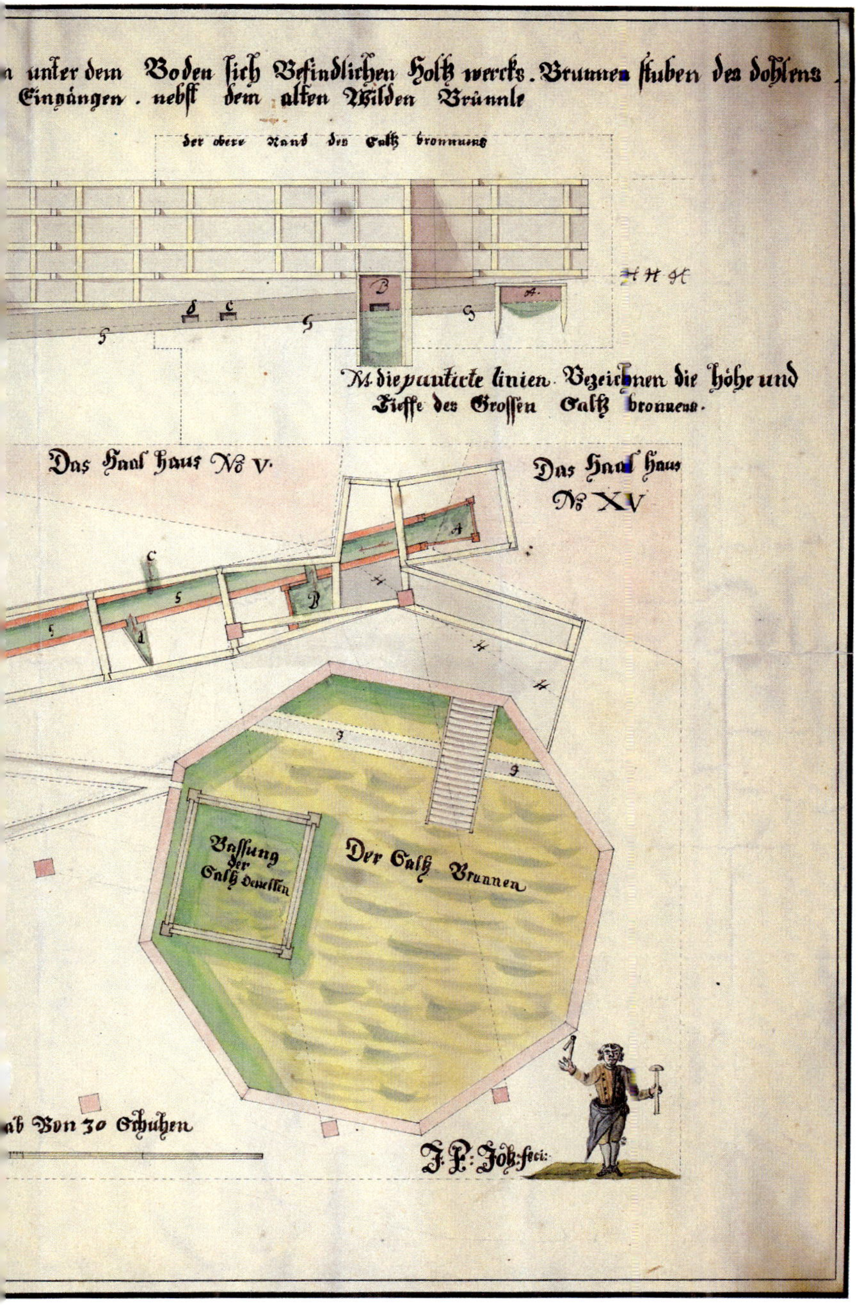

32 und 33 Der Haalbrunnen um 1755. Im Jahr zuvor war das Schöpfwerk abgerissen worden, weil sich die großen Solemengen, die man zur Gradierung benötigte, nicht mehr von Hand schöpfen ließen. Der Augsburger Wasserbauingenieur Caspar WALTER errichtete über dem Haalquell nun ein Gebäude, in dem vier Pumpen zur Hebung der Sole aufgehängt waren. Angetrieben wurden sie vom Kocher. Dazu hatte man den Unterwöhrd der Länge nach mit einem Kanal durchstochen, dessen Mündungsgewölbe heute noch zu sehen sind. Hart oberhalb der Ausmündung befand sich das Kunstrad. Über ein 86 m langes Gestänge, das den Kocher überquerte, trieb es die Pumpen im Kunstturm an.

Wasserhaltung gruben sie deshalb zur Stadtseite hin einen tiefen Schlitz. Wenn man den Schlitz nun sümpfte (trockenlegte), stieg der Salzgehalt des Wildwassers, und der Solespiegel im Brunnen fiel. Es bestanden also enge hydrologische Zusammenhänge zwischen den beiden Wasserstockwerken.

(Aquarellierte Zeichnung von J. F. Joss um 1742. HA A 329)

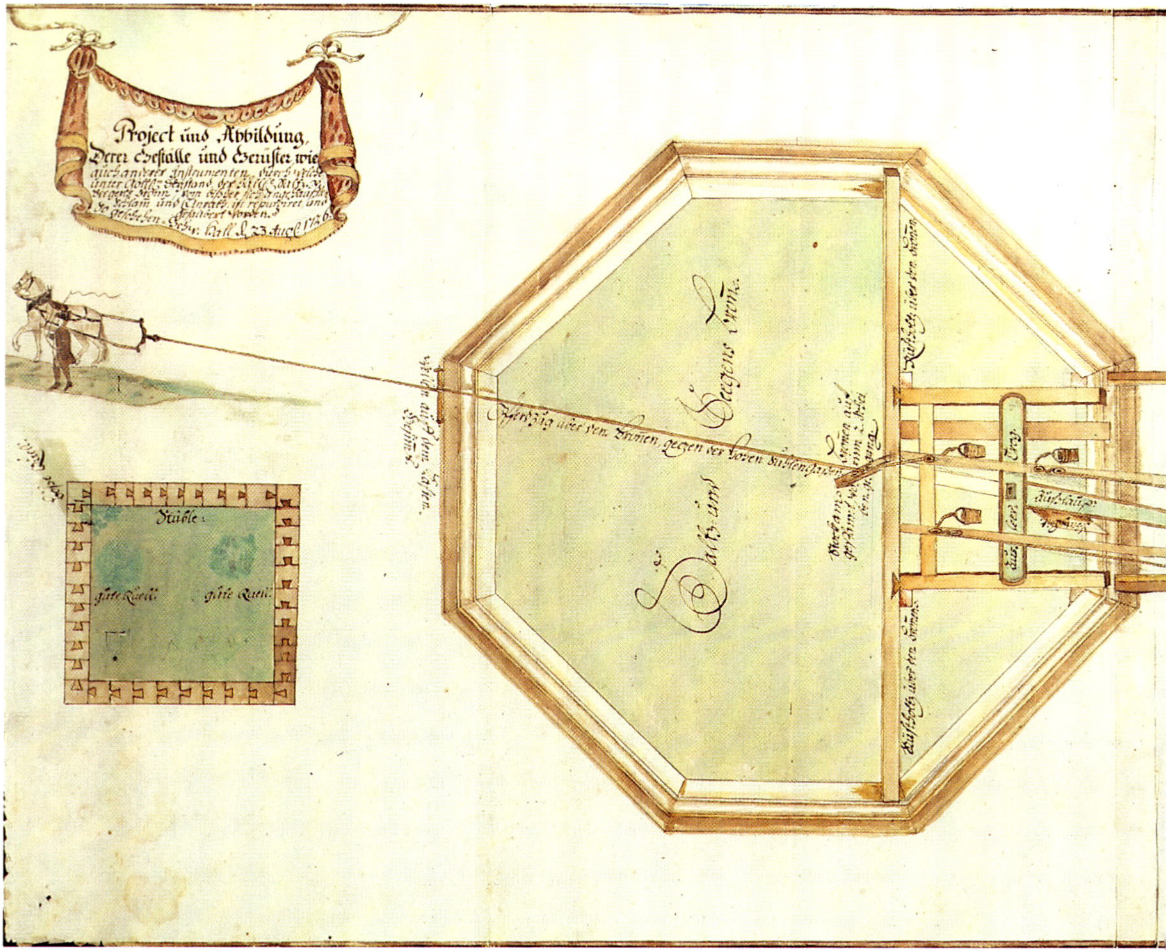

diente ein großes, über den äußeren Brunnenrand montiertes Tretrad, das von fünf Mann getrieben wurde. Die Drehung des Rades wurde über Zahnräder auf eine Welle übertragen, welche zwei Eimerketten antrieb. Weil den Tretknechten rasch schwindelig wurde, gab es alle Stunde Ablösung.

Ans Sulenfegen schloß sich immer ein großes Fest an. So verzehrten nach getaner Arbeit beim Sulenfegen von 1479 300 Personen Fisch, Hühner, vier Zentner Rindfleisch, zweieinhalb Zentner Kalbfleisch, 35 Pfund Schweinefleisch, Honig, Schönbrot, Kuchen, Bletzen, Käse, Birnen und Nüsse, und dazu floß natürlich reichlich Wein.

(29 Aquarellierte Zeichnung. StAH 4/1036)

(30 Aquarellierte Zeichnung. StAH 5/468)

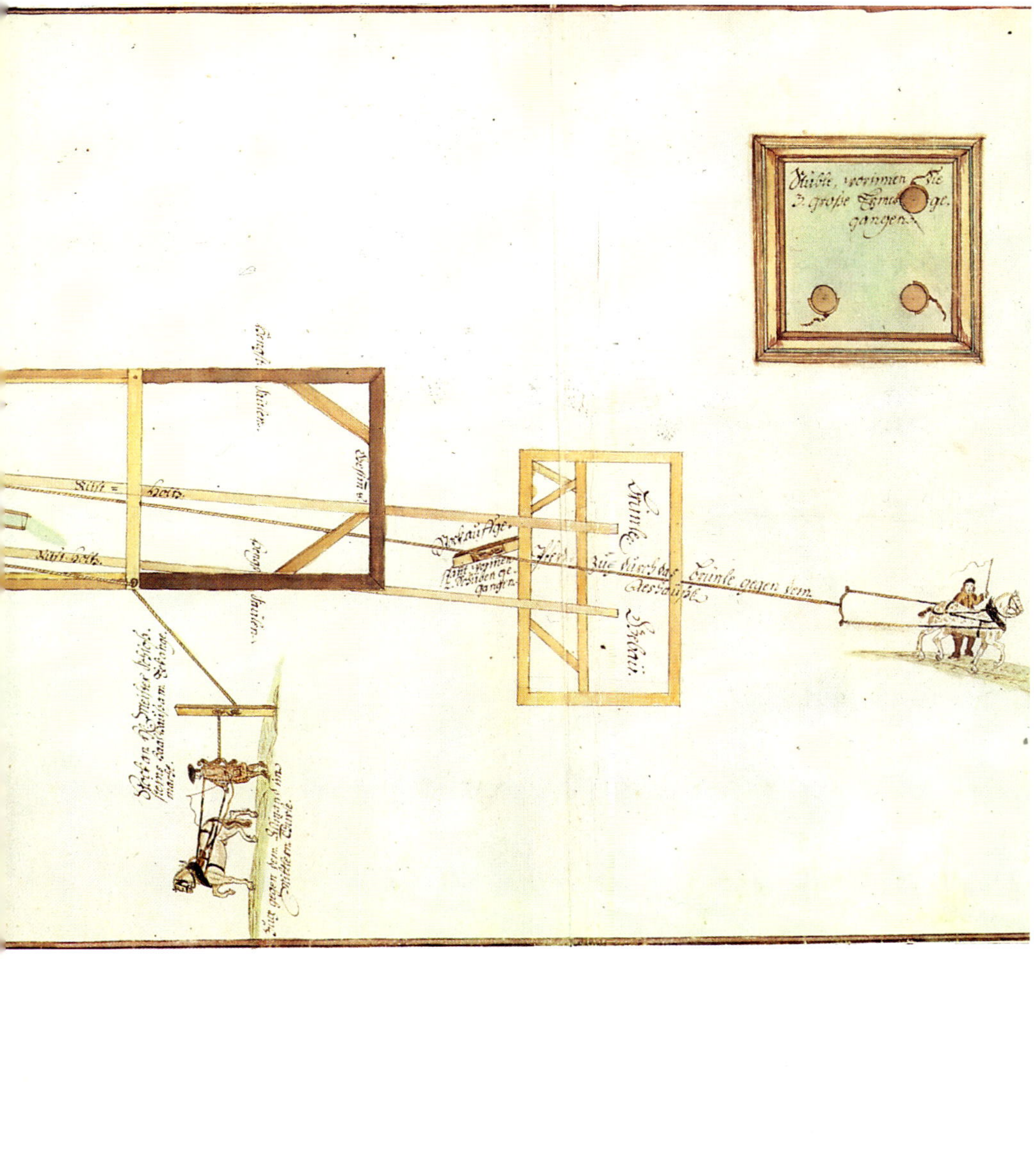
Rüst = Holtz
Rüst Holtz

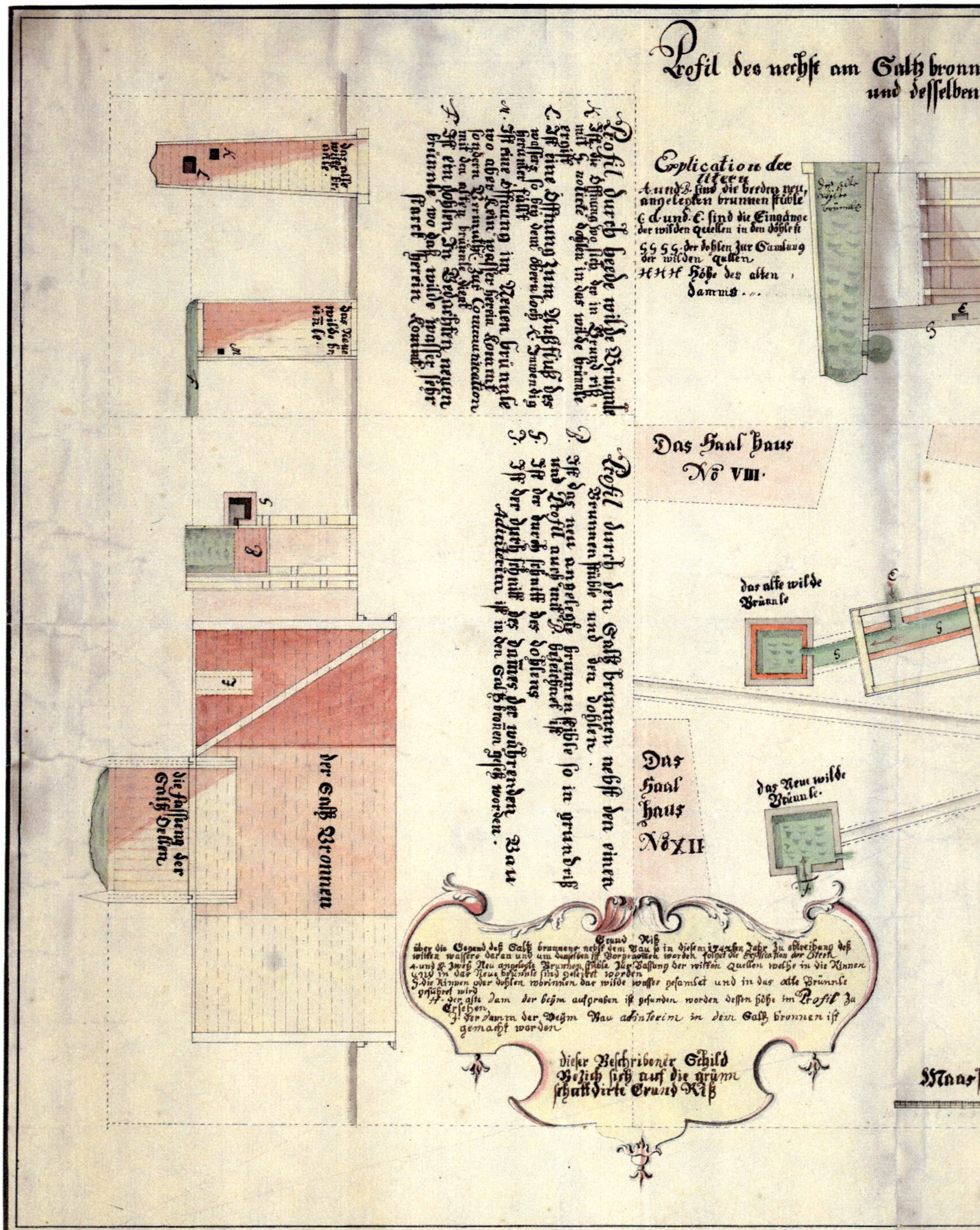

31 Der Haalbrunnen 1742 mit Wildwasserschächten in Grund- und Aufriß. 1741 war Wildwasser eingebrochen und hatte die Sole auf 35 g/l verschlechtert, während der Salzgehalt im »Wilden Brünnle« auf 20 bis 35 g/l angestiegen war. Gleichzeitig fielen bei stärkerer Bewirtschaftung des Haalbrunnens mehrere Keller in der Stadt trocken. Die Techniker nahmen also an, daß das Wildwasser von der Stadtseite her einbrach. Zur

32 In der Mitte das Brunnenbauwerk, in das – unter Bretterverkleidung – die Kunststangen führen. Rechts der Kunstturm.
(Bleistiftzeichnung. HA A 329)

33 Ausschnitt aus dem Tableau von J. C. KÖRNER von 1755: Blick ins Brunnenbauwerk. Im Hintergrund Haalhäuser und eine Holzlege. Die Stadtansicht auf KÖRNERS Tableau zeigt noch das Handschöpfwerk von 1729. (Lavierte Tuschzeichnung. StAH)

34 Der Haalbrunnen um 1912. Seit aus dem Salzbergwerk Wilhelmsglück konzentrierte Sole verarbeitet wurde (1823), liegt der Haalbrunnen still. Die achteckige Brüstung ist mit Sandsteinplatten verschalt. (Aus: ULSHÖFER 1976)

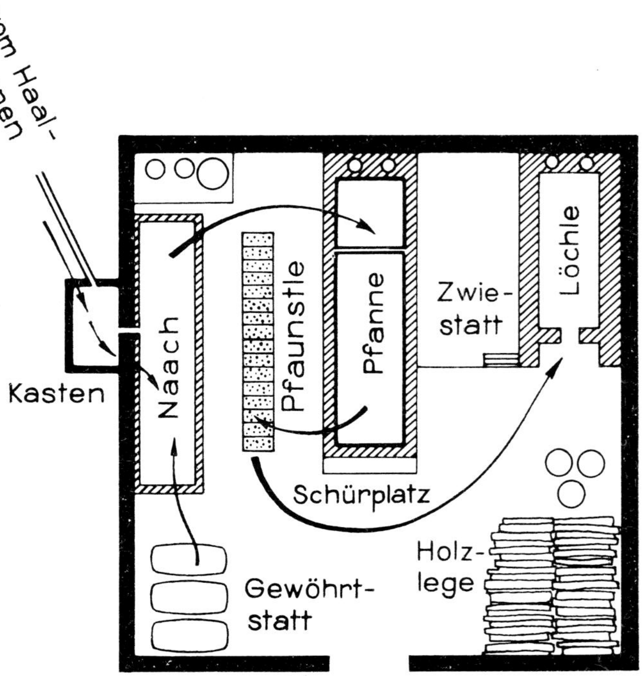

35 Grundriß eines Haalhauses, in dem nach der Gewöhrdmethode gesotten wurde. Die Pfeile zeigen den Produktionsablauf an. Im Pfaunstle ist bereits eine Salzwand aufgeschichtet und in 16 Schilpen aufgeteilt. Zur näheren Erläuterung vgl. den Text. (Aus: CARLÉ 1966)

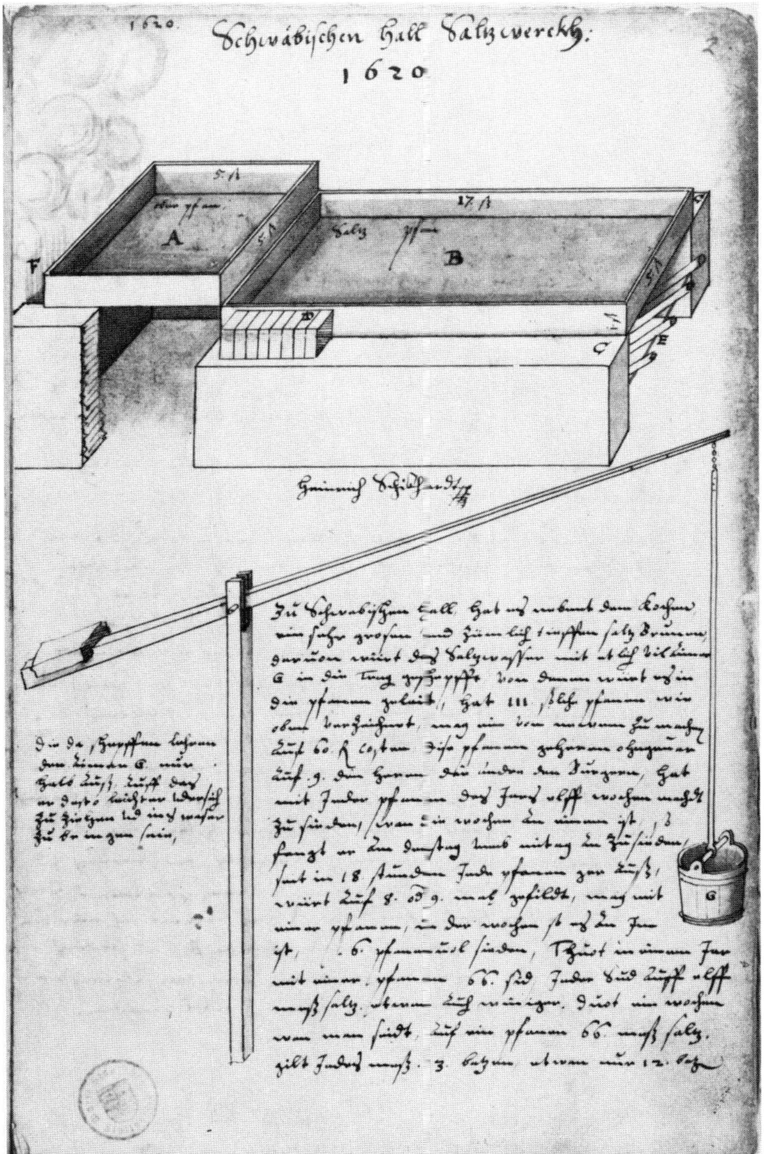

36 Beschreibung des Salzwerks Schwäbisch Hall durch den württembergischen Baumeister Heinrich SCHICKHARDT (1620). Herdkonstruktion mit Pfanne und Vorwärmpfanne. Das Feuerholz lag auf dem Fornichstein. Einen Rost gab es noch nicht. Auf dem Herdrand Salzschilpen. In späterer Zeit formte man die Salzschilpen neben dem Herd im sogenannten »Pfaunstle«. SCHICKHARDT schreibt: *Als ich Anno 1617 das Saltzwerck zu Schwebischen Hall gesehen hab, bin ich bericht worden wie folgt, nemlich daß es 111 Pfannen und hender Jeden ein kleines Pfendle hab, wie aus der Verzeichnung hier neben zu sehen ist. In einer grossen Pfannen mag in 24 Stunden 12. mess saltz gesotten werden.* SCHICKHARDT verwechselt aber die Zahl der Pfannen mit der Zahl der Siedensanteile! 111 Pfannen hat es nie gegeben.
Unten ein Schöpfgalgen mit einer Gölte an einer Stange. (HStASt Nachlaß Schickhardt T 66)

37 Haalhäuser (Halleser). Links Haalhaus Nr. 33, ein Herren-Haalhaus, in dem in städtischen Pfannen nach der neuen Methode Gradiersalz versotten wurde. In den nicht mehr genormten größeren Pfannen ließen sich jede Woche 33,8 m³ Sole versieden. Das nasse Salz wurde in Körbe gefüllt und dann für zwei Wochen in die Trockenkammer gebracht. Zu jedem Haalhaus gehörten etwa 700 bis 800 Körbe.
Rechts Nr. 34, ein Gemeinen-Haalhaus, in welchem der bürgerliche Sieder seinen Siedensanteil nach der alten Gewöhrdmethode aussott. Die Salzschilpen wurden im Löchle (hinten rechts) getrocknet.
Im Hintergrund Holzlegen, die einen Eindruck von dem gewaltigen Brennholzbedarf der Saline vermitteln, vorne rechts ein Haalschmied bei der Arbeit. Die Pfannen wurden aus Eisenblechen zusammengenietet, die man erst einführen mußte. Der Magistrat hatte nämlich aus Angst um die Brennholzversorgung der Saline in der Haller Umgebung keine Hammerwerke aufkommen lassen. Deshalb war die Versorgung mit Blechen bei hohem Pfannenverschleiß oft schwierig. Die Haller Saline bezog die Bleche u. a. aus der Oberpfalz, Sachsen-Anhalt und dem Fichtelgebirge. Die Handelsverträge wurden meist mit den angereisten Hammermeistern selbst abgeschlossen, die man reich bewirtete und beschenkte. Bis Nürnberg lieferte das Hammerwerk; dort wurden die Bleche eingelagert und schließlich von Fuhrleuten aus der Haller Umgebung nach Hall gebracht. Während des Dreißigjährigen Krieges bezog Hall die Bleche auch aus dem näher gelegenen Schwarzwald und vom Odenwald. Versorgungsengpässe regten doch noch zum Bau eines Hammerwerks bei Westheim an, über das aber wenig bekannt ist. Seit dem späten 17. Jahrhundert ging der Blechhandel ganz in die Hände von Kaufleuten über, die das Material direkt nach Hall lieferten.
(Ausschnitt aus dem Tableau von J. C. Körner von 1755. StAH)

38 Der Haalplatz 1829. Zu dieser Zeit wurde schon keine Sole mehr gefördert. Kunstturm und Haalbrunnen stehen aber noch. Es wurde nur noch in acht kleineren Pfannen gesotten, die völlig veraltet waren. 1830 stellte die württembergische Regierung ein Verbesserungsprogramm auf, mußte sich aber zu einer grundlegenden Neugestaltung, der Neuen Siedesaline, entschließen. Das »Haal« war nun zum »Haalplatz« geworden. (Ausschnitt aus einer Schützenscheibe von Georg Peter GROSS vom 25. September 1829. Keckenburg-Museum Schwäbisch Hall)

39 Das Haal vom Roten Steg aus gesehen. Vorne Haalhäuser mit Dunstabzugshauben auf den Firsten. Rechts der Haalbrunnen mit dem Pumpenturm. Zur Zeit der Aufnahme (1831) wurde der Siedebetrieb auf dem Haal gerade eingestellt. (Aquarell von Peter KOCH 1868. StAH)

40 Herdkonstruktionen des württembergischen Ingenieur-Capitains Johann Jacob BAUMEISTER von 1738. Mit solchen Herden mit Vorwärmpfannen, Eisenrosten und beweglichen Verschlußklappen im Kamin sollten die städtischen Siedehäuser an der Eich ausgerüstet werden. In seinem Bericht von 1792 kritisierte Alexander VON HUMBOLDT, daß die Pfannen an der Eich nicht fest in ihre Umfassung eingemauert seien und austretender Rauch sich mit Dampf zu einer unerträglichen Atmosphäre mische. Außerdem vermißte er Roste und Zirkuliergänge für das Feuer unter den Pfannen. Die Trockenkammern für die Salzkörbe lobte HUMBOLDT dagegen ausdrücklich. (Aquarellierte Zeichnung. HA A 329)

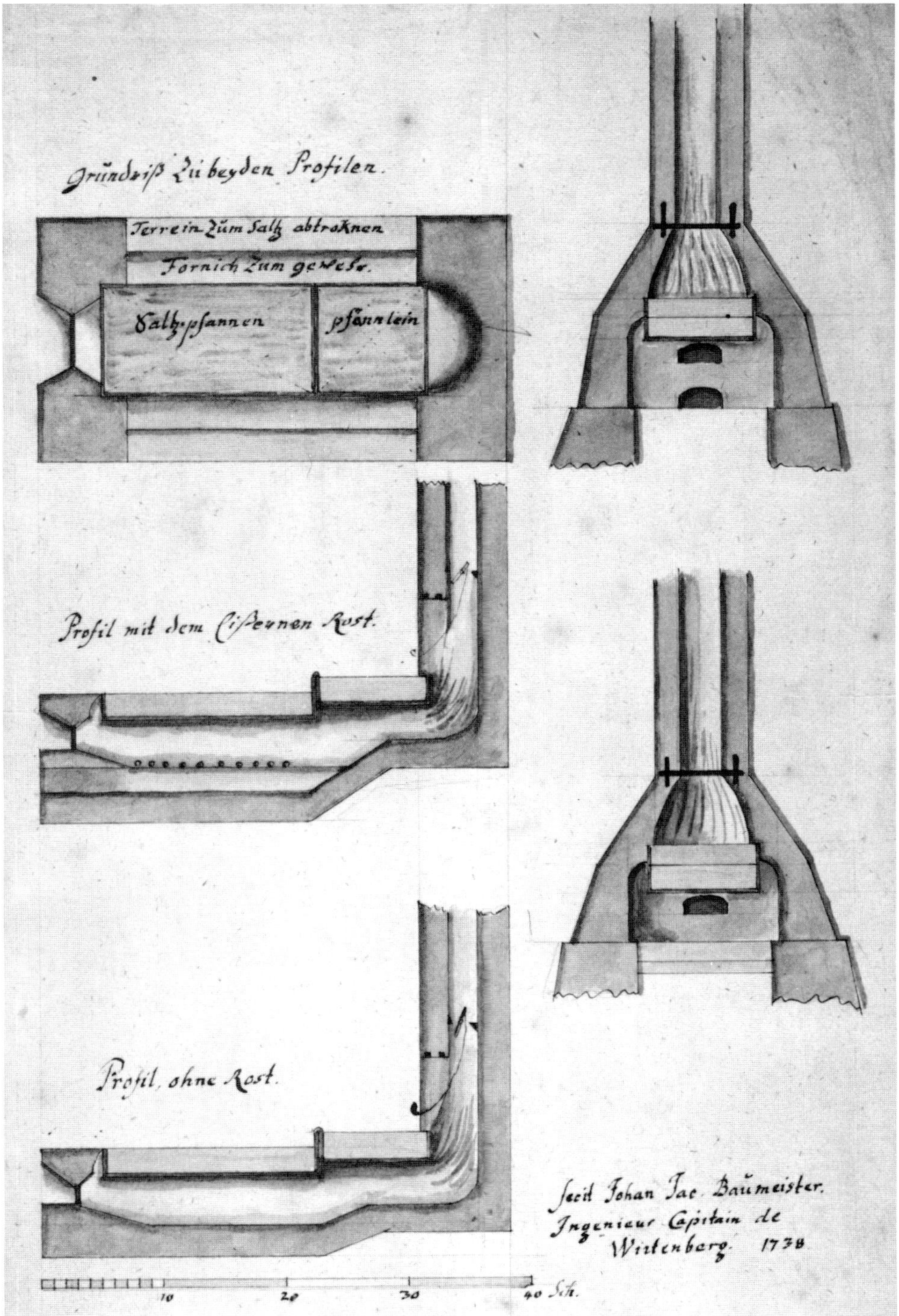
Gründriß Zu beyden Profilen.
Terrein Zum Saltz abtroknen
Saltzpfannen
pfännlein
Profil mit dem Eisernen Rost.
Profil, ohne Rost.
fecit Johan Jac. Baumeister.
Ingenieur Capitain de
Wirtenberg. 1738
10
20
30
40 Sch.

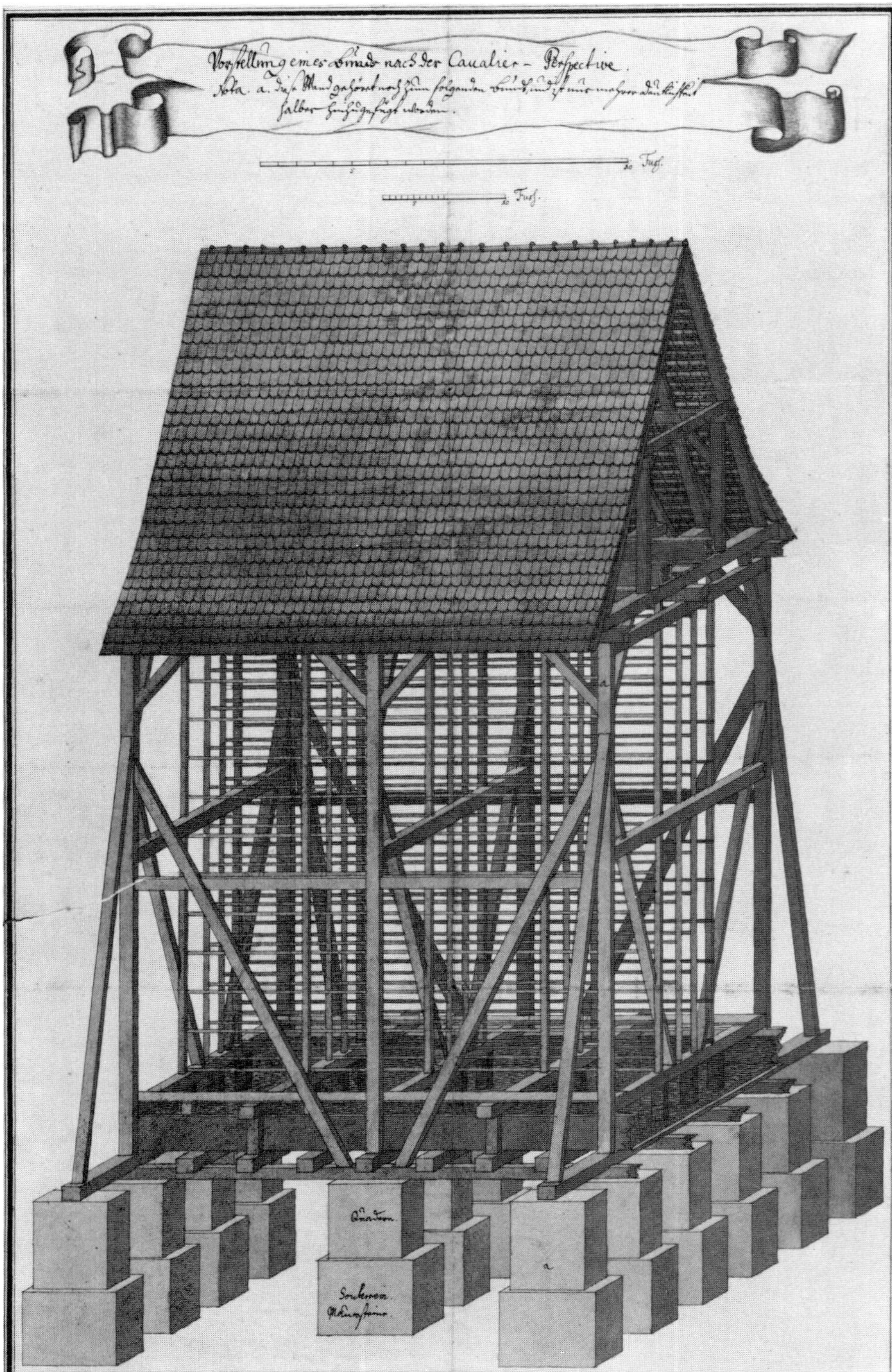
nach der Cavalier-Perspective
Fuß
Fuß

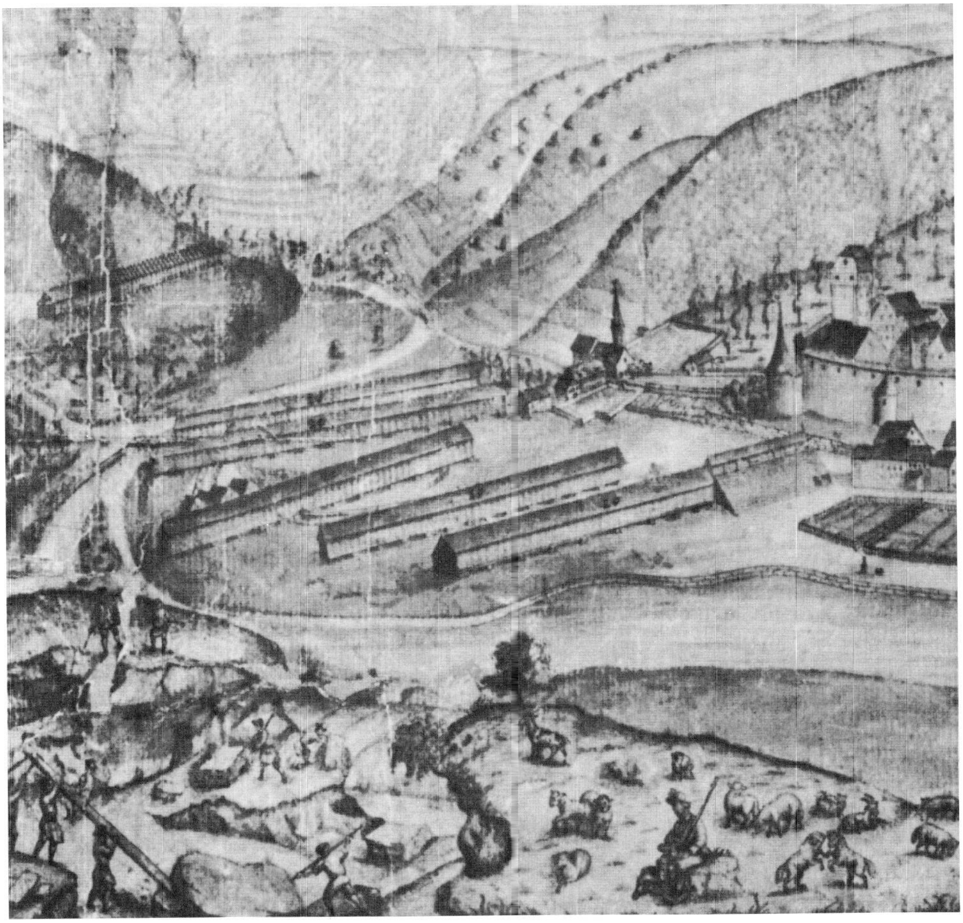

42 Die Gradierung im Norden der Stadt war eine beachtliche Industrieanlage. Vorne die fünf Häuser der Talgradierung (G 1–G 5). Zwischen G 1 und der Stadtmauer das Reservoir im Tal (R 1) mit bis zum Boden heruntergezogenem Schleppdach. Das Reservoir R 2 wurde erst 1790 erbaut.
G 6 auf dem Ripperg ist gerade im Bau. G 7, Rippergstollen und Reservoir 3 fehlten 1755 ebenfalls noch. Diese »Berggradierung« wurde von der privaten Salzhandelsgesellschaft Christfels, Weidner & Co. mit Zuschüssen der Stadt finanziert. (Vgl. dazu Karte S. 53.)
(Ausschnitt aus dem Tableau von J. C. Körner von 1755. StAH)

◁ 41 Ein Bund eines zweiwändigen Gradierhauses. Die Schwarzdornbündel sind noch nicht zwischen die Sparren eingelegt. Unten der Solebehälter, oben die hölzernen Solerinnen. Die ganze Anlage ruhte hochwassersicher auf großen Steinquadern. Die Haller Gradierhäuser hatten 33 bis 99 Bünde, waren also imposante Anlagen bis zu 368 m Länge. Der Haller Bauinspektor Johann Leonhard Katzner, der das Bild gezeichnet hat, wurde inkognito zur Werkspionage nach Nauheim geschickt, wo die damals modernste Gradieranlage stand. Er brachte wichtige technische Neuerungen mit nach Hall, die den Soleverlust beim Gradieren eindämmten. (Aquarellierte Zeichnung von J. L. Katzner um 1760. HA A 385)

43 Ein Gradierhaus (G5) aus der Talgradierung. Im Hintergrund G6 auf dem Ripperg im Bau. Die einzelnen Schwarzdornwände waren je 3,72 m lang, 0,86 m breit und 8 m hoch. G5 hatte mit 68 Bünden eine Länge von fast 253 m. Vorne hochwassersicher aufgestelzt die Deichelfahrt (Holzröhren-Leitung) für die Sole und ein Maschinenhäuschen, in dem ein Kunstrad lief; der Kanal liegt unter der Erde. Am Fensterladen sieht man das Kunstgestänge, das die fünf Solepumpen von G4 antrieb. Das Gestänge für G5 liegt, für den Betrachter unsichtbar, auf der linken Seite des Häuschens. (Vgl. dazu Karte S. 53.)

(Aus dem Tableau von J. C. Körner von 1755. StAH)

44 Schwäbisch Hall von Norden mit Gradieranlage, darüber schwebend »Fortuna« nach DÜRER. Rechts G 1 mit 33 Bünden, links das neue Reservoir im Tal (R 2), dahinter der Giebel von R 1. (Vgl. dazu Karte S. 53.) (Schützenscheibe von G. P. GROSS 1829. Keckenburg-Museum Schwäbisch Hall)

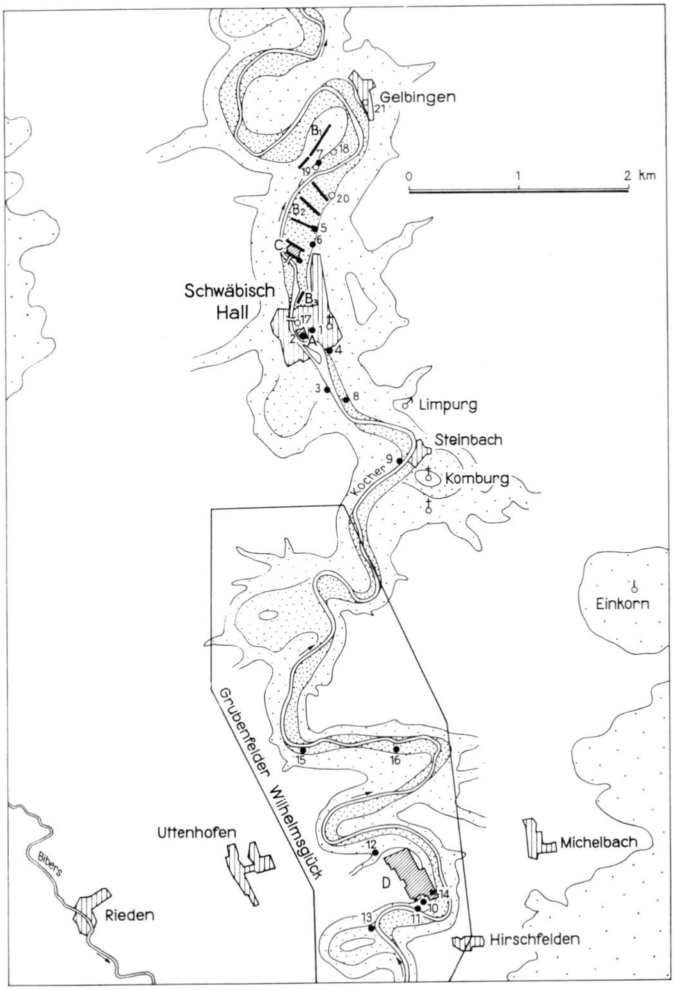

45 Salzgewinnung im Kochertal zwischen Hirschfelden und Gelbingen. *A* Haalsaline, *B* Gradiersaline, *B 1* Berggradierung auf dem Ripperg, *B 2* Talgradierung auf den Spitalwiesen, *B 3* Siedehäuser an der Eich, *C* Neue Saline, *D* Salzbergwerk Wilhelmsglück. *1* keltischer Salzbrunnen, *2* Haalbrunnen und Haalbohrung, *3* Versuchsbohrung am Lindach, *4* Versuchsbohrung hinter der Dorfmühle, *5* Versuchsbohrung am 3. Gradierhaus, *6* Versuchsschacht am Wettbachtal, *7* Versuchsbohrung am Ripperg, *8* Versuchsbohrung an der Haalsteige, *9* Versuchsbohrung bei Steinbach, *10* Fundbohrung bei der Neumühle, *11* Aufschlußbohrung Neumühle 2, *12* Aufschlußbohrung Neumühle 3, *13* Aufschlußbohrung Neumühle 4, *14* Schächte Wilhelmsglück, *15* Versuchsbohrung auf den Lindenwiesen, *16* zwei Förderbohrungen Tullau, *17* Brunnen bei der Dreikönigsbrauerei, *18* Salzquelle im Kanal der Firma Held & Teufel, *19* Probebohrung der Firma Held & Teufel, *20* Schacht des Diakonissenkrankenhauses, *21* Brunnen der Wasserversorgung Gelbingen. (Aus: CARLÉ 1966)

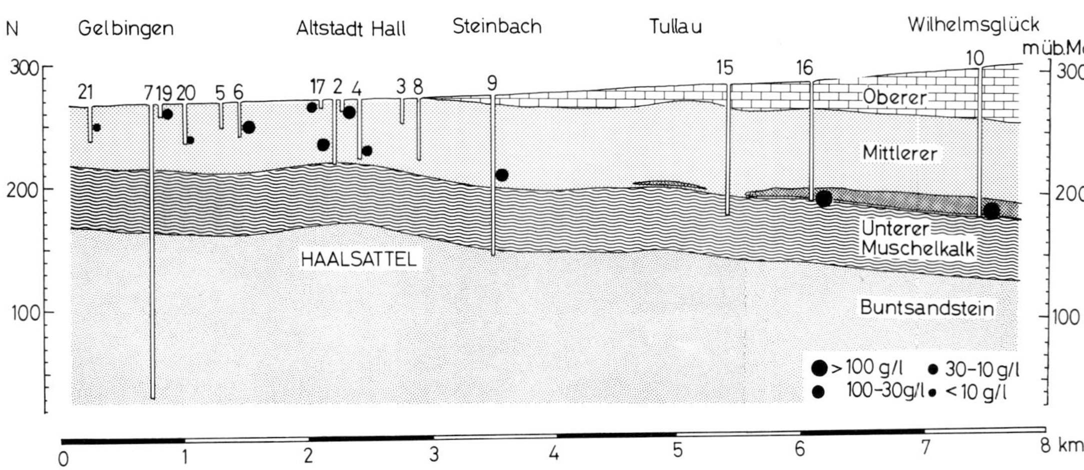

47 Gesamtbild der Betriebsgebäude des Bergwerks Wilhelmsglück. Im Vordergrund Steinsalzmühle und Magazingebäude, darüber Schachthaus mit Stolleneingang, Göpelhaus, Ökonomiegebäude und Wohnhäusern. (Privatbesitz G. JUNGK, Kochendorf)

◁ 46 Tiefenlage und Konzentration der Salzwässer und das Salzflöz im Mittleren Muschelkalk zwischen Wilhelmsglück und Gelbingen. Die Bohrung am Ripperg (7) erreichte mit 236 m die größte Tiefe, in die bei Hall je gebohrt wurde, brachte aber nicht die erhoffte Sole. Über der Schichtenaufwölbung des Haalsattels trat der historische Haalquell als natürliche Solequelle in die Talaue ein. (Vgl. hierzu auch Legende von Abb. 45.) (Nach CARLÉ 1965)

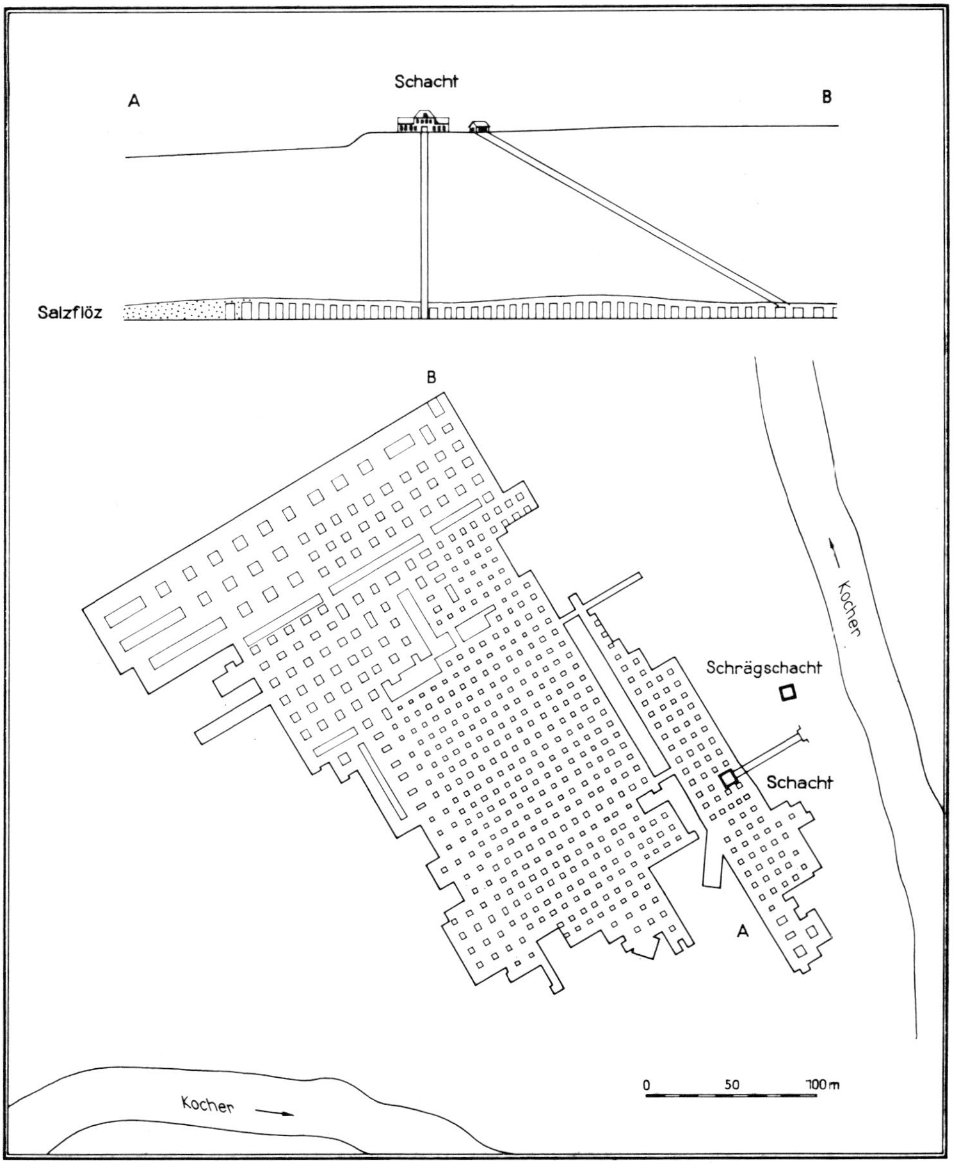

48 Grubenbild und Saigerriß des Bergwerks Wilhelmsglück. Der Abbau schritt von Südosten nach Nordwesten vor. Dabei baute man immer breitere Strecken ab, um die Ausbeute zu erhöhen. Am 27. September, um 12 Uhr, an König Wilhelms Geburtstag, schien die Sonne durch den Treppenschacht auf das Salzflöz. (Aus: CARLÉ 1966)

49 Die neue Saline im Stadtbild. (Lithographie von HERDTLE jun. um 1860. StAH)

50 Die neue Saline von Westen. (Privatbesitz G. JUNGK, Kochendorf)

51 Das Reservoir, fälschlich oft Gradierhaus genannt, war mit 23 m Turmhöhe eines der größten Gebäude der Stadt. Die Balken im Inneren dieses Speichers für 2000 m³ Sole waren salzüberkrustet. (StAH)

Die Haller Floßmäler

Organisation und Recht der Salineflößerei

VON RAIMUND J. WEBER

Das »Haal« in Schwäbisch Hall gehörte zu den alten Salzwerken Mitteleuropas. Schon in vorchristlicher Zeit wurde hier, wie Grabungen nachgewiesen haben, Brunnensole zu Salz versotten, später wieder, urkundlich bezeugt, vom 12. bis ins 19. Jahrhundert. Aber nicht das Salzwerk selbst soll im Mittelpunkt unserer Betrachtung stehen. Wir wollen uns einem Nebenbetrieb zuwenden, durch den der für das Salzsieden unentbehrliche Rohstoff Holz nach Schwäbisch Hall geschafft wurde: dem mit einem zeitgenössischen Ausdruck »Haalfloß« genannten Floßwesen. Der Haalfloß war Voraussetzung dafür, daß Schwäbisch Hall im Spätmittelalter und in der Neuzeit seine Stellung als wirtschaftlich bedeutendste Saline im Raum zwischen den lothringischen und den alpenländischen Salzwerken Österreichs und Bayerns behaupten konnte. Grundlegend für die Organisation des Haller Floßwesens war der Gebrauch von Zeichen oder Marken, der sogenannten »Mäler«, mit denen das Holz beim Transport auf dem Wasser bezeichnet wurde. Im folgenden soll aus den Akten des Haalarchivs, des Archivs der alten Siederschaft, das eine oder andere über den Haalfloß und die Floßmäler berichtet werden[1].

Die Schwäbisch Haller Saline bezog ihr Brennholz hauptsächlich aus den Wäldern der *Abb. 52* südlich an die Reichsstadt angrenzenden Grafschaft Limpurg, daneben auch aus dem Ellwangischen und von kleineren Herrschaften wie Adelmannsfelden oder Vohenstein. Zumal Limpurg *Abb. 53* war mit seinen ausgedehnten Waldungen jahrhundertelang ein fast unerschöpflicher und unentbehrlicher Lieferant. Der Holzhandel mit den Haller Siedern war Haupteinnahmequell der Grafschaft, nicht nur durch den Verkauf selbst, sondern auch durch die Erhebung von Zöllen und anderen Abgaben.

Das Floßholz wurde im Frühjahr von den limpurgischen Bauern gefällt, geschält, d.h. entrindet, und abgegipfelt. Den Sommer über blieb es liegen, damit es austrocknete und ausleichtete. Im Spätjahr oder Winter begann das »Holzfuhrwerk«, das Zusammenschleifen der Stämme zu sogenannten »Wölzen«, wannenförmig vertieften Schneisen an den Steilhängen der Berge, auf denen die Baumstämme von der Höhe ins Tal hinunterrutschen konnten. An den Bächen und Flüssen wurde das Holz wieder zusammengetragen und auf die vorgeschriebene Länge abgespalten oder abgesägt. Das nannte man »schroten«, die entsprechenden Plätze »Schrotstätten«. Auf die fertigen »Haalblöcke« schlugen die Bauern ihr Mal; die Blöcke wurden »gemalt«.

1 Quellenbelege und sonstige Nachweise bei Raimund J. WEBER: Die Schwäbisch Hall-Limpurger Floßmäler. Ein Beitrag zur Rechtsarchäologie der Marke und zur Rechtsgeschichte der Flößerei. In: Louis CARLEN (Hrsg.): Forschungen zur Rechtsarchäologie und zur Rechtlichen Volkskunde. Bd. 2. Zürich 1979. S. 29ff. Als zusammenfassende Darstellung der Haalflößerei vgl. jetzt die materialreiche forstwissenschaftliche Prüfungsarbeit von Thomas RUPP: Die Holzversorgung der Saline Schwäbisch Hall. Schwäbisch Hall 1980 (mschr. Referendarsarbeit).

Bei günstigem Wasserstand, etwa mit beginnender Eis- oder Schneeschmelze, erhielten die *Abb. 54* limpurgischen Vögte oder Forstbeamten Nachricht, daß die Sperr- und Fangvorrichtungen im Kocher bei Schwäbisch Hall, der sogenannte Bau oder Pferrich (Pferch), geschlossen seien und das Holz in Bäche und Flüsse eingeworfen werden solle. Dem Einwerfen folgte das »Treiben«. Die Bauernschaft mußte den Floß bis an die Grenze des reichsstädtischen Gebiets bringen. Dort übernahmen von den Haller Haalmeistern beauftragte und bezahlte Treiber das Holz und schafften es bis in den Bau oder Pferrich. Beim Treiben mußte an Land geschwemmtes oder an Ufern und Bäumen festhängendes Holz wieder flott gemacht, mußten etwaige Stockungen behoben und das Holz mit möglichst geringem Verlust nach Hall gebracht werden. Die Arbeit war bei Hochwasser nicht ungefährlich und soll manches Menschenleben gekostet haben.

Abb. 55 War das Holz im Bau zu Hall eingelaufen, wurde es ausgezogen. Das geschah an drei Türlein der Stadtmauer, die ins Haal führten, auf dem Acker, einem Uferstreifen, und dem Unterwöhrd, einer Flußinsel oberhalb des Haals. Beim Ausziehen wurde das Holz nicht nur an Land gebracht, sondern auch mit Hilfe der Mäler registriert. Ein besonderer Schreiber, der *Abb. 56* »Kochenschreiber«, wohnte dem Ausziehen bei und trug alle Blöcke in ein Wachstafelbuch ein. Der Oberbaurat Georg Wilhelm Christian von Bühler, der uns aus dem 19. Jahrhundert eine fünfbändige, prachtvoll ausgestattete handschriftliche Chronik der Saline und des Floßwesens hinterlassen hat, berichtet darüber:

Der Kocherschreiber hatte mit seinem Wachsbuch seinen Platz am Ufer ganz in der Nähe der Ausziehstelle, das Buch vor sich auf einem Pult oder Tischchen, gewöhnlich unter einem Hüttchen oder sonstigen bedeckten Standort; der Scharhauptmann stund bei der Ausziehmannschaft und hatte den Anschreier (in ältester Zeit »Berer« genannt) und wohl auch einige Siedmeister oder Männer bei sich, die der Maale wohl kundig waren, obgleich die Sieder ihre Mäler selbst, ja sogar beinahe alle Määler kannten. Der Block wurde nun mit Floßhacken beigezogen, bis er am Ufer war, hierauf eine Axt in denselben gehauen und er damit so gedreht, daß das Maal deutlich sichtbar war und gelesen werden konnte. Der Ausschreier rief nun mit sehr lauter Stimme aus, der Kocherschreiber aber suchte das Maal im Wachsbuch und bemerkte (d. h. notierte) *den ausgezogenen Block mit einem Strich auf der Wachstafel, hierauf wurde er von den Trägern auf die Schulter genommen, auf die ›Hospet‹* (den Holzlagerplatz) *getragen und dort abgeworfen, schwere Blöcke aber, besonders bei der Dringlichkeit der Arbeit, mit Pferden ausgeschleift. Die ganze Arbeit ging ganz unglaublich schnell vonstatten, so daß man Maal auf Maal anschreien hörte, wobei die allerdings oft auf eine komische Weise sich folgenden Namen der Määler oft große Heiterkeit und vieles Gelächter, oft aber auch schändlichen unsittlichen Unfug veranlaßten, so daß die Gesetzgebung zu allen Zeiten streng dagegen einschreiten mußte. Das Anschreien geschah immer in singendem Ton und klang oft recht eigenthümlich heiter, wie denn auch dieses Ausziehen mit großer Lebendigkeit geschah und Fremden einen höchst interessanten Anblick gewährte.* Soweit der etwas romantisierende Bericht des Chronisten über die Floßarbeit im alten Haal.

Nach dem Ausziehen übertrug die Haalschreiberei das auf den Wachstafeln provisorisch verzeichnete Holz in Zähl- und Ausziehregister. Diese Angaben waren Grundlage für die *Abb. 58* Abrechnung der Kosten, die dem gemeinen Haal beim Flößen entstanden. Außerdem wurden seit der ersten Hälfte des 16. Jahrhunderts auch die limpurgischen und sonstigen Zölle gemeinschaftlich abgerechnet. Entsprechend diesem bei der Saline geführten Holzregister wurde, jedenfalls im 18. Jahrhundert, auch bei den Bauern in den Wäldern Buch geführt. Beeidigte Zähler, die den Forstbehörden unterstanden, zählten und registrierten das Holz vor dem Einwerfen in die Bäche und Flüsse.

Jeder Sieder hatte ein sogenanntes »Mälerbüchlein«, in dem die Mäler verzeichnet und abgebildet waren. Diese kleinen, oft kolorierten Büchlein enthielten auch eine kurze »Haalholzmälerlehre«, eine Beschreibung der Grundfiguren, aus denen durch Kombinationen die Mäler zusammengesetzt wurden. Es waren acht Figuren, die mit Axt oder Stemmeisen in das Holz geschlagen wurden: der »Schild«, ein gleichseitiges Dreieck; der »Halbspan«, ein Quadrat; der »Span«, auch »Blasse« genannt, ein Rechteck; der »Pick«, ein kleines Quadrat; die »Kerfe«, eine mit zwei gegeneinander gerichteten Axthieben eingehauene Linie; die »Feder«, zwei in einer gewissen Neigung gegeneinander gestellte Kerfen; das »Sautrögle«, ein kleines Quadrat. Ein weiteres Zeichen, der sogenannte »Auswurf«, war ein Halbspan oder Span, der unmittelbar an der abgesägten Blockfläche begann. Aus in der Regel drei bis vier dieser einfachen Zeichen wurden je nach Bedürfnis fünf- bis sechshundert Mäler zusammengesetzt. *Abb. 57*

Die Mäler trugen Namen, von denen viele seit 1528 bekannt sind. Die heimatkundliche Literatur hat die Mälernamen bisher mehr oder weniger als Kuriosa behandelt und besonders die darunter vorkommenden scherzhaften Wendungen als Zeugnis für den Sprachwitz der Sieder genommen. Die Benennungen der Mäler sind aber eine wichtige Quelle für die Geschichte des Floß- und Mälerwesens. Überraschend wenige Namen stammen von der Form des Mals. Bezeichnungen wie Dreispan, Dreikerffa (-kerfen), Zweikerffa, Zuofeder (Zweifeder), Vierfeder, Vierschild geben die Grundfiguren an, aus denen das Mal zusammengesetzt war. Einige Namen scheinen von der äußeren Gestalt des Mals beeinflußt, so etwa das »Hasenohr«. Daneben finden sich, 1528 aber noch selten, auch scherzhafte Wendungen, die später öfter vorkommen und offensichtlich von Zurufen beim Ausziehgeschäft herrühren: Duss nit, Dick dick, Hole mich, Habe Dank, Hab Gedult, Mir wohl, Nimms in acht, Muss dich haben. Bezeichnungen verschiedener Orte, Flurstücke und Realien aller Art sowie mindestens ein obszöner Ausdruck gaben etwa einem Viertel der Mäler von 1528 den Namen.

Drei Viertel der Mäler scheinen dagegen mit Personennamen bezeichnet. Schlagen wir die Mälernamen in dem Verzeichnis der Bürgerschaft Schwäbisch Halls nach, das Gerd Wunder und Georg Lenckner für die Zeit zwischen 1395 und 1600 aufgrund der Steuerlisten erstellt haben, stoßen wir immer wieder auf die Namen von Armeleutefamilien. Häufig kommen Siederknechte und Taglöhner sowie Personen vor, die den Mindestbetrag der Steuer zahlten. Zum Beispiel das Mal »Heffalin« dürfte auf den Familiennamen Häfenlin zurückzuführen sein, wohl auf den Hensslin Heiffenlins, der 1451 bis 1484 im Haal hauste und den Mindestbetrag der Beet zahlte, also ein Vermögen von weniger als 15 Gulden hatte. Durch diese Personen kommen wir auch zu einer Aussage über das Alter der Mäler. Die überwiegende Zahl der seit der ersten Hälfte des 16. Jahrhunderts gebräuchlichen Mäler ist mit den Familiennamen von Taglöhnern, Haalknechten, allgemein von Personen der Unterschicht benannt, die zum Teil schon seit 1400 in Hall nachgewiesen sind. Wahrscheinlich haben diese Leute das Holz ausgezogen, möglicherweise waren sie auch als Flößer- bzw. Floßknechte mit dem Treiben von Haalholz befaßt.

Die Mäler waren bei dem später so genannten »Haalgericht«, dem Vorstand der Haller Saline, registriert. Das Haalgericht konnte Mäler zu- oder aberkennen. Bei drohender Mälerverwechslung oder bei Malanmaßung wurde nicht ein ordentliches Gericht, etwa der Rat zu Hall, angerufen. Vielmehr wandten sich die betroffenen Bauern an ihre herrschaftlichen Vögte, die im Wege nachbarlichen Ersuchens auf Abhilfe durch das Haalgericht hinwirkten. Die Kompetenz des Haalgerichts zur Erledigung solcher Streitigkeiten war alt; sie wurde 1499 vom Rat der Stadt ausdrücklich anerkannt. Nicht selten kamen Mälerfälschungen in Gestalt des sogenannten »Ausmalens« vor. Dabei schlug ein Bauer das Mal eines anderen vom schon gezeichneten Block aus und malte sein eigenes auf, oder er änderte das fremde Mal um. 1746 hatte der Floßbauer Jörg Michel Laidig, der das Mal »Fritz Heinrich« führte, andere Mäler ausgehauen und sein eigenes aufgemalt. Von dem Fälscher heißt es in der Bühlerschen Chronik: *Er wurde exemplarisch gestraft und mußte, da ihm niemand mehr traute, das Flößen aufgeben.*

Das Aushauen von Mälern verursachte ebenso wie der Diebstahl gemalten und treibenden Floßholzes beträchtliche Verluste. Oft genug wurden in Schwäbisch Hall weit weniger Stämme ausgezogen als in den Wäldern eingeworfen. Dieser Verlust, der sogenannte Abgang, offenbarte sich in einer Differenz zwischen der im limpurgischen Zähl- und im hällischen Ausziehregister verzeichneten Holzmenge. Über diesen Abgang kam es zwischen Hall und Limpurg zu langen Streitigkeiten und Auseinandersetzungen. Jede Seite suchte die Ursache für den Verlust auf dem Gebiet der anderen Herrschaft. Limpurg warf den hällischen Treibern auf dem Unterlauf des Kochers Nachlässigkeit vor. Anstatt das Floßholz zu versehen, säßen sie in den Wirtshäusern. Ein weiterer Vorwurf war der »unfleiß der bueben«. In Hall pflegten beim Ausziehen des Floßholzes Kinder die Mälernamen auszurufen. Limpurg wähnte, diese Kinder verwechselten die Mäler, und es verlangte, daß Erwachsene zu der Arbeit gebraucht werden sollten. Auch in den Haller Taglöhnern, die das Ausziehen besorgten, vermutete man eine Ursache des Abgangs. Sie nähmen bei den Mahlzeiten, wenn sie nach Hause gingen, jeweils einen Baumstamm mit sich fort, ehe dieser noch in das Buch eingetragen werde. Auch die Siederschaft selbst wurde verdächtigt. So hieß es: *Über diß mancher schlechte Sieder … ein und andern Block verkauft und versauft, ehe die Zahl in das Buch geschrieben wird.* Hall seinerseits erhob ähnliche Beschuldigungen gegen Limpurg. Es beklagte sich etwa über die limpurgischen Zähler, die weder schreiben noch lesen könnten, dafür dem Trunk ergeben und äußerst nachlässig seien. Dadurch würden zuviele Blöcke in das limpurgische Zählregister eingetragen. Die Hauptklage Halls war aber das unberechtigte Ausfangen des Holzes aus dem Kocher durch limpurgische Flußanlieger. An einem Ort könne man *alle Tage die Baurengüther mit Haalholz verzäunt sehen.*

Während des 16. und 17. Jahrhunderts trug der Verkäufer des Holzes die Gefahr des Abgangs, in der Regel also der limpurgische Bauer. Erst um die Wende vom 17. zum 18. Jahrhundert gelang es Limpurg, in mehreren Verträgen mit der Reichsstadt eine für die Bauern günstigere Gefahrenregelung zu erreichen. Der Grund für diese Änderung zugunsten Limpurgs dürfte einmal in dem gestiegenen Holzbedarf der Saline, zum andern in der beginnenden Holzverknappung in den Wäldern zu suchen sein. Die Rezesse, d. h. Verträge zwischen Hall und Limpurg sind ein Vorzeichen für die beginnende »Energiekrise« des 18. Jahrhunderts, die erst im 19. Jahrhundert durch die Ausweitung des Kohlebergbaus überwunden werden konnte.

Rechtstechnisches Mittel für die den Bauern günstigere Gefahrenregelung war eine zwischen Hall und Limpurg getroffene Vereinbarung über den Ort, an dem Verkäufer und Käufer des Holzes ihren Vertrag abschließen mußten. Bis zu den Rezessen war es üblich gewesen, daß die Kaufverträge zwischen Siedern und Bauern in Hall geschlossen wurden. Nun bestimmte man, daß sich die Käufer auf die »Schrotstatt« in den Limpurger Wäldern verfügen und dort die Kaufverträge schließen sollten. Im Beisein eines Försters oder Forstknechts sollten sich die Sieder das Holz vorzählen lassen und den Kauf, wie es hieß, *dergestalt auss- und richtig machen.* Der Wortlaut dieser Klausel verrät ihren zivilrechtlichen Sinn. Nach gemeinem Recht der Zeit wurden Kaufverträge wie diese erst durch das Vorzählen perfekt und ließen erst damit die Gefahr auf den Käufer übergehen. Zum Ausgleich für die ihnen damit auferlegte Gefahrenübernahme wurde den Siedern allerdings in den Rezessen erlaubt, sich von den Bauern eine Dreingabe an Holz versprechen zu lassen.

Im Punkt des Vertragsschlusses konnten die Rezesse aber nie vollständig durchgesetzt werden. Viele Sieder zahlten lieber höhere Preise oder Draufgelder, als daß sie die Kaufverträge bei den limpurgischen Förstern hätten registrieren lassen. Noch im Jahre 1810 kaufte ein Sieder rezeßwidrig »auf das (Haller) Buch«, d. h. unter Gefahrtragung des Bauern. Zwei Aktenstücke aus dem Haalarchiv sollen den Hintergrund beleuchten, vor dem die Rezesse scheitern mußten.

Am 27. März 1800 schrieb der limpurgische Forstmeister Schäfer zu Gaildorf an das Haalgericht. In einem etwas preußischen Ton erinnerte er den Haalvorstand an wiederholte Aufforderungen, die *dero seitige Siederschaft zu Erfüllung dero in medio liegenden Rezesse gefälligst anzuhalten.* Der Forstbeamte schloß seine *patriotische(n) Ansinnungen ... zu Unterhaltung dieses Floßholz Commerces* mit dem schönen Satz: *Ordnung ist die Seele des Commerces, und diese allein kan es fortdauernd machen.* Ein Bericht des Haalgerichtskonsulenten Majer vom 24. April desselben Jahres verrät, wie man von seiten Schwäbisch Halls mit der Angelegenheit fertig wurde. Forstmeister Schäfer und sein dringliches Schreiben waren durchaus ernst genommen worden. In dem Bericht heißt es, der Haalvorstand sei *nur allzu sehr überzeugt* gewesen, daß *belobter Herr Forstmeister Schäfer ein nicht geringes Vertrauen sowohl bey denen hohen Herrschaften, als vorzüglich auch bei der gesamten Floßbauerschaft genieset, also von dessen Geneigtheit für hiesiges Publicum Salinarium wo nicht alles, doch das meiste hierinnenfalls abhänget.*

Aber das Haalgericht hatte für solche Fälle die Erfahrung von Jahrhunderten bereit, ein Mittel war zur Hand. In einem Haalgerichtsbeschluß vom 3. April wurde ein »Weeg« gewählt, den man, wie es heißt, *gewöhnlich mit erwünschtem Erfolg in Vorkommenheiten der Art eingeschlagen hat...,* wie es *ex Actis et Protocollis sich sattsam bekundet.* Der Haalkonsulent Majer sollte nach Gaildorf reisen, sich mit dem Forstmeister besprechen und wegen der monierten Einhaltung der Rezesse »Vorstellung machen«, in einem unwesentlichen Nebenpunkt nachgeben, und im übrigen, falls *wohlderselbe* Forstmeister *sich zu weiterer Verwendung geneigt erfinden würde,* ihm eine *Insinuation,* ein Geschenk also, von vier Karolins machen. Das Mittel wirkte, wie wir annehmen dürfen, wieder einmal, zur vollen Zufriedenheit des Haalgerichts. Konsulent Majer berichtete nach der Rückkehr von Gaildorf, der Forstmeister statte *den verbindlichsten Dank für die generose Insinuation ab,* er wolle *seiner seits alles mögliche zur Consolation* der Siederschaft beitragen, mehr noch, »in privato« gibt der Forstmeister zu verstehen, daß er *auch sich bemühen werde, den von dem Herrn Regierungs Rath in Schmidelfeld entworfenen Plan, der ganz auf die strengste Erfüllung der Rezesse abziehlet, so viel nur immer möglich zu inanisieren,* d. h. zu vereiteln.

Organisatorische und rechtliche Ordnung, in ihrer Mitte das Floßmal, haben Holzversorgung und wirtschaftlichen Bestand einer mittelalterlichen Saline bis an die Schwelle des Industriezeitalters gesichert, aber auch, wenn es not tat, gesunder Menschenverstand, gelegentlich unterstützt von einem »Douceur«.

52 *Tannenwald* in der Tiefen Klinge, Gemeinde Rosengarten, Landkreis Schwäbisch Hall. – Weiß- und Rottannenholz wurde früher hauptsächlich für die Haller Saline geschlagen. Dabei reichte das Holz, das um Schwäbisch Hall herum wuchs, schon im 14. Jahrhundert nicht mehr für den Brennstoffbedarf der Saline aus. Sie war daher auf die Bestände der Schwäbisch-Fränkischen Waldberge angewiesen. Das meiste Holz lieferten der Welzheimer, Murrhardter und Mainhardter Wald, die Frickenhofer Höhe, die Limpurger und Ellwanger Berge sowie der Virngrund. Die einzelnen Stämme wurden nicht schlagweise gefällt, sondern »ausgefemelt«, d. h. nach Art der heutigen Durchforstungen gewonnen. So konnte das durch natürliche Besamung entstehende Jungholz rascher nachwachsen. (Foto: Zeyher, Staatl. Forstamt Schwäbisch Hall)

53 *Gaildorf* mit der *Brücke über den Kocher* war Mittelpunkt der *Grafschaft Limpurg* und Residenz der Grafen. Limpurg aber war über Jahrhunderte hindurch Hauptlieferant für das »Haalholz«. Daher waren die Beziehungen zwischen Hall und Limpurg stets besonders eng, wenn auch nicht immer ohne Spannungen. 1241 soll Schenk Walter von König Konrad IV. einen großen *Wildbann* erhalten haben, der die Stadt Hall mit einschloß. Nachdem Limpurg im 13. Jahrhundert vergeblich versucht hatte, sich zum Stadtherrn über Hall aufzuschwingen, prägten vom 14. bis zum 16. Jahrhundert immer wieder Streitigkeiten um *Zölle* und andere Abgaben, die für den Transport des Holzes auf dem Kocher und seinen Nebenflüssen gezahlt werden mußten, das Verhältnis zwischen der Reichsstadt und der benachbarten Grafschaft. Limpurg versuchte gelegentlich sogar, Hall durch eine *Holz- oder Floßsperre* zu schädigen. Da beide Seiten aber auf das Holzgeschäft angewiesen waren, einigten sie sich letztlich doch und schlossen *Zollverträge* ab. Später auftretende Probleme wurden in nachbarschaftlichen Konferenzen besprochen und in Rezessen (Abschieden, Verträgen) geregelt. Zu diesen Streitfragen gehörte auch das *Holzfangrecht der Gaildorfer Kocherbrücke*. Die Bewohner von Gaildorf beanspruchten das Recht, von der Brücke aus treibendes Holz anzuhalten und aus dem Fluß zu ziehen.

(Radierung um 1820, G. EBNER, Stuttgart. HV B III/82)

54 Ausschnitt aus dem Kupferstich von BRAUN und HOGENBERG »Hala...« (1580). – Die Stadtansicht von BRAUN und HOGENBERG zeigt besonders schön, wenn auch topographisch nicht ganz genau, die *Fangvorrichtungen für das Floßholz im 16. Jahrhundert.* Im Kocher bei Schwäbisch Hall waren Sperr- und Fangvorrichtungen aus Holz erstellt worden, der sogenannte »Bau« oder »Pferrich« (Pferch). So war vom Lindach bis zum großen Unterwöhrd ein Holzrechen aus eingerammten Eichenpfählen aufgebaut (im Vordergrund rechts). Dem Stich zufolge wurde im 16. Jahrhundert anscheinend vor allem am Ufergelände vor Unterlimpurg Holz aus dem Fluß gezogen (Hintergrund rechts). Auf dem Unterwöhrd sind noch keine Holzlagerstätten zu erkennen, anders 1643 auf der Stadtansicht Hans Schreyers (vgl. Abb. 55). (StAH)

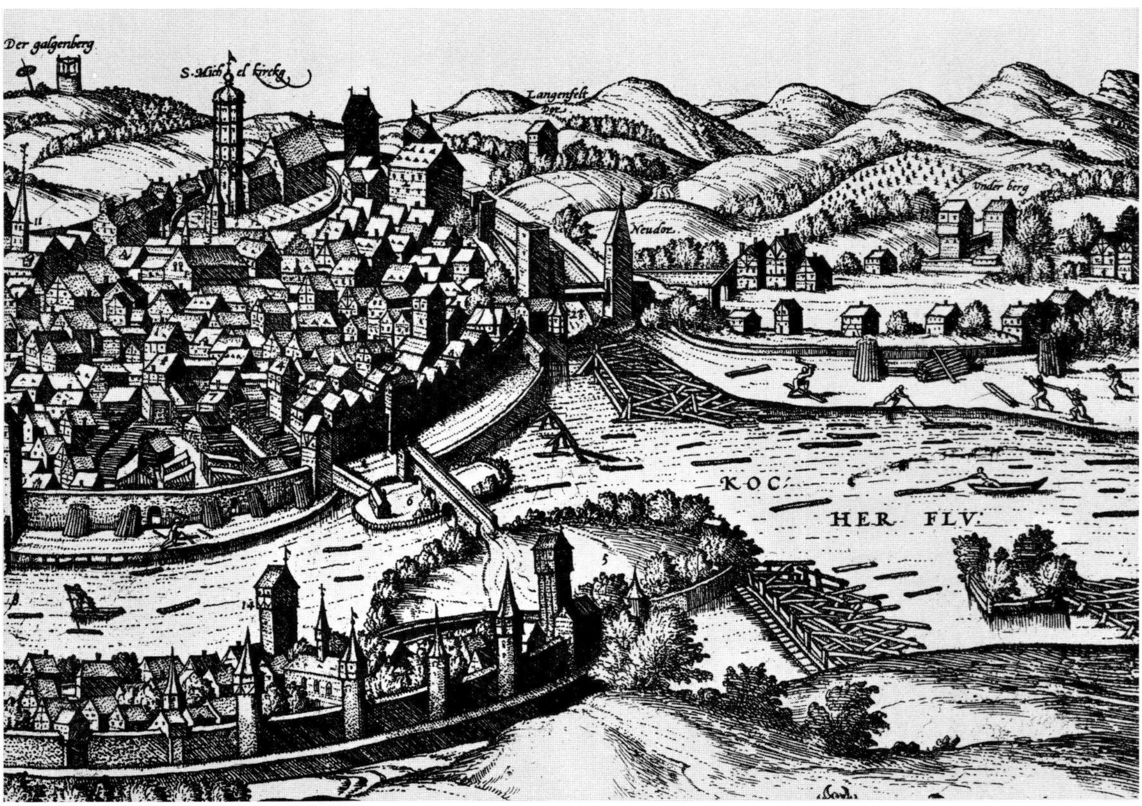

55 Dieser Ausschnitt aus der Wappentafel Hans SCHREYERS (1643) stellt das *Ausziehen von Floßholz vor dem Oberen Türlein* der Stadtmauer am Haal dar. Rechts im Fluß ein »Gehenk«, das die treibenden Stämme aufhält. Am Ufer vor dem Türlein zwei Männer mit Floßhaken, daneben andere, die das ausgezogene Holz wegtragen. Rechts vom Türlein ein fertiger, links davon, am Mauervorsprung, ein gerade begonnener »Schrank« (Holzstapel). Das überdachte Hüttlein links vom Mauerdurchlaß schützt den »Kocherschreiber«, der das Holz im Wachstafelbuch registriert. Im Vordergrund rechts die gewaltigen Holzschränke auf dem Unterwöhrd und, gegenüber, auf dem Uferstreifen vor der Stadtmauer.

(Ölgemälde im Haalamt Schwäbisch Hall; Foto: Eberhard Weller)

56 Naives Wasserfarbenbild aus dem (späten?) 18. Jahrhundert. – Die reizvolle Darstellung zeigt das *Ausziehen von Floßholz auf dem »Acker«* bei Schwäbisch Hall. Im Wasser ist ein Stiefelmann zu erkennen. Vom Ufer aus wird das Holz mit Floßhaken an Land gezogen und teils auf der Achsel weggetragen, teils mit Pferden ausgeschleift. In Bildmitte (oberes Drittel) der auf einem Stuhl sitzende Kocherschreiber mit dem Wachstafelbuch. Die kleine Gestalt unter ihm ist der Ausschreier. Im linken Bilddrittel wird das Zerkleinern (Schroten) und das Aufstapeln des Holzes dargestellt. Auf einigen der Blöcke sind die Mäler zu erkennen. (Keckenburg-Museum, Schwäbisch Hall)

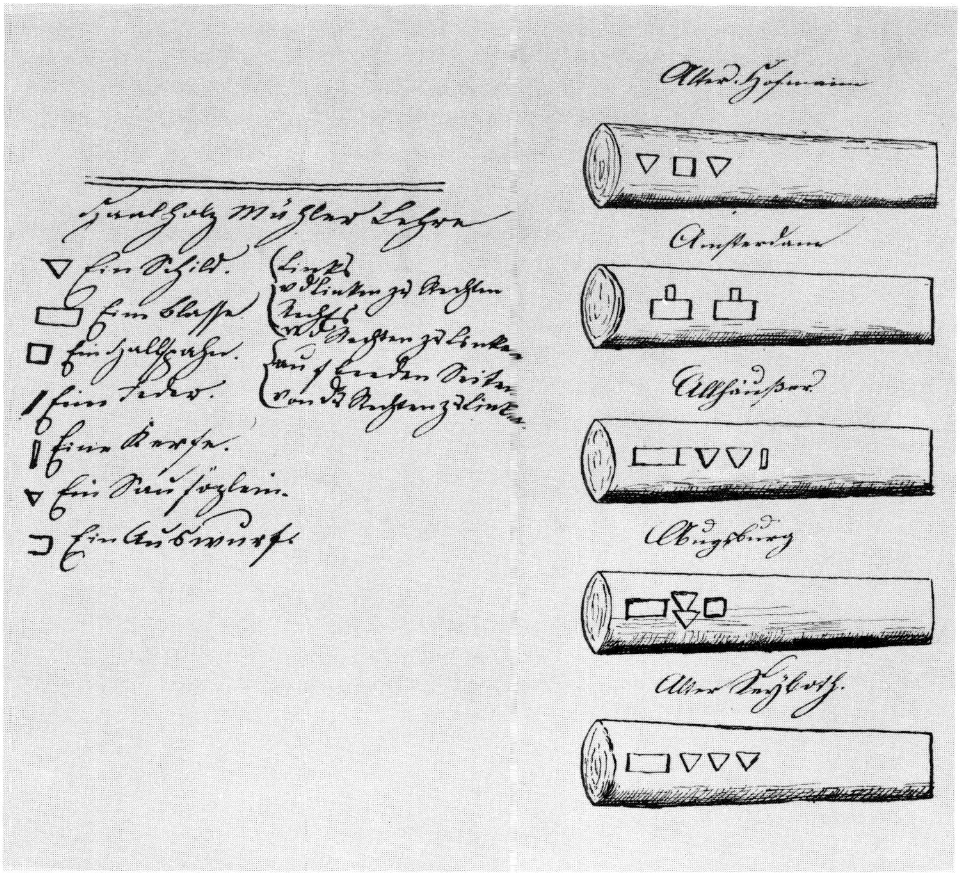

57 *Haalholzmälerlehre und die ersten fünf Mälerzeichnungen aus dem Mälerbüchle StAH 5/464.* – Obwohl anfangs die Sieder alle Mäler kannten, wurden bei zunehmender Zahl doch Zeichnungen angefertigt, in denen die Mäler abgebildet und beschrieben wurden. Mit der Zeit kam so jede Familie in den Besitz eines Mälerbüchle. Am Anfang der Bücher steht oft eine »Haalholzmälerlehre«. Sie beschreibt die wenigen Grundfiguren, aus denen durch Zusammensetzung mehrere hundert Mäler gebildet wurden. So zeigt dieses Mälerbuch folgende Zeichen: Schild, Span oder Blasse, Halbspan, Feder, Kerfe, Saufözlein, Auswurf (dieses Zeichen beginnt unmittelbar an der abgesägten Blockfläche). Rechts die fünf ersten Mäler mit den Namen »Alter Hofmann«, »Amsterdam«, »Allhäußer«, »Augsburg« und »Alter Seyboth«. Die Namen »Alter Hofmann« und »Alter Seyboth« kommen schon in der ersten Holzrechnung von 1528 vor; sie beziehen sich auf in Hall nachgewiesene Personen. Auch der Name »Allhäußer« dürfte von einem Personennamen genommen sein. 1449 ist in Hall ein »Alheußlin« erwähnt.

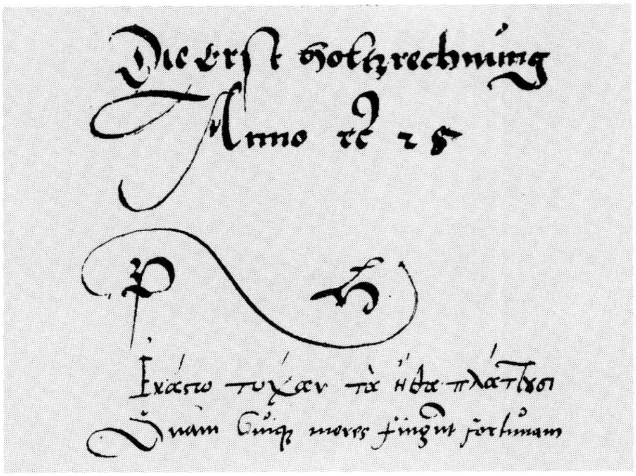

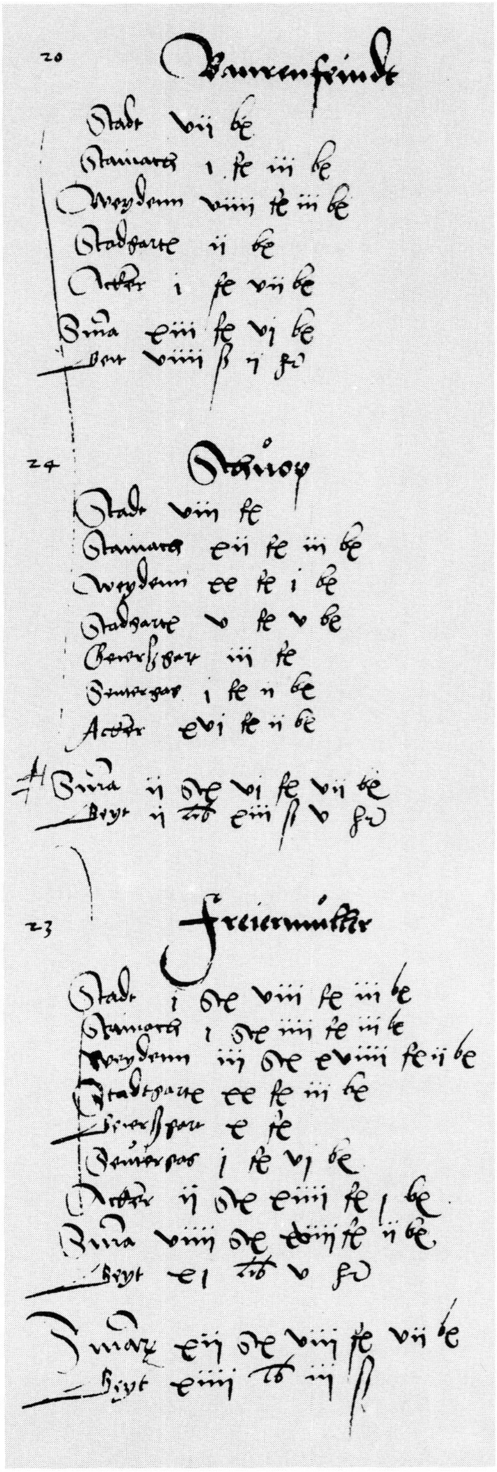

58 *Titelblatt und Seite aus der ersten Holzrechnung von 1528.* – Die hier gezeigte älteste Holzrechnung des Gemeinen Haals ist überschrieben: *Die Erst holtzrechnung / Anno etc 28.* Darunter die Initialen des Haalschreibers *P*(hilipp) *H*(eilbronner) (= Philipp Stock). Heilbronner, Haalschreiber von 1521 bis 1551, hatte an den Universitäten zu Tübingen und Wittenberg studiert und den niederen akademischen Grad eines Bakkalars erlangt. Er war später als Geistlicher tätig. Von seiner Bildung zeugt der griechisch und lateinisch geschriebene Spruch auf dem Titelblatt der Holzrechnung (Jeder ist seines Glückes Schmied).

In der Holzrechnung wurden die Gemeinkosten des Haals auf jedes Mal umgeschlagen. Diese Kosten bestanden aus dem Lohn für die Treiber und Auszieher sowie den Schreiber. Dazu gehörte noch der Aufwand für den »Schutz«, d. h. für die baulichen Maßnahmen, die das Flußufer vor Beschädigungen durch das treibende Holz schützen sollten (»Kosten auszuziehen, zu schützen, zu schreiben und zu treiben«). Die Holzrechnungen sind nach den Kenn-Namen der Holzflößer (= Mälernamen) und nach den Stapelplätzen des Holzes geordnet. Auf der hier abgebildeten Seite finden sich die Einzelrechnungen für die Mäler »Baurenfeindt«, »Schuop« und »Freiermüller«. Für das Mal »Freiermüller« wird eine Übertragung der Rechnung gegeben. (HA A 1)

Freiermüller

Stadt i St[ück] viii f[ach] iii b[lock]	1/8/3
Stainach i St[ück] iiii f[ach] iii b[lock]	1/4/3
Weydenn iii St[ück] xviiii f[ach] ii b[lock]	3/19/2
Stadtgart[en] xx f[ach] iii b[lock]	-/20/3
Geierßgart x f[ach]	-/10/-
Seutergas i f[ach] vi b[lock]	-/1/6
Acker ii St[ück] xiiii f[ach] i b[lock]	2/14/1
S[u]m[m]a viiii St[ück] xviii f[ach] ii b[lock]	9/18/2
Geyt xi lib[ra] (= Pfund) v h[eller]	11/5

(1 Stück = 30 Fach; 1 Fach = 8 Blöcke. – Ein Haalblock maß ca. 3 Meter.)

Der hällische Salzhandel

VON KUNO ULSHÖFER

Die Saline ist die Mutter des Staats, in welchem sie sich befindet, heißt es in einem um 1800 geschriebenen Bericht, in dem die Saline der Reichsstadt Hall und ihre Verfassung dargestellt werden[1]. Während ihres jahrhundertelangen Bestehens setzte die hällische Solequelle nicht nur die Salzsieder ins Brot, vielmehr garantierte sie auch vielen Handwerkern und Zulieferern, Transporteuren und Händlern die Existenz. Von größter Bedeutung waren natürlich der Holzhandel und die Kocherflößerei, da mindestens bis zur Einrichtung der Solegradierung ungeheure Holzmengen, vor allem aus den Limpurger Bergen, zur Salzsiederei gebraucht wurden; Holzbauern und -flößer fanden dabei ihr sicheres Einkommen. Außerdem war der Eisenhandel besonders wichtig. Von den weit entfernten Eisenhämmern des Schwarzwaldes, des Odenwaldes und der Oberpfalz bezog Hall Eisen und Eisenbleche. Daraus fertigten die Haalschmiede die in jedem Haalhaus gebrauchten Salzpfannen und die vielen zum Sieden benötigten Gerätschaften wie Zwangen (Zangen), Siebe, Schaufeln, Speelicheisen (Feuerlochabdeckungen), Fürnichsteine als Brennstoffunterlagen, Pickel, Schellhämmer und Gefäße aller Art. Man kann sich diesen Zulieferungshandel und das damit befaßte Gewerbe und Handwerk nicht bedeutend genug vorstellen, gehörte doch Hall zu den größeren Salzgewinnungsstätten Mitteleuropas.

Schwieriger als die Beschaffung der zur Salzherstellung notwendigen Hilfsmittel und Materialien war der Absatz des Produktes, der Vertrieb des fertigen Salzes. Davon lebte die Stadt, die sonst keinen anderen bemerkenswerten Erwerbszweig hatte. Sie war auf Gedeih und Verderb vom Salzhandel abhängig. Dieser bildete bis ins 19. Jahrhundert ihre wirtschaftliche Grundlage. Um einen stetigen Absatz zu garantieren, mußten die Haller ein dichtes und beständiges Handelsnetz knüpfen und ausbauen. Es galt, die einmal gewonnenen Absatzgebiete zu behaupten, neue aufzuspüren, unablässig Werbung zu machen *(Haller Salz salzet gar wohl, ist klein und weiß)*, den guten Ruf des Haller Salzes durch Gutachten von Fachleuten und Universitäten zu festigen und ihn niemals, etwa durch den Verkauf minderwertiger Ware, zu gefährden.

Über den Salzhandel in den ältesten Zeiten wissen wir gar nichts, so gut wir aus Grabungsfunden auch über die Siedetechnik in der keltischen Epoche unterrichtet sind. Die Salzgewinnungsanlage war jedoch sicher groß genug, um nicht nur für den Bedarf der hier ansässigen Menschen zu produzieren; das Salz war ein so begehrter Artikel, daß gewiß damit auch über den engen lokalen Eigenbedarf hinaus gehandelt wurde. Das Kochertal und die Haller Ebene waren ja sehr dicht besiedelt. Zahlreiche Münzfunde lassen übrigens eine Prägestätte für keltische Münzen, die sogenannten »Regenbogenschüsselchen«, vermuten:

1 StAH 5/523.

»Aus diesen Funden darf auf eine funktionierende Geldwirtschaft und einen – auf dem Salzhandel beruhenden – nicht unbeträchtlichen Reichtum der Haller Landschaft geschlossen werden«[2].

Ungeklärt ist das Weiterbestehen der Salzsiederei in den ersten nachchristlichen Jahrhunderten. Erst im 9. Jahrhundert sprechen mehrere Urkunden des Klosters Kempten von zollfreien Salzabgaben *in Hallo;* aber die Gelehrten streiten sich darüber, ob sich die Ortsangabe *in Hallo* auf Reichenhall oder auf (Schwäbisch) Hall bezieht. Einige Historiker sehen aufgrund der damaligen Verkehrsverhältnisse und Handelsbeziehungen in dem genannten Ort unser »schwäbisches« Hall und glauben wegen der großen transportierten Mengen an erhebliche Überschüsse der hiesigen Produktion[3]. Für die salische Zeit hat H. Decker-Hauff eine Marktanlage westlich der Haalinsel erschlossen; in diese Zeit datiert er auch die Haller Münze, in der die »Heller« geprägt wurden: »Der wichtigste Faktor der Siedlung im Kochertal war der Salzhandel; aus dem Bedürfnis des Fernhandels ist auch die Münzstätte entstanden; zum Umschlag wurde gängiges Geld nötig, eine Kurrentmünze, mit der man Salzsäcke und Salzfuhren bezahlen konnte«[4].

Der Haller Chronist Johann Herolt überliefert für Hall eine Wandersage, die von salzleckendem Wild berichtet, *durch welches gewildt diße gottsgab des saltzbrunnens geoffenbaret*[5]. Die Sage bringt den hällischen Salzbrunnen mit den Grafen von Westheim in Verbindung, die an dieser Stelle Häuser oder Hütten bauen und Salz sieden ließen. Als echten historischen Kern erkennen wir in der Erzählung die Beziehung der Grafen von Westheim zum Haller Salzwerk. Diese gehörten ebenso wie die 1037 in Hall begüterten Grafen von Komburg zu den Vorfahren der Staufer, unter denen bald nach 1100 der Ort »Halle« und natürlich auch das Haal, die Salzgewinnungsanlage, neu organisiert und ausgebaut wurden. Ein Sulmeister, staufischer Ministeriale, stand dem Haalwesen vor. Das Eigentum am Haalquell war damals schon stark zersplittert und aus Königshand an geistliche Institutionen und Adlige übergegangen. In der ersten Hälfte des 13. Jahrhunderts sind neben König und Adel die Klöster Adelberg, Elchingen, Denkendorf, Schöntal, Komburg, Gnadental, Lichtenstern und das Stift Backnang urkundlich als Salzpfannenbesitzer in Hall genannt; in der Pfannenaufstellung von 1306 (für alle Zeiten wurde damals die Pfannenzahl auf 111 festgesetzt) kamen die Klöster Neresheim, Unterzell, Anhausen und der Deutsche Orden in Mergentheim noch dazu. Aus diesen Nennungen kann man immerhin auf die Verbreitung des Haller Salzes schließen: Es ist sicher anzunehmen, daß die Klöster mit größerem Pfannenbesitz ihr Haller Salz nach der Deckung des eigenen Bedarfs verhandelten. Des weiteren verkauften Haller Bürger und Sieder auch Salz an Ort und Stelle, das durch Salzträger, Saumtiertreiber, Karrenmänner (Kärrcher) und Salzfuhr-
Abb. 60 leute mit bespannten Wagen nach auswärts verfrachtet wurde. Haller Salz kam lose in Säcke, Körbe oder Fässer verpackt oder als Scheibensalz, sogenanntes Schilpensalz, in den Handel.
Abb. 62 Wohin die Händler und Salzführer das Haller Salz brachten, können wir heute nur noch in wenigen Fällen nachweisen. Es ist die Zeit, in der im Südwesten des Reiches der in Hall geprägte Heller besonders stark in Umlauf war, so daß E. Nau die naheliegende Frage stellt, »ob wir hier

2 O. HÖCKMANN: Die Vorgeschichte des Raumes um Schwäbisch Hall. In: Führer zu vor- und frühgeschichtlichen Denkmälern. Bd. 23: Schwäbisch Hall, Comburg, Vellberg. 1973. S. 30–81; hier S. 63.

3 Dazu die Anmerkung UB Hall N 1.

4 Hansmartin DECKER-HAUFF: Die Anfänge des Jakobimarkts in Hall. In: Schwäbische Heimat 1956. Sonderausgabe. S. 13–17; hier S. 17.

5 Johann HEROLT: Chronica zeit- unnd jarbuch vonn der statt Hall... (Württembergische Geschichtsquellen 1). 1894. S. 39f.

in der Verbreitung des Haller Pfennigs auch ein Spiegelbild des Haller Salzhandels vor uns haben«[6]. Die Absatzgebiete des hällischen Salzes greifen jedenfalls im späten Mittelalter in den Süden und Westen aus, während im Donaubereich die bedeutenderen bayerischen und österreichischen Salzwerke ihre traditionellen Märkte hatten. Nachweislich bezog die Stadt Basel 1264/69 nicht nur Salz aus Köln und aus dem lothringischen Marsal, sondern auch schwäbisches Salz *(schwäbschiz salz).* Ebenso wurde in Straßburg neben flämischem und lothringischem Salz auch Haller Salz angeboten (1314, 1338), welches die dortigen Salzherren streng auf seine gute Qualität prüften. Später finden wir Nachrichten über hällischen Salzverkauf sogar in Bellinzona (1422). In der Salzniederlage der Stadt Speyer gab es neben Hessensalz, Nauheimer und Frankfurter Salz ebenfalls Haller Salz zu kaufen (1426)[7].

Im Spätmittelalter versorgte Hall also vor allem die großen rheinischen Märkte in Basel, Straßburg und Speyer; dazu mögen weitere Salzhäuser in südwestdeutschen Marktstädten beliefert worden sein, die wir wegen der Ungunst der Quellenlage eben nicht kennen. Transportwege waren nicht nur die alten Handelsstraßen, sondern auch die Wasserwege Neckar und Rhein. Weite Wege verteuerten natürlich das Produkt. Besonders aber schlugen die Zollabgaben an den vielen Zollstellen entlang der Handels- und Wasserstraßen zu Buche, und man war deshalb bestrebt, wo immer möglich den Zoll zu umgehen oder Zollfreiheiten zu erhalten. Als 1485 der bischöfliche Zöllner zu Speyer von Haller Wagenleuten *wider allt* *Abb. 59*
herkomen Zoll verlangte, wehrte sich der Rat dagegen und gab den Bürgern Martin Dierolf und Michel Blank ein Schreiben mit *alß sie amm nechsten zu Speyr gewest und Saltz durchgefürt haben* mit der Bitte: *Ir wollend unnser Burger bleyben lassen wie ewer Vorfarn und als von allter herkomen ist;* die Bitte um Gewährung der alten Zollfreiheit in Speyer nützte nichts, die Bürger brachten den Brief *unuffgebrochen und von dem Zollner unangenomen* zurück[8]. Aber bereits bei der Ausfuhr des Salzes aus der Stadt war die erste Zollzahlung fällig, von der nur Haller Bürger befreit waren. Fremde Händler und Salzführer hatten für einen einspännigen Karren 3 Heller, für einen zweispännigen 4 Heller und für einen von vier Pferden gezogenen Wagen 8 Heller zu entrichten (1408).

Je mehr sich die Reichsstadt Hall von ihrem Stadtherrn löste und sich selbst verwaltete, desto mehr Einfluß suchte der Rat auf die Geschäfte des Haals zu gewinnen. Ihm war daran gelegen, möglichst viele Sieden in die eigene Hand zu bekommen und damit die Produktion und den Handel wesentlich zu bestimmen. Bald gehörte die Mehrzahl der Sieden auch tatsächlich der Stadt. Ein Salzmarkt ist im spätmittelalterlichen Hall mehrfach bezeugt, auch ein *alter* Salzmarkt (so 1412; demnach muß es auch einen *neuen* Salzmarkt gegeben haben). Hier deckten sich die auswärtigen Händler auf eigene Rechnung mit Salz ein. Der Handel ging vom städtischen *Salzhaus* aus, in welchem 1414 der Rat 41 Läden vermietete und dafür 82 Gulden Pacht einnahm. Amtlich bestellte Salzmesser maßen das Salz in geeichten Gefäßen ab (erst seit 1699 wog man das Salz mit Gewichten ab).

Die älteste hällische Haalordnung stammt aus dem Jahr 1385. In ihr regelten die Haalmeister und Sieder u. a. auch den Vertrieb des Salzes, wobei sie bereits zwischen Groß- und Kleinhandel unterschieden. Innerhalb einer 3-Meilen-Zone durfte kein Großhandelsgut verkauft werden: *Welcher von Hall oder der ihren auf dem Land Scheibensalz führt, der soll sie nicht niederlegen*

6 Elisabeth NAU: Haller Pfennige. In: Württembergisch Franken 1960. S. 25–62; hier S. 57.
7 Dazu Werner MATTI: Verfassung und Wirtschaftspolitik der Saline Schwäbisch Hall bis zum Jahre 1802. Diss. rer. pol. Tübingen 1952. O. E. (mschr.); cursim.
8 StAH 4/476, 1, f. 88b.

Abb. 63 *noch verkaufen hiezwischen und Öhringen oder in 3 Meilen um und um Hall*[9], dieses Gebot galt nicht in Kriegszeiten oder in Notfällen. Auswärtige Salzverkäufer durften dagegen innerhalb der Stadt keinen Handel treiben. Dies war den Siedern für alle Zeiten vorbehalten.

Eine Marktaufsicht mit Polizeifunktion hatte auf die Qualität und das Gewicht des angebotenen Salzes zu achten. Wer »böses« oder »ungerechtes« Salz sott oder aufbewahrte, wurde angezeigt und schwer bestraft. Die Güte des Haller Salzes war damals tatsächlich weit bekannt, wie aus der Chronik des Ladislaus von Suntheim (1498) hervorgeht, der schreibt: *Vill Adels sitzt zu Hall in der Stat, da ain köstliche Saltzpfannen, und das saltz seltzt gar wol und ist gar klein und weiß, fürt man in Franken und an den Rheinstrom*[10] – eine Formulierung die später fast wörtlich in die weitverbreitete Kosmographie des Sebastian Münster übergegangen ist.

Mit aller Vorsicht hat man die spätmittelalterliche Jahresproduktion auf etwa 11200 Zentner berechnet (durch verbesserte Techniken steigerte sich die Produktion stetig, bis sie um 1800 etwa 85000 Zentner erreichte). Um die Herstellung guten Salzes zu gewährleisten, mußten die technischen Anlagen ständig überwacht, erneuert und verbessert werden. Man war sich in Hall durchaus im klaren darüber, daß vom Salz das Wohl und Wehe der Stadt und ihrer Bürger abhing, daß *die Gottesgabe des gesalzten Wassers oder Salzbrunnens... einen nicht kleinen Teil der Einwohner dieser Stadt ernährte.* Und als die Sieder und Lehenherren im Jahr 1496 einen neuen Solebrunnen auf dem Haal errichteten, geschah dies unter Gebeten *im Namen der heiligen und unzerteilbaren göttlichen Dreifaltigkeit und der allerheiligsten hochgelobtesten Himmelskönigin und Gebärerin Gottes, der Jungfrau Marie*[11] (der bayerisch-österreichische Salzheilige, der heilige Bischof Rupertus von Salzburg, hat hierzulande nie eine Rolle gespielt).

Strenge Vorschriften regelten den Salzverkauf in der Stadt, jeder unlautere Wettbewerb war bei Strafe untersagt. Die Sieder und ihre Helfer durften, so ein Gesetz des Jahres 1498, die Käufer im Salzhaus weder durch Anhalten, Winken, Zurufen oder Schreien abwerben; dies zeigt, mit welch drastischen Mitteln sie offenbar manchmal versucht hatten, Kunden zu gewinnen. Nicht genug damit, es war ebenso verboten, potentielle Salzkäufer in den Wirtshäusern oder auf den Marktplätzen anzusprechen. Die Wirtshäuser, also die Absteigequartiere der fremden Händler, waren damals die beliebtesten Treffpunkte der Handelspartner.

Die stetige Sorge des Rates galt immer wieder der Qualität des Salzes, das ja wettbewerbsfähig bleiben mußte: Es durfte nur in gut »gedörrtem« Zustand, also trocken, und gut gemessen zum Verkauf gelangen. Der Salzmesser mußte *das Salz mit Worbschaufeln* (Wurfschaufeln) *getreulich in das Meß schäufeln und die Knollen mit den Händen ebnen, daß sie nit betrogen noch hohl liegen, und dann mit Sinwoln* (Wellhölzern) *streichen, daß man sagen möge, es sei redlich gemessen,* so lautete der Salzmessereid um 1500[12]. Die Meßleute schworen auch, nur gute Ware – »Kaufmannsgut« – abzumessen, nicht zu hartes und nicht zu weiches Salz und vor allem auch kein unsauberes Salz in den Handel gelangen zu lassen. Die Meßgefäße waren amtlich geprüft und mit dem »Stadtzeichen« versehen. Seit 1518 war diese Art des Salzmessens bindend vom Rat vorgeschrieben. Kurz vorher (1516) hatte Kaiser Maximilian I. dem Haller Rat das Privileg bestätigt, in Haals- und Salzwerksangelegenheiten Statuten und Ordnungen errichten zu dürfen.

9 StAH 4/1024, S. 431ff.
10 Württembergische Landesbibliothek Stuttgart cod. hist. F 250.
11 StAH 4/1023.
12 StAH 4/1024, S. 231.

Auch in der Neuzeit lagen die Absatzgebiete für Haller Salz mehr im Westen als im Osten, obwohl Hall aus den fränkischen Eisenhämmern über Nürnberg viel Pfannenblech bezog. Die östlichen Reichsgebiete bekamen ihr Salz von den bayerisch-österreichischen Salinen. Der hällische Salzhandel vollzog sich überwiegend entlang der Handelsstraßen an Neckar und Rhein, von Heilbronn aus meist zu Schiff.

Der größte Teil wurde im Salzhaus umgeschlagen, der freie Handverkauf durch die produzierenden Sieder hatte nur untergeordnete Bedeutung. Der Zwischenhandel war wegen der schwierigen Preiskontrolle verboten; dagegen war Tauschhandel immer noch üblich, vor allem gegen Eisen, Korn, Wein und gesalzene Fische.

Die große Haalordnung von 1608 geht ausführlich auf den Salzhandel ein. Viele Bestimmungen betreffen wiederum die Qualität des Salzes, das gerechte Abmessen der zu verkaufenden Mengen, das Verhalten der Sieder im Salzhaus und die Werbung bzw. Abwerbung von Kunden. Die unruhigen Zeiten des Dreißigjährigen Krieges warfen ihre Schatten voraus. Als sich die Lehenherren 1614 darüber beklagten, daß sie von den Siedern nicht so viel Geld für die verliehenen Sieden erhielten, wie sie verlangt hatten, hieß es: *Man hat ihnen die Ungelegenheit der Zeit zu Gemüt geführt, daß nämlich die Teuerung vor Augen und nunmehr lang gewährt, dagegen das Salz im geringen Wert und schlecht abgehe*, das Eisen dagegen steige täglich, die Lohnkosten seien höher als jemals zuvor[13]. Es gab viele Klagen wegen unredlichen Salzmessens, weshalb sich der Rat veranlaßt sah, den Übeltätern die Prangerstrafe anzudrohen oder sie mit Ruten aushauen und des Landes verweisen zu lassen. *Abb. 64*

Großer Schaden entstand der Stadt und der Bürgerschaft, als 1624 in Öhringen, Wimpfen »und anderer Orten« der Verkauf hällischen Salzes verboten wurde. Immer wieder hatte Hall mit solchen Einfuhrverboten zu kämpfen, und es kostete viel Zeit, Aufwand und Bestechungsgelder, um solche Restriktionen rückgängig zu machen. Die Kriegsnot war groß, und wegen der hohen Steuern und Sonderabgaben mußten in manchen Jahren sogenannte »Notwochen« gesotten werden, während in anderen Jahren wieder die Siederei ganz aussetzte. Der Absatz schwankte demgemäß und mit ihm auch der Salzpreis. War der Salzwert hoch, erhöhte der Rat flugs die Gebühren und das Meßgeld. Teilweise entrichtete Hall sogar die Kriegskontributionen in Salz. Der Salzpreis hing natürlich von vielerlei Faktoren ab, nicht zuletzt vom allgemeinen Preisgefüge, in dem die Kornpreise eine erhebliche Rolle spielten. Teuerungsjahre wie zum Beispiel die Jahre 1570–1575 oder die Zeit des Dreißigjährigen Krieges ließen ihn sprunghaft ansteigen. In der Regel lag er in der Neuzeit zwischen einem halben und einem Gulden pro Meß (32 Pfund). Die Untersuchung der Preisentwicklung von 1545–1720 zeigt die Schwankungen auf, macht aber auch, bei allen pathologischen Ausschlägen nach oben, eine langsame Aufwärtsentwicklung deutlich[14]. Der Haller Rat kontrollierte den Salzpreis so gut wie möglich, so daß wir durchaus von einer politischen Preisgestaltung sprechen können.

Der rührige Stättmeister Georg Friedrich Seifferheld (1613–1686) war unablässig tätig, den Fernhandel zu beleben. Mit Straßburg bestanden schon seit dem Mittelalter gute Beziehungen; sie wurden jetzt ausgebaut. 1644 baten die Straßburger Salzherren um vermehrte Salzlieferungen. 1649 wurden Verträge mit Colmar abgeschlossen. Wie früher war auch jetzt noch die Stadt Speyer trotz des dortigen großen Angebots an kölnischem und hessischem Salz ein wichtiger Handelspartner. Heilbronn, Heidelberg, Weinheim, Ladenburg und Mosbach kamen nun dazu.

13 StAH 4/435.
14 MATTI (wie Anm. 7). S. 212.

Der »Salzhandel am Neckarstrom« und »über den Rhein« lag den Hallern besonders am Herzen. Als Rückfracht brachte man jetzt vor allem Wein und Eisen nach Hall. Hiesige Bürger und Untertanen, also Bauern aus dem hällischen Lande, waren als Frachtleute tätig. Doch es zeigte sich, daß der stockende Handel und die Konkurrenz fremder, billigerer Salze nach wirtschaftlichen Maßnahmen verlangten. Wiederum war es Stättmeister Seifferheld, der *einen besonderen auswärtigen Salzhandel und Cassam errichtete.* Am 6. Juni 1660 schlossen der Rat (Magistrat), das Lehenherrenkollegium und die Erbsieder einen »Hauptgrundvertrag« über den Salzhandel, dessen wichtigstes Ziel die Ausschaltung der Konkurrenz war: *Von...frembden* Abb. 61 *Ortten alß Cöllen, Hessen, Wetteraw, Bayern, Lottringen, ia gar auß Hall in Sachsen die frembde Saltz in großer Meng dergleichen hiebevor weder gesehen oder gehört und in solchem wohlfeilen Preiß... beygefihrt werden, daß... das hiesige Saltzwesen entlich gar zernichtet werden müße...* [15]. Es ging um Sein oder Nichtsein, um die nackte Existenz. Deshalb taten sich die drei Korporationen – Rat, Lehenherren, Erbsieder –, die sonst oft im Streit miteinander lagen, zusammen, um Wege zu finden, *damit dise edle Gaabe Gottes, der liebe Saltzbronnen, nicht gar umbsonst auß- und vorbeyrenne, sondern der arme Sieder noch sein Stückhlein Brodt darbey gewinnen und erwerben möge.* Die Partner gründeten mit einem Kapital von 20000 Gulden eine Salzhandelskasse, um das Salz *von hier in die Ferne, so viel es möglich, und solte es auch mit etwas Schaden geschehen, zu dem End abfihren solle, damit die andere und frembde etwas zuruckhgehalten werden.* Den Verlust, der durch Preisnachlässe, Verzinsungen und erhöhte Personalkosten zu erwarten war, kalkulierte man ein, er war zu je einem Drittel von jeder der drei Korporationen zu tragen. Eventuelle Gewinne sollten in der Kasse verbleiben.

Noch im Jahr 1660 gründete Hall in Neckarsulm eine eigene Salzfaktorei (ohne den darüber beleidigten Komtur von Horneck zur Eröffnung einzuladen – *um diesen Fehler wieder gut zu machen, wird der Salzverwalter Woltz an den Commenthur geschickt und ihm ein Creditiv mitgegeben!*). In Heilbronn bestand bereits eine hällische Niederlassung, deren sich die neugegründete Firma bediente. Die ersten Erfahrungen der Salzkasse zeigten, daß der Handel »nach Durlach, an Rhein und übern Rhein« tatsächlich mit Verlust abschloß. Dennoch betrieb man ihn weiter, *um kein fremdes Salz einschleichen zu lassen.* Die größte Sorge des Haller Rates war also, das Eindringen ausländischer Salzlieferungen in alte Haller Absatzgebiete zu verhindern. Als im Jahr 1670 sogar in den hällischen Ämtern Vellberg und Honhardt fremdes Scheibensalz verkauft wurde, vermutlich Salz aus Reichenhall, erließ der Magistrat sofort ein Dekret, das den hiesigen Untertanen den Einkauf auswärtigen Salzes strikt verbot: Sie sollten das eigene Produkt *entweder in hiesiger Stadt oder aber zu Honhardt, wohin allbereit ein Vorrat von hällischem Salz zu feilem Kauf gebracht, kaufen* [16]. Hällische Bauern wurden erneut als Salzfuhrleute für die Salzkasse verpflichtet und unter Strafandrohung angehalten, »die Salzhandlung« nicht durch ihre Verweigerung zu behindern. Sie verfrachteten das Salz in Stippichen (Packfässern), von denen ein großer Stippich 20 Meß und ein halber 10 Meß hielt (640 bzw. 320 Pfund). Damit jederzeit genügend Vorrat vorhanden war, führte die Obrigkeit statt des Meßpfennigs, das heißt der Gebühren für die Tätigkeit der öffentlichen Salzmesser, jetzt Naturalabgaben an die Kasse ein: von jeder Pfanne wöchentlich 2 Meß Salz.

Als 1665 der Oberschreiber und einige Meister des Haals Gelder veruntreuten und die Rechnung fälschten, sprach der Rat der Stadt empfindliche Strafen aus: *Wo man aber die Gelindigkeit der Schärfe vorziehen wollte, so würde man dem Oberschreiber Ezechiel*

15 StAH 5/473.
16 StAH 4/491, S. 22.

Vogelmann die rechte Hand abhauen; dem Obermeister Hans Seiferheld den Pranger und Rutenstreich, dem Caspar Groß und David Reitzen ewige Landesverweisung... auflegen[17]. Die Verwaltung wurde jetzt gestrafft, der Salzhandel konzentriert; Haller Bürger durften nicht an den Orten handeln, mit denen die Salzkasse in Verbindung stand. Die auswärtigen Märkte behielt Hall scharf im Auge. Beobachter hatten draußen zu prüfen, *was ad conservationem des Salzhandels dienet.* Schon früher waren in Hall immer wieder Berichte über die Marktlage eingegangen. Einer der hällischen Gewährsleute aus Speyer schrieb 1655: *Gestern seind die Hessen wieder hiergewesen, (sie haben) wenig verkauft und ihr Salz den mehren Teil hinausführen müssen... Inzwischen bin ich auch zu Wachenheim, Dürkheim und deren Orten gewesen, ...unterlasse nicht, daß Gebürg höher hinauf auch anzupraesentiren;* derselbe Mann berichtete auch über die Lage in Germersheim: *Das Kaufhaus liegt nunmehr wiederum ganz voll von cölnischem Salz*[18]. Abb. 64

Der Handel nach Speyer blieb wichtig, wenn auch die Transportkosten sehr hoch waren. So fielen an Nebenkosten in der »speyerischen Salzhandlung« folgende Ausgaben an: Lagergeld in Heilbronn, Krangeld, Ein- und Ausladekosten, Schiffsfracht, Zoll, Trinkgelder für die Schiffsknechte und Unterkäufer. Argwöhnisch blickte Hall auf das Absatzgebiet an Neckar und Rhein: Es kam der Stadt sofort zu Ohren, als jüdische Faktoren sich den pfälzischen Salzhandel vom Kurfürsten zu Heidelberg – gegen »ein großes Stück Geld« – übertragen lassen wollten, wodurch der Handel mit hällischem Salz arg ins Stocken geraten sei. 1686 schloß Hall mit der kurpfälzischen Residenzstadt Heidelberg einen Akkord über eine größere Anzahl von Salzstippichen; der Rat verbot gleichzeitig Bürgern und Untertanen den unkontrollierten Salzhandel in die Pfalz oder an private pfälzische Einkäufer.

Neue Märkte im Württembergischen, wo die Landschaft über den Salzhandel zu entscheiden hatte, und im Fränkischen wurden erschlossen. So hatte die Reichsstadt Rothenburg bisher nicht in Hall eingekauft; sie wurde nunmehr bevorzugt mit Haller Salz versorgt (1713). Auch in die Reichsstadt Gmünd gab es jetzt Handelsbeziehungen. Die Salzfaktoren in Heilbronn und Neckarsulm, die unmittelbar der Haller Salzkasse unterstanden, belieferten hauptsächlich das Elsaß, badische und württembergische Städte.

Als beim Haller Stadtbrand 1728 auch das Haal zerstört wurde, wobei alle Salzvorräte verlorengingen, ergriff der Rat die Gelegenheit, neue, wirtschaftlichere Siedhäuser zu errichten. Durch weitere technische Verbesserungen und die allmähliche Einführung der Salzgradierung stieg die Produktion bei geringerem Arbeits- und Energieaufwand. Um die Steigerung des Absatzes war Hall unablässig bemüht. Neue Salzverträge mit Württemberg (1736) führten dazu, daß ein Großteil des ersottenen Salzes (pro Jahr nunmehr über 50000 Zentner) jetzt ins große Nachbarland verkauft oder gegen Wein getauscht wurde. Zwar hatte sich der Finanzrat Abb. 66 Süß Oppenheimer dagegengestellt (mit dessen Hilfe der Herzog von Württemberg einen Akkord auf bayerisches Salz unter dem Mergentheimer Hoffaktor Samuel Isaak abschloß), doch ließ sich die württembergische Landschaft von den hällischen Argumenten überzeugen, *daß durch die Confiskation des hällischen Salzes nicht nur allein das ganze Beringsweiler und halbe Murrhardter Amt, ja viele von dem Backnanger völlig ruiniert würden, inmaßen sich die Bauern fast völlig ... mit Überfuhr und Ladung hällischer Salzstippiche in das Württembergische und dann gegen Übernehmung Weins dahin wieder ... ernährt und erhalten*[19]. Gerade die ärmeren Teile der Landbevölkerung, Seldner und Beisitzer, hatten sich als Salzträger und

17 StAH 4/432, S. 560.
18 HA A 736.
19 HA A 737; StAH 4/1037, S. 199f.

Salzführer (mit Pferde- und Eselskärren) betätigt; sie würden *alle zu bettelarmen Leuten gemacht.* Schlau warfen die Haller das zusätzliche Argument in die Waagschale, daß bei einer Sperrung Württembergs als Abnehmerland andererseits das Hällische als Weinbezugsgebiet verlorenginge!

Euphorisch begannen die Haller Verantwortlichen die Gradiersalzproduktion[20]: *Die fruchtbarste Anstalt für den Flor der Saline ist gewiß die Gradieranstalt!* Viele Bürger beteiligten sich am Geschäft, indem sie große Mengen Salz in der Stadt aufkauften und selbst ausführten. Die Folge war, daß auswärtige Salzträger und -händler oft leer ausgingen und sich anderswo nach Salz umsahen. So wurde 1742 wieder einmal *allen Bürgern und Angehörigen solcher Aufkauf und Verführung des Salzes in die Fremde* bei Strafe untersagt.

1752 schloß Hall mit der Salinensozietät Bruchsal einen auf 15 Jahre geplanten Akkord über die Lieferung von jährlich 800 bis 1000 Faß Gradiersalz zu 800 Pfund netto, der über die Heilbronner Faktorei abgewickelt werden sollte. Mit Hilfe eines Gutachtens der Universität Erlangen über das Haller Salz (1754) betrieb die Salzkasse alsbald eine kräftige Werbung. Hall hatte neben neuem Gradiersalz auch Salzproben aus Halle an der Saale und aus Bayern zur Untersuchung gegeben. Der Befund fiel günstig aus: *Wurde unter denen dreyen an uns gesandten Sorten Salz das Schwäbisch am weißesten, härtesten, trockensten und von den größesten cubischen und pyramidalischen Cristallen befunden*[21]. Dennoch verschärfte der Rat seine Qualitätsvorschriften und verbot zum wiederholten Male den Verkauf von schlechtem, nassem und grauem Salz, das dem Ruf des Markenartikels »Haller Salz« schade, *welches doch, wenn es gut gesotten und auch ausgedörrt worden, keinem Salz an der Güte und Schönheit etwas nachgibt, sondern vielmehr vor allem den Vorzug behält.*

Die Jahresproduktion betrug in der Jahrhundertmitte gute 50000 Zentner, die von den Siedern und der Salzkasse abgesetzt werden mußten. Für kurze Zeit schaltete sich auch eine Privathandelsgesellschaft ein (Christfels, Weidner und Co.), die das Monopol des städtischen Fernhandels durchbrach und besonders mit dem Mannheimer Handelshaus Schmalz und Seligmann Verbindung aufnahm. Die Stadt hat diesen Kontakt später selbst weiter gepflegt. Die Beziehungen zur kurpfälzischen Salinendirektion in Heidelberg und Mannheim (1784) gestalteten sich allerdings schwierig, weil sich diese nur zögernd bereiterklärte, *etwas an feinem Salz zu übernehmen*; die Stärke des Haller Produkts lag aber gerade in seiner Feinkörnigkeit. Die Pfalz bestellte nur wenig Feinsalz, *weil die kurpfälzische Einwohner einzig das grobkörnichte Salz lieben, vor dem reinen (!) aber einen besonderen Abscheu haben*[22]. Sie lehnte auch eine Lieferung des Salzes in Stippichen, d. h. Fässern zu 640 Pfund, ab: *Die Stippiche sind uns ganz entbehrlich.* Und so bekam sie das Salz also in Zwillichsäcken zugestellt. Eine weitere komplizierte Frage, die sich natürlich immer stellte, wenn Salz in Gegenden abgegeben wurde, die ein anderes Gewichtssystem hatten, war noch: *Wie das dortige (Haller) Gewicht gegen dem unsrigen ausfalle, mithin wenn man uns in einem Sack ein gewohnlich pfalzisches Malter, welches 225 Pfund wägen muß, überschicket, wieviel Übergewicht wir dabey haben, oder was solcher Sack nach unserem Gewicht zu Heidelberg wäge? somit, wie hoch uns ein solches Malter von 225 Pfund in loco Schwäbisch Hall zu stehen komme?* In solchen schwierigen Detailfragen, denen man im alten Reich bis zur Vereinheitlichung von Maßen, Gewichten und Währung ständig ausgesetzt war, hatte die Haller Salinenverwaltung lange Erfahrung. Als Beispiel dafür

20 StAH 5/523.
21 Matti (wie Anm. 7). S. 46.
22 HA A 741, 742.

sei die Haller Antwort nach Mannheim angeführt: *Wir können hierauf mit Verlässigkeit soviel äußern, daß man das Salz dahier mit schwerem oder Nürnberger Gewicht auswäge, in der Kurpfalz aber, so viel uns wissen, das leichte Gewicht in Übung seye. Mithin werden 225 Pfund hier in Mannheim oder Heidelberg zwischen 236 und 243 Pfund ausmachen.* Der Brief wirft auch auf die verwickelte Preisfestsetzung ein Licht: *Den Preis des ganzen Stübbichs haben wir mit Holz und Unkosten außer dem Zoll auf 17 Gulden 30 Kreuzer gesetzt; wenn nun das Holz mit einem Gulden 12 Kreuzer abgeht, so kommen 20 Meß Salz auf 16 Gulden 18 Kreuzer zu stehen; 7 Meß oder 224 Pfund hiesigen Gewichts würden demnach das pfälzische Malter mit vorbemeltem Übergewicht gewähren und Ankaufs 5 Gulden 36 Kreuzer kosten.* Das Geschäft mit der Kurpfalz kam endlich zustande.

Neue Akkorde mit württembergischen Ämtern (Neuenstadt, Weinsberg, Welzheim, Winnenden, Alpirsbach, Lorch, Großbottwar, Großsachsenheim, Ludwigsburg) sicherten den Absatz ins Nachbarland, der noch vor kurzem so gefährdet schien. Einzelverträge schloß Hall auch mit dem badischen Hoffaktor Hajum Levi in Karlsruhe. Durlach, Pforzheim, Offenburg und das Elsaß wurden weiter von der Haller Faktorei in Heilbronn beliefert. Der kurpfälzische Hofrat von Serini vermittelte einen Salzakkord mit dem Kloster Frauenalb. Andere Gebiete verboten die Einfuhr und den Verkauf von Haller Salz, wie 1768 das Hochstift Würzburg. *Abb. 65*

Zu Ende des 18. Jahrhunderts steigerte sich auch die Salzausfuhr nach Brandenburg-Ansbach. Hall hatte deshalb über den von hier stammenden Senior Wilhelm Friedrich Hufnagel aus Frankfurt mit dem preußischen Staatsminister Karl August von Hardenberg Verbindung aufgenommen. Hufnagel bezeichnete damals in einem Brief das hällische Salzwesen als *die wichtigste Angelegenheit meiner theuren Vaterstaat*[23]. Minister Hardenberg setzte sich dafür ein, *daß das F(ürstentum) Ansbach der Reichsstadt Hall einen ansehnlichen Absatz wird verschaffen können.* Über die Faktorei Crailsheim wurden darauf auch umfangreiche Salzlieferungen an die königlich-preußische Kriegs- und Domänenkammer Ansbach vereinbart, die etwa ¼ bis ⅕ der auf ca. 85 000 Zentner angewachsenen Jahresproduktion ausmachten. *Abb. 67*

Das Jahr 1802 brachte mit dem Übergang der Reichsstadt Hall an Württemberg auch die große Wende für den Haller Salzhandel. Friedrich von Württemberg entsandte eine Organisationskommission nach Hall, die sich eigens mit dem Erwerb der Saline befaßte. Zuerst kamen die städtischen Siedeanteile an den neuen Landesherrn. In langwierigen Verhandlungen übernahm Württemberg schließlich die gesamte Produktionsanlage und den Vertrieb des Salzes, hauptsächlich im eigenen Lande. Damit war eine viele Jahrhunderte alte Einrichtung von der Reichsstadt Hall an Württemberg übergegangen.

23 HA A 744.

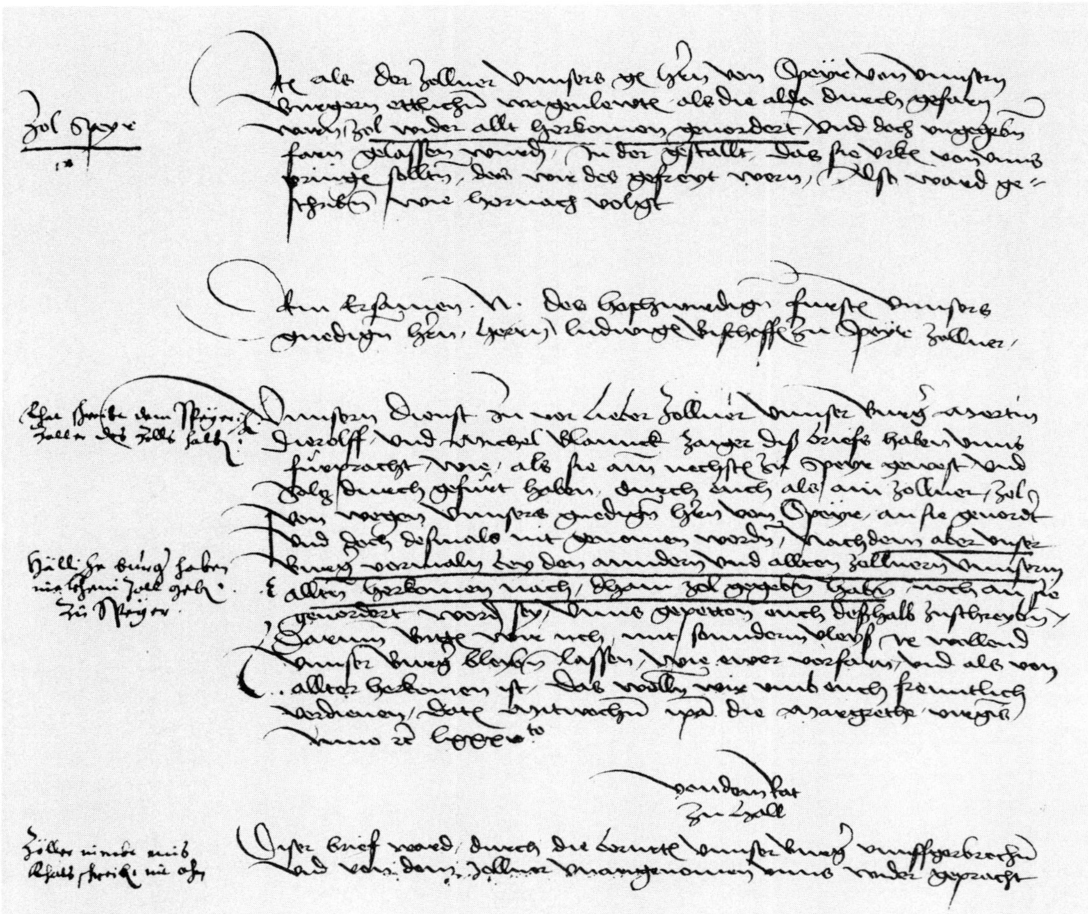

59 Entlang der Salzhandelswege gab es viele Zollstätten. Die Zölle verteuerten das Haller Salz. Die Transporteure versuchten deshalb, Zollfreiheiten zu erlangen. 1485 bat der Haller Rat den Zolleinnehmer des Bischofs von Speyer um Erlaß des Salzzolls, den dieser *wider allt herkomen gevordert* hatte. Doch der Zöllner nahm das Gesuch nicht an: *Diser brief ward durch die berurten* (genannten) *unnser burger unuffgebrochen und von dem zollner unangenomen unnß wider gepracht.* (StAH 4/476,1)

60 Die Sieder brachten das Salz in Säcke oder Fässer verpackt oder als festes Scheibensalz in den Handel. Transportmittel waren Träger, Handkärren, bespannte Wägen und Schiffe (auf Neckar und Rhein). In einer handschriftlichen Chronik ist ein mehrspänniger Pferdewagen mit drei Salzfässern abgebildet. Mit Spießen bewehrte Söldner bewachen den Salztransport. Als Rückfracht brachten die Fuhrleute vor allem Wein, Eisen, Fische in Fässern oder Luxusgüter nach Hall. (HV II/8)

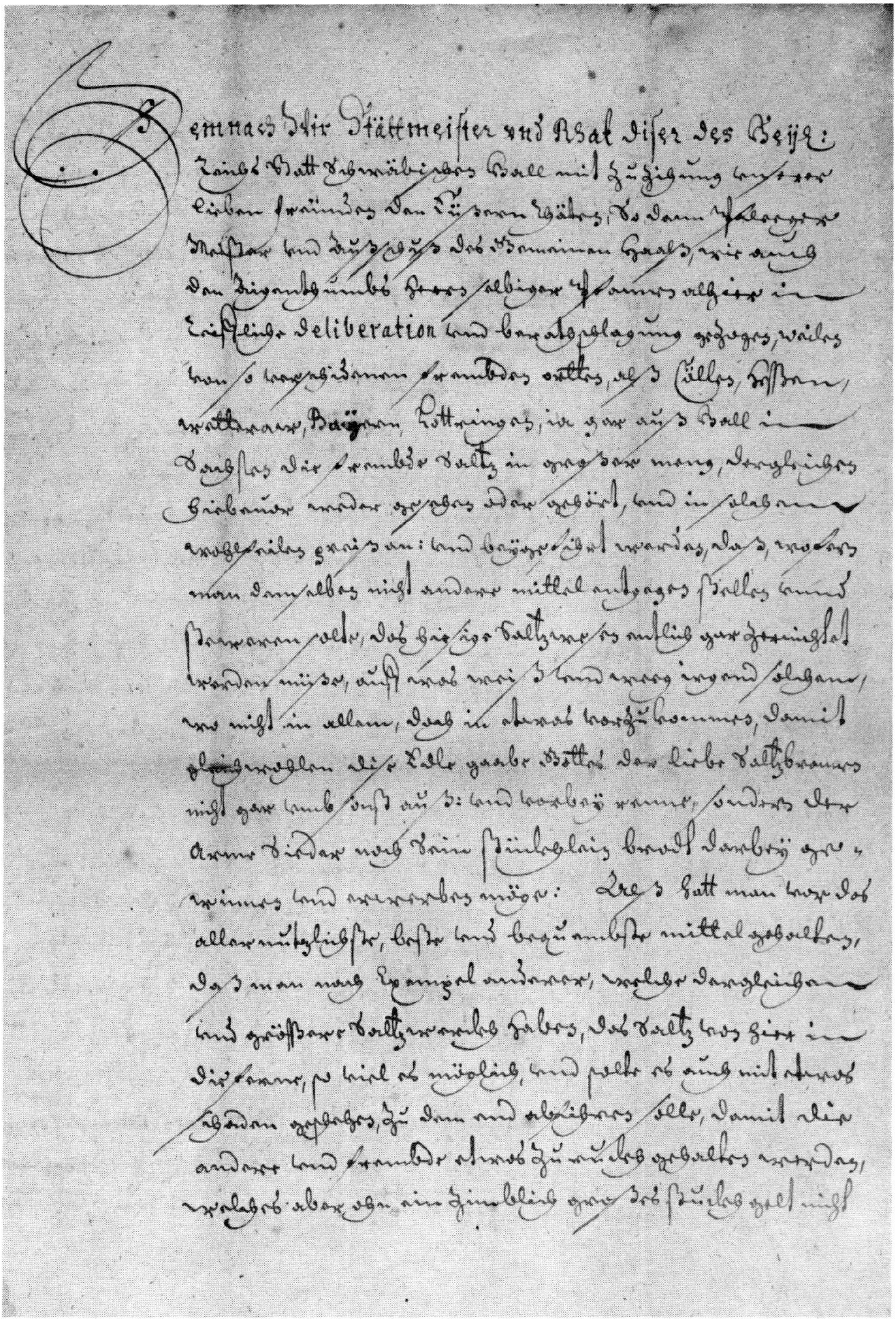

Demnach Wir Stättmeister und Rhat diser des Heyl:
Reichs Statt Schwäbischen Hall mit Zuziehung unserer
lieben freünden den Aüsseren Räths, so dann Pfleger
Meister und Außschuß des Gemeinen Haals, wie auch
den Aigenthümbs Herrn selbiger Pfannen alhier in
reiffliche deliberation und berathschlagung gezogen, weilen
von so verschidenen frembden orten, als Cöllen, Hessen,
Wetterau, Bayern, Lothringen, in gar auß Hall in
Sachsen die frembde Saltz in grosser meng, dergleichen
bishero weder gesehen oder gehört, und in solchem
wohlfeilen preißen: und beysorglich werden, daß, wofern
man denselben nicht andere mittel entgegen stellen und
sperren solle, daß hiesiger Saltzwesen endlich gar zernichtet
werden müsse, auch was weiß und weeg irgend solchem,
wo nicht in allem, doch in etwas vorzukommen, damit
gleichwohlen dise Edle gaabe Gottes der liebe Saltzbronnen
nicht gar umbsonst auß: und verbey rinne, sondern der
Arme Sieder noch sein stücklein brodt darbey ge-
winnen und erwerben möge: Als hatt man vor das
allernützlichste, beste und bequembste mittel gehalten,
daß man nach Exempel anderer, welche dergleichen
und grössere Saltzwerkh haben, das Saltz von hier in
die ferne, so viel es möglich, und solte es auch mit etwas
schaden geschehen, zu bann und abzuführen solle, damit die
andere und frembde etwas zu ruckh gehalten werden,
welches aber ohne ein zimblich grosses stuckh gelt nicht

62 Eine Haller Schützenscheibe von 1798 zeigt den Haalplatz, von dem aus soeben ein dreispänniges Salzfuhrwerk aufbricht. Die Transportwege waren im 18. Jahrhundert wesentlich sicherer als in früherer Zeit, so daß sich jetzt eine bewaffnete Begleitmannschaft erübrigte.
(Ausschnitt; Keckenburg-Museum Schwäbisch Hall)

◁ 61 Nach dem Dreißigjährigen Krieg kam allmählich der hällische Salzhandel wieder in Gang. Der Stättmeister Georg Friedrich Seifferheld und der Rat der Reichsstadt gründeten 1660 eine Salzhandelskasse, an der auch der Gemeine Haal und die Lehenherren beteiligt waren: *Weilen von so verschidenen frembden ortten, alß Cöllen* (Köln), *Hessen, Wetteraw, Bayern, Lottringen, ia gar auß Hall in Sachsen die frembde Saltz in großer meng, dergleichen hiebevor weder gesehen oder gehört, und in solchem wohlfeilen preiß an- und beygefihrt werden, daß ... das hiesige Saltzwesen endtlich gar zernichtet werden müße.* Besonders den Handel ins Elsaß hat die Salzkasse intensiviert. (StAH 5/473)

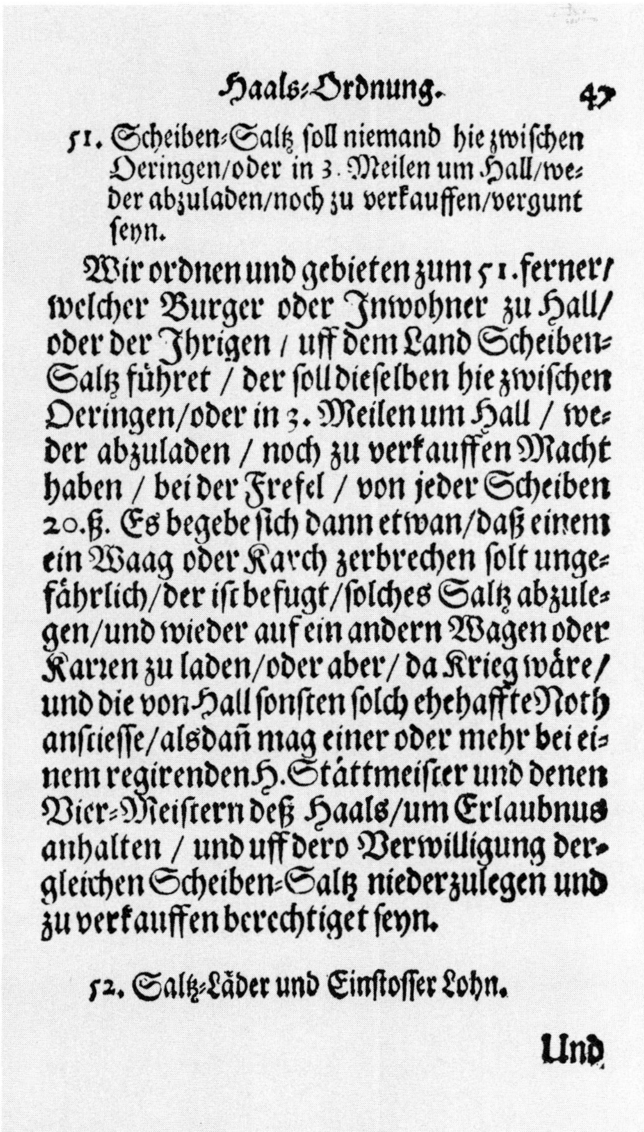

Haals-Ordnung. 47

51. Scheiben-Saltz soll niemand hie zwischen Oeringen/oder in 3. Meilen um Hall/weder abzuladen/noch zu verkauffen/vergunt seyn.

Wir ordnen und gebieten zum 51. ferner/ welcher Burger oder Inwohner zu Hall/ oder der Ihrigen / uff dem Land Scheiben-Saltz führet / der soll dieselben hie zwischen Oeringen/oder in 3. Meilen um Hall / weder abzuladen / noch zu verkauffen Macht haben / bei der Frefel / von jeder Scheiben 20.ß. Es begebe sich dann etwan/daß einem ein Waag oder Karch zerbrechen solt ungefährlich/der ist befugt/solches Saltz abzulegen/und wieder auf ein andern Wagen oder Karren zu laden/oder aber/ da Krieg wäre/ und die von Hall sonsten solch ehehaffte Noth anstiesse/alsdañ mag einer oder mehr bei einem regirenden H. Stättmeister und denen Vier-Meistern deß Haals/um Erlaubnus anhalten / und uff dero Verwilligung dergleichen Scheiben-Saltz niederzulegen und zu verkauffen berechtiget seyn.

52. Saltz-Läder und Einstosser Lohn.

Und

63 Artikel 51 der erneuerten und verbesserten »Ordnung des Gemeinen Haals« von 1683 nimmt eine bereits aus dem späten Mittelalter stammende Bestimmung wieder auf, nach welcher niemand Scheibensalz innerhalb einer Dreimeilenzone um Hall verkaufen durfte. Dieser Bereich war dem Kleinhandel vorbehalten. Nur in Notfällen oder Kriegszeiten konnten der regierende Stättmeister und die Viermeister des Haals Ausnahmeregelungen bewilligen. (StAH 5/446)

64 Am Pranger auf dem Marktplatz der Reichsstadt Hall – hier eine Darstellung aus dem 19. Jahrhundert – ▷ straften nach einer Verurteilung durch das Gericht die Henkersknechte auch »Salzfrevler« ab. Wer unsauberes Salz in den Handel brachte oder falsch abwog, wer unlauteren Wettbewerb trieb oder betrügerische Rechnung legte, hatte schwere Bestrafung zu gewärtigen. Die Prangerstrafe, häufig in solchen Fällen ausgesprochen, galt als ehrenrührig. Ihr folgte meist noch eine Leibesstrafe, z. B. das Aushauen mit Ruten, oder gelegentlich die Landesverweisung. (Aus: Über Land und Meer. o. D. StAH)

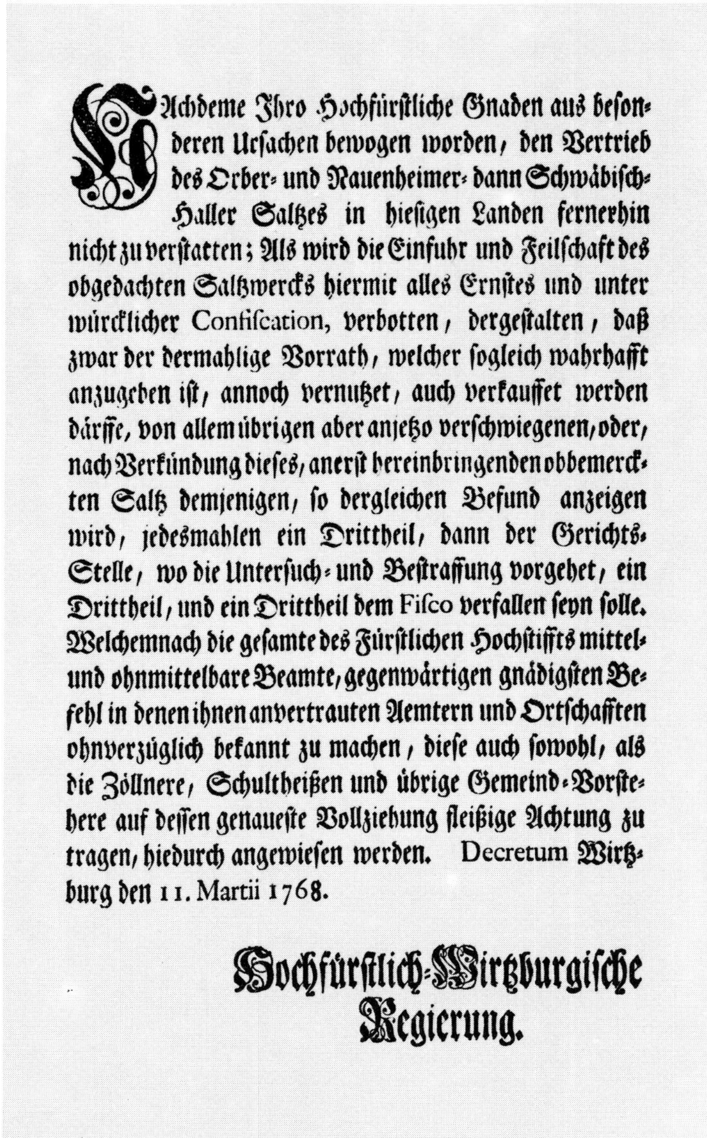

Nachdeme Jhro Hochfürstliche Gnaden aus besonderen Ursachen bewogen worden, den Vertrieb des Orber- und Nauenheimer- dann Schwäbisch-Haller Saltzes in hiesigen Landen fernerhin nicht zu verstatten; Als wird die Einfuhr und Feilschaft des obgedachten Saltzwercks hiermit alles Ernstes und unter würcklicher Confiscation, verbotten, dergestalten, daß zwar der dermahlige Vorrath, welcher sogleich wahrhafft anzugeben ist, annoch vernutzet, auch verkauffet werden därffe, von allem übrigen aber anjetzo verschwiegenen, oder, nach Verkündung dieses, anerst hereinbringenden obbemerckten Saltz demjenigen, so dergleichen Befund anzeigen wird, jedesmahlen ein Drittheil, dann der Gerichts-Stelle, wo die Untersuch- und Bestraffung vorgehet, ein Drittheil, und ein Drittheil dem Fisco verfallen seyn solle. Welchemnach die gesamte des Fürstlichen Hochstiffts mittel- und ohnmittelbare Beamte, gegenwärtigen gnädigsten Befehl in denen ihnen anvertrauten Aemtern und Ortschafften ohnverzüglich bekannt zu machen, diese auch sowohl, als die Zöllnere, Schultheißen und übrige Gemeind-Vorstehere auf dessen genaueste Vollziehung fleißige Achtung zu tragen, hiedurch angewiesen werden. Decretum Wirtzburg den 11. Martii 1768.

Hochfürstlich-Wirtzburgische
Regierung.

65 Oft schlossen Landesherren Salzlieferungsverträge mit bestimmten Salinen. Durch solche Monopolverträge wurde der Handel mit Salzen aus anderen Produktionsorten unmöglich gemacht und durch die Herrschaft verboten. 1768 untersagte die bischöflich-würzburgische Regierung den Vertrieb des Orber, Nauheimer und Schwäbisch Haller Salzes im gesamten Bereich des Hochstifts Würzburg. Es war nur gestattet, daß der – anzeigepflichtige – Lagervorrat »annoch vernutzet, auch verkauffet werden därffe«.

(HA A 737)

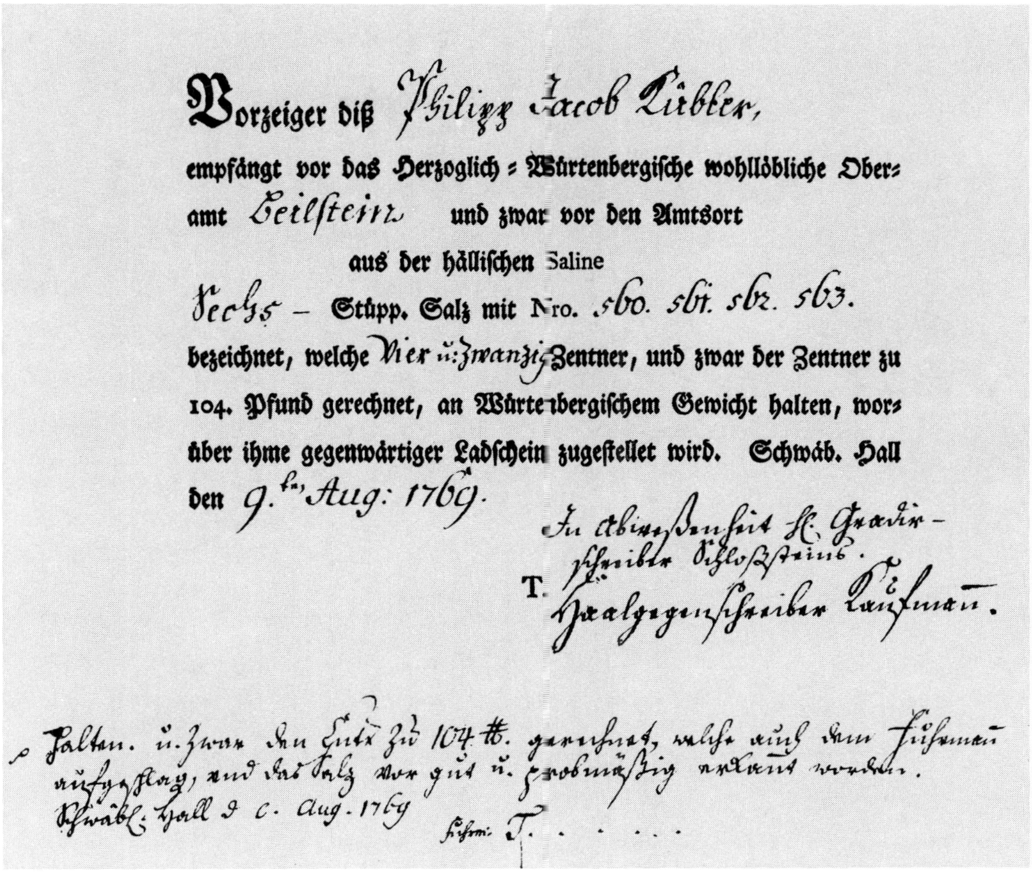

Vorzeiger diß Philipp Jacob Kübler,

empfängt vor das Herzoglich = Würtenbergische wohllöbliche Ober-amt Beilstein und zwar vor den Amtsort

aus der hällischen Saline

Sechs – Stüpp. Salz mit Nro. 560. 561. 562. 563.

bezeichnet, welche Vier u: Zwanzig Zentner, und zwar der Zentner zu 104. Pfund gerechnet, an Würtenbergischem Gewicht halten, worüber ihme gegenwärtiger Ladschein zugestellet wird. Schwäb. Hall den 9.ten Aug: 1769.

T.

66 Nachdem das Herzogtum Württemberg in der Mitte des 18. Jahrhunderts durch die Vermittlung des Finanzrats Süß Oppenheimer Salz aus Reichenhall bezogen hatte, gelang es der Reichsstadt Hall schließlich wieder, den Markt um den Neckar zurückzugewinnen. In die meisten württembergischen Oberämter durfte darauf »gut und probmäßig« Haller Salz eingeführt werden. Mit Ladescheinen wiesen die Fuhrleute – hier ein Philipp Jacob Kübler für das Oberamt Beilstein – im hällischen Salzmagazin ihr Bezugsrecht nach. (HA A 737)

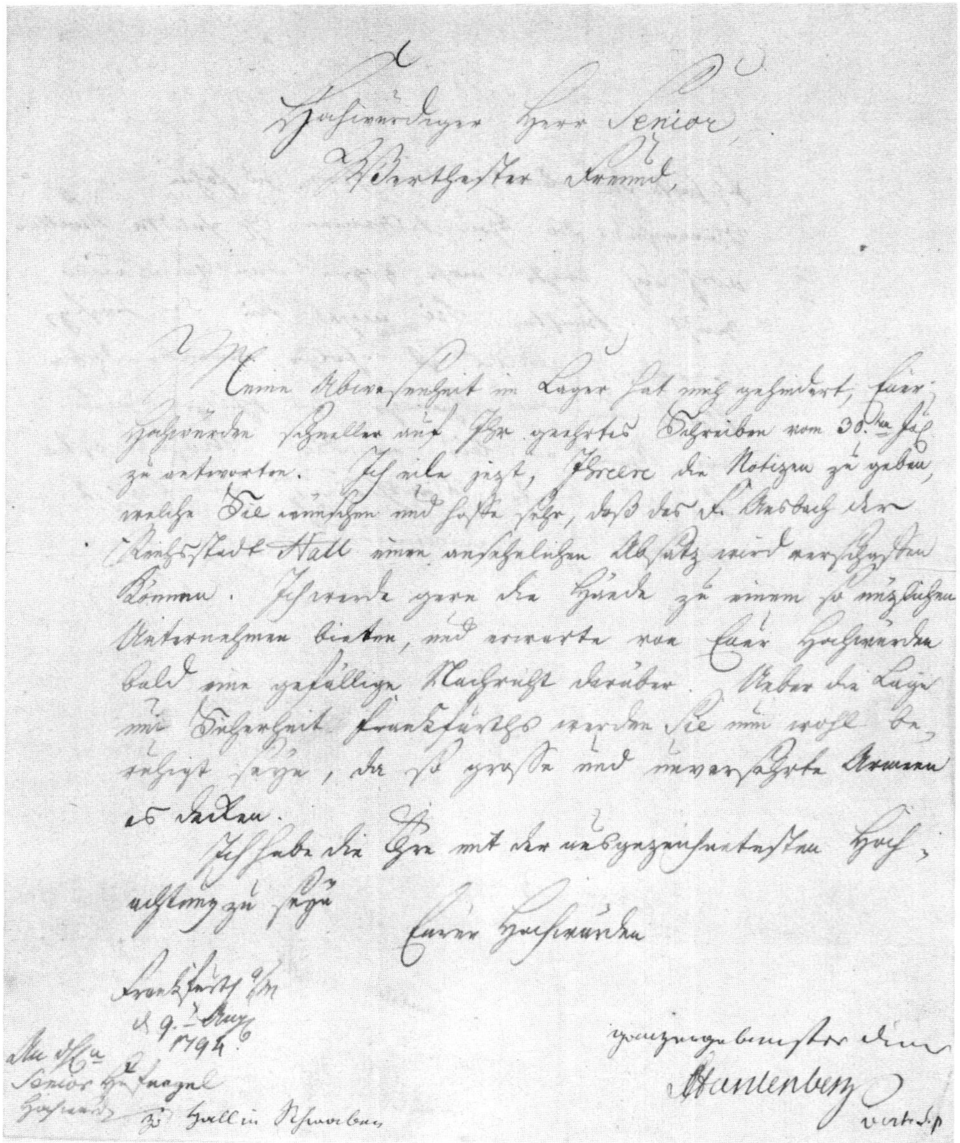

67 Einen bedeutenden Markt gewann die Haller Saline am Ende des 18. Jahrhunderts im Fürstentum Brandenburg-Ansbach. Der preußische Staatsminister Karl August von Hardenberg ebnete dazu die Wege, wie er in einem Schreiben an den Senior Wilhelm Friedrich Hufnagel zu Frankfurt, einen geborenen Haller, mitteilte: »... hoffe sehr, daß das F(ürstentum) Ansbach der Reichsstadt Hall einen ansehnlichen Absatz wird verschaffen können. Ich werde gern die Hände zu einem so nüzlichen Unternehmen bieten ...«

(HA A 744)

Die Haller Saline und ihr Recht

Rechtsgeschichtliche Probleme der alten Schwäbisch Haller Salinenverfassung

VON RAIMUND J. WEBER

Einleitung

Das Deutsche Recht oder Privatrecht behandelt die Salinen zusammen mit den Bergwerken als Regalien bzw. unter dem Titel »Eigentumsbeschränkung durch Regalität« [1]. Damit ist gemeint, daß Bodenschätze (Erze, Salzlager und Salzquellen) nicht wie im römischen Recht schlechthin der Verfügungsgewalt des Grundeigentümers, unter dessen Boden diese Mineralien ruhen bzw. auf dessen Grundstück eine Salzquelle zutagetritt, unterliegen, sondern daß die Mineralien im Interesse der Allgemeinheit, des Königs, des Landesherrn oder des Staates gebunden sind, d. h. letzteren ganz oder teilweise zustehen oder nur mit ihrer Bewilligung verwertet werden dürfen. Über die Entstehung des Berg- und Salinenregals sowie über die Auswirkung der Regalität im Lauf der Jahrhunderte besteht in der Rechtsgeschichte bis heute keine vollständige Klarheit. Es werden drei Entwicklungsstufen unterschieden. Am Anfang soll ein Zins aus den Bergwerken und Salinen gestanden haben. Danach, etwa in der Stauferzeit, soll der König bzw. Kaiser das Recht beansprucht oder besessen haben, die Bewilligung zur Ausbeutung der Bodenschätze an die Grundherren zu erteilen. Dieses Recht soll dann durch königliche Verleihung oder durch bloße Aneignung in die Hände der deutschen Landesherren und -fürsten übergegangen sein. Diese hätten dann das Berg- und Salzregal zu einer umfassenden staatlichen, durch Gesetze geregelten Ordnung des Berg- und Salinenwesens gesteigert.

Wir brauchen für unsere kleine Übersicht zur Rechts- und Verfassungsgeschichte der Haller Saline nicht näher in die schwierige Geschichte der Regalität und speziell des Salzregals einzudringen. Immerhin wollen wir festhalten, daß die deutsche Rechtsgeschichte und das deutsche Privatrecht die rechtliche Eigenart der historischen Salinen heute offenbar fast ausschließlich in der obrigkeitlichen Beschränkung des Privateigentums an Grund und Boden erblicken. Das war jedoch nicht immer so. Endgültig ist es wohl erst die moderne Berggesetzgebung gewesen, die den Gedanken der Regalität allgemein verwirklichte und damit auch für die Wissenschaft das Beobachtungsfeld auf die Geschichte der Beschränkung der Eigentümerbefugnisse verengte. Noch in der Mitte des 18. Jahrhunderts hatte die Gegenmeinung, nach der an Salinen sehr wohl auch und je nach der Lage des Einzelfalls sogar ausschließlich private Rechte bestehen konnten, das Übergewicht. Unter den Autoren zum Salinenrecht dürfte die herrschende Ansicht gewesen sein, daß Salinen sowohl unmittelbar oder mittelbar (durch Verleihung) in landesherrlicher Verfügungsgewalt als auch in Privateigentum stehen konnten. Diese

1 W. WEGENER: Art. »Bergregal«. In: Handwörterbuch zur deutschen Rechtsgeschichte (HRG). Hrsg. von Adalbert ERLER und Ekkehard KAUFMANN. 1. Band. 1971. Sp. 378–381. – Rudolf HÜBNER: Grundzüge des deutschen Privatrechts. [5]1930. S. 312ff., 327f.

Rechtsansicht entsprach den tatsächlichen Verhältnissen, die durch eine große Vielfalt in der Ausgestaltung der Salinenverfassungen gekennzeichnet waren. Wer im 18. Jahrhundert von der Rechtswirklichkeit ausging, konnte nicht übersehen, daß es »pro tanta varietate locorum«[2], bei der so großen örtlichen Verschiedenheit der Verhältnisse, keine einheitliche Rechtsform der Salinenteilhabe und -nutzung gab. Neben unmittelbar landesherrlichen (bzw. wieder landesherrlich gewordenen) Salzwerken wie den bayerischen und österreichischen kamen, so etwa im Fall der bischöflich-magdeburgischen und später kurbrandenburg-preußischen Saline Halle an der Saale, auch zu Lehen verliehene, aber auch solche Salinen vor, bei denen die Anteile in freiem Privateigentum standen[3].

Letztlich war es diese Mannigfaltigkeit der Rechtsverhältnisse, wie sie bis zum Ende des alten Reiches die Verfassung der deutschen Salinen kennzeichnete, die es den Vertretern eines »ius privatarum salinarum«, eines Rechts der privaten Salinen, ermöglichte, der ausschließlichen Geltung der Lehre von der Regalität mit Erfolg entgegenzutreten. So nannte einer der entschiedensten Verfechter der »libertas salinarum«, der von Regalitätsbeschränkungen freien Salinenverfassung, der braunschweigisch-lüneburgische Hof- und Konsistorialrat Johann Heinrich Jung (1715–1799) in seinem 1743 erschienenen Werk über das Salinenrecht[4] als Beispiele für private, von landesherrlicher Regalität unbelastete Salinen neben dem großen norddeutschen Salzwerk Lüneburg und einer Reihe kleinerer auch die Saline Schwäbisch Hall. Es muß uns dabei als ein reizvoller Zufall erscheinen, daß Jung die »Salinenfreiheit« gerade gegen einen aus dem Gebiet der Reichsstadt Hall stammenden, zu seiner Zeit hochberühmten Rechtsgelehrten verteidigen mußte – gegen den in Honhardt als Sohn eines hällischen Pflegers und späteren Ratsherrn geborenen Johann Peter Ludewig[5]. Der vom preußischen König geadelte Ludewig (1668–1743) war als Schüler Samuel Stryks Nachfolger des Naturrechtlers Christian Thomasius und Kanzler der Universität Halle, seit 1741 auch Kanzler der (brandenburg-preußischen) Magdeburger Provinzialregierung geworden. Er hatte in einem Kommentar zur Goldenen Bulle, dem Reichsgesetz Karls IV. von 1356, die landesherrlichen Regalitätsansprüche auf die Salinen mit Nachdruck verteidigt[6]. Nun wird angesichts der Stellung von Ludewigs an der Universität Halle und in der kurbrandenburgischen bzw. königlich-preußischen Verwaltung niemand sich über diese Verteidigung einer landesfürstlichen Gerechtsame wundern dürfen. Ludewig hätte eine seinem kurfürstlichen und königlichen Dienstherrn abträgliche Rechtsmeinung weder vertreten wollen noch können. Ob er allerdings in seiner Vaterstadt Hall mit derartigen Ansichten Beifall gefunden hätte, ist fraglich.

Mindestens zweimal in der Geschichte des alten Salzwerks hatte der reichsstädtische Magistrat Anlaß, die rein privatrechtliche Struktur der Salinenverfassung und der diese begründenden Rechte hervorzukehren. So ließ die Stadt, als am Ende des alten Reiches der Verlust der Reichsunmittelbarkeit abzusehen war, an die Regensburger Reichsdeputation eine

2 Georg ENGELBRECHT: Commentatio de jure salinarum / vulgo: Sültzen, Saltz-Wercken. Helmstedt 1751. S. 33.

3 Vgl. dazu die Übersicht über die deutschen Salinenverfassungen bei Adolf ZYCHA: Zur neuesten Literatur über die Wirtschafts- und Rechtsgeschichte der deutschen Salinen. In: Vierteljahrsschrift für Sozial- und Wirtschaftsgeschichte. XIV. Band. 1918. S. 88–129, 165–205.

4 De iure salinarum tum veteri tum hodierno liber singularis. Göttingen. 1743. S. 143.

5 Gerd WUNDER: Die Bürger von Hall. Sozialgeschichte einer Reichsstadt 1216–1802 (Forschungen aus Württembergisch Franken. Band 16). 1980. S. 132.

6 Vollständige Erläuterung der Güldenen Bulle... mit einer Vorrede von Johann Georg ESTOR. 1. Teil. Frankfurt, Leipzig und Trier 1752. S. 835ff.

Druckschrift abgehen, in der die privatrechtliche Stellung der Saline hervorgehoben wurde[7]. Wenige Jahre später mußte dann auch der neue Landesherr, der württembergische Kurfürst und nachmalige König Friedrich, die Salinenrechte nach langwierigen Verhandlungen durch einen privaten Rechtstitel, durch Kauf erwerben. Aber schon 250 Jahre früher hatte die Stadt mit Nachdruck auf die privatrechtlichen Grundlagen ihrer Salinenverfassung verwiesen, damals mit der Absicht, einer Klage zu entgehen, die ehemalige Haller Bürger gegen den Rat betrieben. Im Gefolge einer reichsstädtischen Verfassungskrise und dem damit verbundenen Sturz der Adelsherrschaft war um 1525 die stadtadelige Familie der Senfften von Suhlburg aus Hall *Abb. 72* fortgezogen. In diesem Geschlecht war bis dahin das »Suhlamt«, das mittelalterliche städtische Aufsichtsamt über die Saline erblich gewesen. Die mit diesem Amt verbundenen Befugnisse waren im 16. Jahrhundert nur noch formaler Art bzw. bestanden in Ehrenrechten und dem Bezug der Einkünfte aus vier Eimern Sole. Die einzige Amtsfunktion, die noch reale Bedeutung in der Salinenverfassung hätte haben können, war die Mitwirkung am »Siedensbestand«, der jährlich stattfindenden Neuverleihung der Sieden. Dabei hatte der jeweils älteste Senfft als »Fürgänger« der Sieder dem Stättmeister und Oberhaupt der Stadtverwaltung, der die Sieden verlieh, den »Handstreich« zu leisten. Von dieser Amtsfunktion war nun die Familie nach dem Tode des 70jährigen Gabriel Senfft (†27. 1. 1526)[8] ausgeschlossen worden. In den darauf folgenden rechtlichen Auseinandersetzungen mit der Familie Senfft leugnete der Rat schlechthin das Bestehen eines Sulmeister»amts«. Er ließ die Verleihung der Sieden als »freien, willkürlichen Kontrakt«, d. h. als privatrechtlichen Vertrag zwischen Siedenseigentümern und Pächtern hinstellen und gestand den Senfften allenfalls zu, die Sieder hätten nach ihrem freien Belieben einen aus der Familie zum »Unterhändler« erbeten, ohne daß damit ein Recht oder Amt verbunden gewesen wäre[9].

Diese beiden Beispiele zeigen, daß die Stadt sich schon früh der Möglichkeiten bewußt war, die sich für sie ergaben, wenn sie die Salinenangelegenheiten als Privatsache der beteiligten Gruppen erklären konnte. Ein solches Vorgehen bot nicht nur Schutz vor Klagen gegen den Rat von außen wie im Falle des Senfftenstreits oder vor entschädigungsloser Verstaatlichung wie in den Jahren nach 1800. Auch im Innern, vor allem bei Streitigkeiten zwischen den Lehenherren und den Siedern konnte sich die Stadt mit einem Hinweis auf die unmittelbare Verantwortung der beteiligten Parteien gelegentlich – nicht immer – unbequemen Entscheidungen entziehen. Bei der Frage nach der rechtlichen Eigenart der historischen Haller Salinenverfassung werden wir uns aber nicht mit den prozeßtaktischen Ausführungen der alten reichsstädtischen Juristen oder mit der Einordnung durch barocke Salinenrechtler wie Johann Heinrich Jung begnügen dürfen. Um ein Urteil abgeben zu können, ob in Schwäbisch Hall die Regalität eine Rolle gespielt hat oder ob die dortige Saline tatsächlich unter die »exempla privatarum salinarum«, die Beispiele für private Salinen, eingereiht werden kann, müssen wir die Entwicklung und den

7 Denkschrift zur nähern Kenntniß der Salinen-Verfassung zu Halle in Schwaben. Schwäbisch Hall 1802. Vgl. etwa S. 4 (§ 3): *Diese Reichs-Stadt Hall hat bekanntlich das Glück, sich in dem Besitz einer Salzquelle zu befinden; aber es waltet dabey das ganz eigene Verhältniß ob, daß diese Saline kein Regal, sondern ein blos bürgerliches Privat-Eigenthum ist, ...* – Exemplare: HA A 1314; HStASt E 221/2219/ zu 76 sowie noch ein weiteres dort eingebundenes Exemplar.

8 Zu ihm Gerd WUNDER – Georg LENCKNER: Die Bürgerschaft der Reichsstadt Hall von 1395 bis 1600 (WGQu 25). 1956. S. 534. Nr. 7086.

9 Der Senfftenstreit des 16. Jhs. ist literarisch noch nicht ausführlich verarbeitet worden. Vgl. die Abschriften der Prozeßakten HA B 935 Bl. 190ff.; zu dem hier zitierten Vorbringen der Stadt Hall vor allem Bl. 194'–197 (Instruktion des Rats für eine gütliche Unterhandlung; 1530 oder 1537). – Einschlägige Aktenstücke auch in Universitätsbibliothek Tübingen Mh 763 S. 416ff.

Aufbau der Salinenverfassung, die diese Verfassung tragenden Kräfte und ihr Verhältnis zueinander betrachten.

Drei Gruppen vor allem waren es, in deren Händen die Rechte an der Saline lagen und die das Geschick des Werkes bestimmten: die *»Herren«* der Sieden, später auch »Lehen-«, »Eigentums-« oder »Rechnungsherren« genannt; die *Sieder*, die im Lauf des 15. und 16. Jahrhunderts zu »Erbsiedern« wurden; letztlich die – beide Gruppen einschließende – *Stadt- oder Bürgergemeinde* mit ihrem die örtliche Obrigkeit bildenden Rat.

I. Die »Herren der Sieden«

Die »Herren der Sieden«[10], wie sie um 1500 genannt wurden, waren die »Eigentümer« des Salzbrunnens und die Inhaber der seit dem Spätmittelalter in 111 Anteile oder Pfannen zu jeweils 20 Eimern aufgespaltenen Siedrechts. Bevor wir die Zusammensetzung dieser Eigentümerschicht, ihre Rechte und ihre Stellung in der Verfassung der Haller Saline untersuchen, scheint ein Blick auf den Gegenstand, das Rechtsobjekt, auf das sich die Rechte der Herren erstreckten, angebracht. Jedes der 111 Sieden oder Pfannen hatte in einer der (bis 1728) 64 Siedhütten oder Haalhäuser einen festen Platz, die Siedstatt. Diese Siedstätten (lat. »loca«) lassen sich bis in das 13. Jahrhundert zurückverfolgen. Das Recht auf den Bezug der für das Sieden nötigen Sole aus dem Salzbrunnen war Zubehör der Siedstatt; ohne eine Siedstatt konnte das Salzwasser nicht versotten werden. Es kam vor, daß ein Anteil auf Sole keine »Statt« hatte. So erhielt das Kloster Adelberg im 15. Jahrhundert vom Rat der Stadt Hall eine Siedstatt, damit ein bisher ungenutztes Sieden verwertet werden konnte[11].

Als Ursprung der Einteilung des Siedrechts in 111 Pfannen gilt in der älteren Haller Stadtgeschichtsschreibung ein dort so genannter »Hauptgrundvertrag« vom Anfang des 14. Jahrhunderts. Gemeint ist damit eine Auflistung von Siedensberechtigten mit Angabe der diesen gehörenden Anteile. Das von der Bürgergemeinde erstellte und gesiegelte Verzeichnis ist auf das Jahr 1306 datiert[12]. Da in der Liste auch Namen von Personen vorkommen, die ihren Pfannenbesitz erst später erworben haben, ist das Datum neuerdings angegriffen worden – freilich zu Unrecht, denn das inzwischen verlorene und nur in Abschriften überlieferte Original ist 1447 in einem Prozeß vor dem Haller Stadtgericht vorgelegt und dadurch bezeugt worden. Gegen das Datum bestehen somit keine Bedenken. Allerdings wurde die Liste offenbar nach der Ausfertigung noch zu späteren Eintragungen benutzt und verändert, so daß sie in der heute überlieferten Form nur nach kritischer Prüfung verwendet werden kann. Beim Zusammenzählen der dort angegebenen Pfannen und Eimer kommt man – unter Umrechnung auf die einheitliche Pfannengröße von 20 Eimern je Pfanne – auf eine Zahl von ungefähr 110 Sieden. Eine genaue Angabe ist nicht möglich, weil die Überlieferung, wie gesagt, unzuverlässig ist. Die Zahl 111 wird in der Liste jedoch nicht genannt. So kann eine exakte Einteilung des Siedrechts

10 HA B 935 Bl. 190': *herren der salzsieden.*

11 Raimund J. WEBER: Die Schwäbisch Haller Siedenserbleihen. Band 1. Studien zur Rechtsnatur und zur Besitzgeschichte (Forschungen aus Württembergisch Franken. Band 14). 1981. S. 40, 144.

12 Friedrich PIETSCH: Die Urkunden des Archivs der Reichsstadt Schwäbisch Hall. Band 1 (1156–1399) (Veröffentlichungen der staatlichen Archivverwaltung Baden-Württemberg. Band 21). 1967. S. 47f. N 179. – Heute wird das Jahr 1316 zur Datierung vorgeschlagen, vgl. Gerd WUNDER: Die Bürger von Hall (wie Anm. 5). S. 39. – 1306 bezeugt in einem Gerichtsbrief von 1447; vgl. Raimund J. WEBER: Die Schwäbisch Haller Siedenserbleihen. Band 2. Urkunden (Forschungen aus Württembergisch Franken. Band 15). S. 51. U 30.

allenfalls mittelbar auf das Verzeichnis von 1306 zurückgeführt werden, und zwar insofern, als darin die Zahl der Sieden für geschlossen erklärt wurde. Am Ende der Auflistung wurde bestimmt: *Dise pfannen sollen in dem Haal sein und nicht mehr als die burger von Hall erfaren haben...*

Die Gesamtzahl von 111 Sieden findet sich erstmals ausdrücklich genannt in einem Verzeichnis von Siedern und Eigentumsherren, das anläßlich eines Suhlenbaus gegen Ende des 15. Jahrhunderts angefertigt wurde[13]. Dort heißt es, daß im »Boden des Haals« 111 Sieden seien. Die uns heute eigenartig anmutende Zahl von 111 ist, beiläufig bemerkt, für den mittelalterlichen Rechner eine »runde« Zahl gewesen. Sie ergibt sich, wenn man je einen Stein auf die drei niedrigsten Felder des im Mittelalter zur Ausführung von Grundrechenarten benutzten Rechenbrettes legt (Einer-, Zehner- und Hunderterfeld)[14]. War nun 1306 die Zahl der Sieden geschlossen, so konnte im weiteren Verlauf des 14. Jahrhunderts die Pfannen- oder Siedensgröße vereinheitlicht werden. Ursprünglich bestanden keineswegs ausschließlich Pfannen, die stets 20 Eimer umfaßten. Noch 1312 wurde ein aus 16 Eimern bestehendes Siedrecht verliehen. Diese Pfannenart hieß *fûrval,* wohl als »Vierfall«, d. h. ein aus vier mal vier Eimern zusammengesetztes Sieden, zu lesen. Aus dem Jahr 1291 ist die Vereinigung und Vergrößerung von Siedstätten bekannt, die ursprünglich nur Anspruch auf jeweils vier Eimer Sole hatten[15].

Die Verteilung der Siedrechte (Eimer und Pfannen), wie wir sie eben beschrieben haben, ist seit dem Anfang des 14. Jahrhunderts bekannt. Wir besitzen außer dem schon erwähnten ältesten Siedensverzeichnis von 1306 vollständige Verzeichnisse aus der Zeit des Suhlenbaus von 1496 sowie mehrere Register des 18. Jahrhunderts. Diese Quellen erlauben uns, die Anteile der verschiedenen Eigentümergruppen in der Zeit vom Spätmittelalter bis zum 18. Jahrhundert darzustellen und die Besitzverschiebungen zwischen den einzelnen Gruppen zu verfolgen. Im Überblick ergibt sich dabei folgendes Bild (vgl. im einzelnen die im Anhang abgedruckten Diagramme).

Um 1300 ist in Hall noch königlicher Besitz nachgewiesen, der allerdings nur knapp fünf *Abb. 68, 69* Prozent der Sieden ausmachte. Der kirchliche, überwiegend klösterliche Besitz war zu dieser Zeit mit etwa einem Viertel ganz beträchtlich. Die Hauptmasse der Siedpfannen lag aber in der Hand der »Geschlechter«, der »probiores« oder »meliores«[16], wie sie in zeitgenössischen lateinischen Urkunden genannt werden – jener Familien also, die den sogenannten Stadtadel bildeten und die zugleich in Gericht und Rat an führender Stelle das Stadtregiment ausübten. Sie besaßen um 1300 gut die Hälfte aller Pfannen. Immerhin hatten auch schon Handwerker, darunter vermutlich der eine oder andere Salzsieder, eigene Pfannen. Knapp zweihundert Jahre später, um 1500, hatte sich die Eigentümerstruktur wesentlich verändert. Der königliche Besitz war verschwunden, nachdem er schon im 14. Jahrhundert keine Rolle mehr gespielt hatte. Der größte einzelne Siedensherr war jetzt der Rat der Stadt Hall. In der ersten Hälfte des 15. Jahrhunderts hatte er planmäßig, vor allem von Klöstern und Stadtadeligen, rund 20 Sieden gekauft. Vielleicht waren im städtischen Besitz auch die vormals königlichen Pfannen aufgegan-

13 Raimund J. WEBER: Urkunden (wie Anm. 12). U 49/386. S. 78.

14 Zeichnung und Erklärung des Rechenbretts bei Dieter KREIL: Der Stadthaushalt von Schwäbisch Hall im 15./16. Jahrhundert. Eine finanzgeschichtliche Untersuchung (Forschungen aus Württembergisch Franken. Band 1). 1967. S. 42f.

15 Raimund J. WEBER: Studien (wie Anm. 11). S. 41f.

16 Zu dieser Schicht vgl. Ferdinand ELSENER: Spuren der Boni viri (Probi homines) im Wirtembergischen Urkundenbuch. In: Bausteine zur geschichtlichen Landeskunde von Baden-Württemberg, hrsg. von der Kommission für geschichtliche Landeskunde in Baden-Württemberg anläßlich ihres 25jährigen Bestehens. 1979. S. 187–201. – Gerd WUNDER: Die Bürger von Hall (wie Anm. 5). S. 57–69.

gen. Zusammen mit dem Besitz des Spitals, das um 1500 etwa 10 Prozent der Pfannen innehatte, kontrollierte der Rat – nicht als städtische Obrigkeit, sondern als Anteilsinhaber – rund ein Drittel aller Siedrechte. Der klösterliche Besitz war um die Hälfte geschrumpft. Vor allem in der zweiten Hälfte des 14. und in der ersten Hälfte des 15. Jahrhunderts hatten stadtadelige Geschlechter Altarstiftungen errichtet und diese auch mit Siedensbesitz ausgestattet. Durch diese Stiftungen, aber auch durch Verkäufe an den Rat und an sonstige Bürger, war der Anteil *Abb. 71* des Stadtadels von früher rund 50 auf knapp 20 Prozent gesunken. Dieser Verlust an wirtschaftlichem Einfluß läßt schon den politischen Niedergang des Haller Adels im 16. Jahrhundert ahnen. Dagegen erstarkte der Besitz der sonstigen Bürger, deren Eigentumsanteile freilich zersplittert waren und oft nur in Bruchstücken von einzelnen Sieden bestanden.

Um 1700 hatten sich die Eigentumsverhältnisse gegenüber dem Stand von 1500 teils geändert, teils waren sie gleich geblieben. So hatte sich zwar das Siedenseigentum von Stadt und Spital, u. a. durch Notverkäufe im Dreißigjährigen Krieg, verringert. Dafür hatte der Rat während der Reformation den Altar- und Klosterbesitz übernommen und seitdem in den verschiedenen Kirchenpflegen verwaltet. Auf diese Weise war der Anteil der vom Rat kontrollierten Sieden mit etwa einem Drittel unverändert geblieben. Der Stadtadel findet sich um 1700 – Folge seines Wegzuges aus Hall im Lauf des 16. Jahrhunderts – nicht mehr unter den Eigentümern, sieht man von den unter den Auswärtigen aufgeführten vier Eimern der Familie Senfft von Suhlburg ab, die aus dem mittelalterlichen Sulmeisteramt stammten. Die Stelle des ehemaligen Stadtadels nahm jetzt das gehobene Bürgertum, die reichsstädtische »Ehrbarkeit« ein, die zugleich in den führenden Ratsstellen und Stadtbedienstungen amtete. Zu dieser Schicht, die den fehlenden Geblütsadel durch Amts- oder Graduiertenadel ersetzte, gehörte auch die evangelische Geistlichkeit. Sie hatte zusammen fast die Hälfte aller Anteile, vergleichbar etwa dem Anteil der Geschlechter um 1300. In den – regelmäßig zersplitterten und nur aus Bruchteilen einzelner Sieden bestehenden – Rest teilten sich niedere Stadtbeamte, Handwerker, Witwen und Waisen und sonstige Bürger sowie einige wenige auswärtige Siedenseigentümer.

Dieser kurze Überblick läßt bereits erkennen, bei wem vom 14. bis zum 18. Jahrhundert auf der Eigentumsseite der maßgebende Einfluß gelegen hat: bis in das 15. Jahrhundert bei den »Geschlechtern«, später auch beim Rat und seit dem 16. Jahrhundert beim gehobenen Bürgertum. Da einerseits die Geschlechter bzw. ein Ausschuß dieser Familien vom 13. bis zum frühen 16. Jahrhundert die wichtigsten Stellen im Stadtregiment, d. h. in Gericht und Rat, besetzten, andererseits aber auch nach dem Sturz der Adelsherrschaft seit dem 16. Jahrhundert die nun führende bürgerliche Schicht gleichfalls den wichtigsten Teil der Siedensrechte besaß, läßt die Eigentumsverteilung fast durchgehend eine enge Verbindung zwischen städtischer Führungs- oder Beamtenschicht und Siedenseigentümern erkennen. Wenn wir von der Zeit um 1500 absehen, in der eine gewisse erhöhte »Mobilität« beim Siedenseigentum herrschte, lagen vom 13. bis zum 18. Jahrhundert Stadtregiment und größter Teil des (freien) Salineneigentums in den Händen der führenden reichsstädtischen Familien oder, anders ausgedrückt, zwischen den einflußreichsten privaten Siedenseigentümern und den Inhabern der führenden Rats- und Beamtenstellungen bestand eine Personalunion.

Daran ändert auch der Umstand nichts, daß es neben den »Geschlechtern« bzw. später neben den »Ehrbaren« noch andere Siedenseigentümer gab. Der königliche, im ganzen unbedeutende Besitz wurde wahrscheinlich schon 1306 nicht mehr vom Reich unmittelbar verwaltet; später trat der König als Anteilsinhaber überhaupt nicht mehr hervor. Der bis in das 16. Jahrhundert bzw. bis zur Reformation an sich beträchtliche Besitz der Kirche war zwar wirtschaftlich von Bedeutung. Die geistlichen Inhaber von Siedrechten waren aber offenbar schon früh von der Mitwirkung an den lehenherrlichen Geschäften ausgeschlossen worden. Im eingangs erwähnten »Senfftenstreit« des 16. Jahrhunderts erklärte die Stadt, das Verleihen der Sieden sei eine »bürgerliche Handlung«, zu der auswärtige Siedenseigentümer, vor allem Klöster und Stifte, nie zugelassen worden seien[17]. Dem entspricht es, daß die Klöster sich beim Verleihen von Siedpfannen schon seit Beginn des 14. Jahrhunderts in bezug auf die Höhe der vom Sieder zu leistenden jährlichen Abgabe an die in Hall üblichen Bedingungen anlehnten[18]. Selbstverständlich wurde auch nach dem 16. Jahrhundert den »Ausherren« das Recht zur Teilnahme an den Sitzungen des »Lehenrates« verweigert. Aber auch gegenüber den einfachen bürgerlichen Eigentumsinhabern, die seit dem 15. Jahrhundert zahlreicher an der Saline beteiligt waren, wurde im 16. Jahrhundert eine wirksame Sperre aufgerichtet, welche die Exklusivität des Lehenrates sicherte. Der (Stadt-)Rat setzte fest, daß in die Versammlung des über die Siedensverleihung beschließenden lehenherrlichen Gremiums nur aufgenommen werden konnte, wer mindestens ein ganzes ungeteiltes Sieden zu eigen besaß[19]. Tatsächlich zeigt nun die Geschichte des Eigentums im 17. und 18. Jahrhundert, daß die Siedensanteile von Handwerkern oder sonstigen einfachen Bürgern regelmäßig nur aus Bruchteilen von Sieden bestanden, während sich ganze Sieden ebenso regelmäßig nur in den Händen hoher und höchster Magistratsbeamter sowie der Geistlichen befanden.

Die ausgeprägte personelle Verflechtung – vom Rat her betrachtet kann man geradezu von einer »Teilidentität« sprechen – blieb nicht ohne Folgen für die Stellung der Lehen- oder Eigentumsherren in der Salinenverfassung. In der älteren Zeit, d. h. bis etwa zur Mitte des 16. Jahrhunderts, äußert sich die Verflechtung darin, daß ein eigener, körperschaftlich organisierter Verband der Lehenherren nicht deutlich hervortritt. Die an sich den »Herren der Sieden« zukommenden Anordnungen über die Pflege und den Bau des Solebrunnens (Suhlenfege, Brunnenbauten) etwa wurden vom Rat bzw. durch Ratsdeputationen oder unter der Leitung des Rats getroffen[20]. Auch bei der Hauptfunktion der Lehenherren, der jährlichen Festsetzung des »Bestandes«, der Jahrespacht, durch welche die Sieden für eine bestimmte Zeit (»Wochen«) und gegen eine Abgabe (»Rechnung«) an die das eigentliche Siedgeschäft ausübenden Sieder verliehen wurden, auch bei diesem Bestand waren offenbar stets die obersten Beamten der Stadt für die Lehenherren tätig. Das zeigt sich besonders an der Person des Stättmeisters, des höchsten Amtsträgers der Bürgergemeinde, der beim Siedensbestand den Siedern bzw. ihren Vertretern den »Handstreich« gab, d. h. die rechtssymbolische Geste vornahm, mit der die Bestandsverleihung erfolgte[21]. Angesichts dieser engen Verbindung zwischen bürgerschaftlicher Obrigkeit und Lehenherren ist verständlich, wenn für Außenstehende gelegentlich der Eindruck entstehen konnte, als seien »Burger« und »Herren der Sieden« in Hall dasselbe. Wir besitzen von Klöstern ausgestellte Leiheurkunden, in denen Sieden verliehen werden um eine Abgabe, wie diese »von den Lehenherren« gesetzt werde. Gelegent-

17 HA B 935 Bl. 191. – Gemeint ist hier das jährliche Verleihen im »Bestand«.

18 Raimund J. Weber: Studien (wie Anm. 11). S. 46.

19 Nach einem Manuskript Jakob Fr. Müllers aus dem 18. Jh. mitgeteilt von Werner Matti: Verfassung und Wirtschaftspolitik der Saline Schwäbisch Hall bis zum Jahre 1802. Diss. rer. pol. Tübingen 1952. Maschinenschriftlich vervielfältigt. S. 87.

20 Werner Matti: Verfassung und Wirtschaftspolitik (wie Anm. 19). S. 96 f. – Raimund J. Weber: Die Suhlenfege von 1479. Gemeinwerk und Gemeinfest im Haal. In: Der Haalquell. Blätter für Heimatkunde des Haller Landes. 29. Jg. (1979). S. 31.

21 Raimund J. Weber: Der Schwäbisch Haller Siedensbestand. Ein Beitrag zum kollektiven Vertragsrecht im 17. und 18. Jahrhundert. In: WFr 64 (1980). S. 77.

lich findet sich aber auch die Formulierung, das Sieden werde verliehen, wie es »die Burger« von Hall hingäben[22]. Gemeint ist jeweils ein und derselbe Vorgang.

Als es der Rat in der zweiten Hälfte des 16. Jahrhunderts – angeregt vermutlich durch den Senfftenstreit – für nützlich hielt, den lehenherrlichen Verband fester, wenn auch immer noch locker genug, zu organisieren und eine gewisse formale Trennung von Rat und Lehenherren herbeizuführen, blieb gleichwohl die Personalunion zwischen Stättmeisteramt und Vorsteher der Lehenherren erhalten. Direktor des neu eingerichteten »Lehenrates« war regelmäßig einer der beiden Stättmeister[23]. Um das Bild abzurunden, mag noch auf die Klagen und Beschwerden der Sieder über die verwandtschaftliche Verflechtung zwischen Lehenherren und Rat in den reichshofrätlichen Prozessen des 18. Jahrhunderts verwiesen werden.

Wir können nun versuchen, die Stellung der »Herren der Sieden« in der Verfassung von Stadt und Saline Hall zu umschreiben. Die Herren waren Eigentümer städtischer Liegenschaften (»Herren vom Boden des Haals«) bzw. von – im städtischen Vermögensrecht – als Liegenschaften behandelten Salinenanteilen (der Siedstätten und ihres hauptsächlich aus einem Solebezugsrecht bestehenden Zubehörs). Bei der jährlichen korporativen Verleihung und der dabei getroffenen Festsetzung von Siedwochen und Rechnung handelten sie jedoch keineswegs als »Privatleute« oder »freier Unternehmerverband«, sozusagen in einem Raum »staatsfreier Autonomie«. Die Verleihung erfolgte vielmehr, wie das in der mittelalterlichen Gewerbe- und Wirtschaftsverfassung der Städte auch gar nicht anders sein konnte, durch die Hand der Obrigkeit, d. h. hier durch die Person des höchsten Stadtbeamten (Stättmeisters). Wir haben es also – ungeachtet der im 16. Jahrhundert von magistratischer Seite vorgebrachten Thesen vom »freien, willkürlichen Kontrakt«, den der Bestand angeblich darstellen sollte – in Wahrheit mit einer Gewerbeverleihung im Sinne und in der Tradition der mittelalterlichen städtischen Gewerbe als »Ämter«, d. h. obrigkeitlich verliehener und beaufsichtigter Tätigkeit, zu tun. Auch der zu einem solchen mittelalterlichen Gewerbeamt gehörende »Amtsmeister« läßt sich in Hall nachweisen. Nichts weniger als ein solcher war der Inhaber des im Geschlecht der Sulmeister und ihrer Nachkommen, der Senfften, erblichen Sulmeisteramts. Die Sulmeister waren im Mittelalter die dem städtischen Rat verantwortlichen – und diesem angehörenden – Aufseher und Vorsteher der Siederschaft, diese verstanden als städtisches »Handwerk« oder »Amt«[24].

Daß die Verleihung aus der Hand des Stättmeisters an den Sulmeister als dem städtischen Beauftragten für die Saline erfolgte und daß das Sulmeisteramt ebenso wie das Siederhandwerk insgesamt ein städtisches Amt darstellte, mußte besonders hervorgehoben werden, weil in der Haller Geschichtsschreibung seit dem 19. Jahrhundert das Sulmeisteramt verschiedentlich als ein königliches Amt angesehen wurde[25]. Im 13. Jahrhundert scheint aber nur ein einziges Amt, das des Schultheißen, vom König besetzt worden zu sein. Wir haben keinerlei Hinweise darauf, daß das Sulmeisteramt irgendwann vom König in Anspruch genommen oder tatsächlich besetzt worden wäre; ebenso fehlen Nachrichten über den Erwerb des Amtes durch die Stadt. In den Unabhängigkeitskämpfen der Haller Bürger gegen die Schenken von Limpurg, die in der

22 Raimund J. WEBER: Urkunden (wie Anm. 12). S. 30. U 9.

23 Werner MATTI: Verfassung und Wirtschaftspolitik (wie Anm. 19). S. 87.

24 Vgl. dazu das noch immer klassische Werk von Friedrich KEUTGEN: Ämter und Zünfte. Zur Entstehung des Zunftwesens (Neudruck der Ausgabe Jena 1903). 1965. S. 151ff. – Zum heutigen Forschungsstand vgl. H. LENTZE: Art. »Handwerk (rechtlich)«. In: HRG (wie Anm. 1). Sp. 1976–1984. – K. KROESCHELL: Art. »Amt«. Ebd. Sp. 150–154.

25 Vgl. etwa Julius GMELIN: Hällische Geschichte. 1896. S. 205ff., 211.

zweiten Hälfte des 13. Jahrhunderts die vormals königlichen Rechte über die Stadt für sich geltend machten und durchzusetzen versuchten, ist nur von *einem* Amt die Rede, das Limpurg in Hall besetzen wollte, also doch wohl nur vom Schultheißenamt[26]. Damit soll nicht ausgeschlossen werden, daß die Sulmeister des 13. Jahrhunderts aus einer königlichen oder stadtherrlichen Ministerialenfamilie stammten – wie dies ja bei einer Reihe der Haller Geschlechter nachweislich der Fall war. Wir möchten aber die Saline ebenso wie das Aufsichtsamt der Sulmeister als ein städtisches und wie die ganze Stadt im 13. Jahrhundert (nur) über die Person des Schultheißen vom König abhängend ansehen.

II. Sieder und Erbsieder

Wenden wir uns nach den Herren den Siedern zu. Wie bei anderen historischen Salinen lag auch in Hall das Pfanneneigentum regelmäßig nicht in der Hand der Sieder. Diesen waren die Sieden nur, und zwar in verschiedenen Rechtsformen, zur Nutzung überlassen. Immerhin gab es von dieser Regel auch Ausnahmen – die Eigensieden von Handwerkern. Schon im frühesten Verzeichnis von 1306 finden sich Namen, hinter denen wir berufsmäßige Sieder vermuten dürfen. In einem um 1340 anzusetzenden Teilverzeichnis ist mit Werner Wetzel der Name einer alten Siederfamilie enthalten[27]. Gegen Ende des 15. Jahrhunderts und im 16. Jahrhundert ist dann, zahlreicher, weiterer Siedensbesitz, und zwar als Eigentum, in der Hand von Siedern nachgewiesen. Die Regel war es aber auch dann nicht, daß ein Sieder – wie es in einem Verzeichnis der Sieder und Lehenherren aus dem Jahr 1584[28] mehrfach heißt – »ihme selbst« sott. Für die weitaus größte Zahl der Berufssieder galt, daß sie ein fremdes Recht zur Nutzung erhielten und damit auf Überlassung oder »Leihe« angewiesen waren, bis dann im Lauf der Zeit sogar diese Leiherechte sich ihrerseits wieder zu reinen Anteilsrechten entwickelten und entgeltlich anderen zur Nutzung überlassen wurden. Betrachten wir nun die Art und Weise, in der die Herren der Sieden die Saline bzw. ihre einzelnen Siedrechte verwerten ließen, so stoßen wir zunächst auf zwei rechtlich klar voneinander zu trennende, wenn auch teilweise wieder aufeinander bezogene Arten der Überlassung oder Verleihung.

Die Lehenherren konnten einmal die Sieden in ihrer Gesamtheit durch einen Akt gemeinschaftlicher Verleihung den Siedern zur Nutzung übergeben. Dies geschah in Form des bereits mehrfach erwähnten Bestandes[29]. Beim Schwäbisch Haller Siedensbestand handelt es sich um die nach Ablauf der Siedzeit zu Beginn eines jeden Jahres stattfindende Neuverleihung der Sieden, und zwar wieder für eine Jahresperiode. Die Verleihung erfolgte an alle Sieder (ausgenommen die städtischen und die in Siedershand befindlichen Eigensieden) in einem durch das Herkommen geregelten Zeremoniell, das uns durch Beschreibungen des 17. und 18. Jahrhunderts überliefert ist. Im Mittelpunkt stand der ebenfalls schon erwähnte »Handstreich«, den der Stättmeister bis etwa 1525 dem jeweils ältesten Angehörigen der Familie Senfft als »Fürgänger« der Sieder, danach dem Sieder-Obermeister oder Burgermeister gab. Dem Handstreich ging eine »Unterhandlung« voraus, in der sich Herren und Sieder über die Sieddauer, d.h. über die Zahl der im neuen Jahr pro Pfanne zu versiedenden Haalwochen

26 Vgl. Kuno Ulshöfer: König Rudolfs Wiener Schiedsspruch (1280). Hall und Limpurg im 13. Jahrhundert. In: WFr 64 (1980). S. 3ff., 11.

27 Vgl. die Mitteilung der Namen bei Julius Gmelin: Hällische Geschichte (wie Anm. 25). S. 231.

28 Raimund J. Weber: Urkunden (wie Anm. 12). S. 174ff. U 117.

29 Vgl. Anm. 21.

(davon hing die Menge des zu erzeugenden Salzes ab) und über den für diese Wochen zu entrichtenden Preis einigten. Konnten sich Sieder und Herren nicht verständigen, kam es zu dem – nur selten bezeugten – Sieden »nach Hofrecht«, bei dem von einer Woche zur nächsten die Bewilligung zum Sieden erteilt werden mußte.

Der jährliche Bestand ist erst seit dem 16. Jahrhundert in den lehenherrlichen Protokollen schriftlich festgehalten worden, im übrigen erfolgte er mündlich bzw. durch die Geste des Handstreichs. So sind wir über das Alter des Bestandes nicht zuverlässig unterrichtet. Da jedoch schon in Leiheurkunden des 14. Jahrhunderts für einzelne Sieder die Pacht ohne Bezifferung entsprechend der jeweils üblichen, in Hall gezahlten Summe festgesetzt wurde[30] und außerdem die Siederschaft in diesem Jahrhundert bereits unter einheitlicher Leitung arbeitete, dürfen wir den Bestand jedenfalls für das 14. Jahrhundert als gesichert ansehen. Für das 13. Jahrhundert liegen keine Quellen vor, so daß hier letztlich Raum für Spekulationen bleibt. Die einheitliche Festsetzung der »Rechnung«, die der Sieder als Eigentümerpacht seinem Herrn abzuliefern hatte, war für die Sieder ein großer Fortschritt. Der Sieder, nicht nur Erzeuger, sondern auch Verkäufer des Salzes, war damit vor der Willkür seines Herrn geschützt. Er wußte, welchen Teil vom Verkaufserlös er abzuführen hatte, und brauchte den Ertrag nicht mehr in unbegrenzter Höhe abzugeben. Siedereid und Haalordnung schützten die Verbindlichkeit der »Rechnung« durch das den Siedern auferlegte Verbot, ihren Herren »Vorteil« von den Sieden zu geben, d. h. mehr als für alle einheitlich festgesetzt zu zahlen. Wenn dieses Verbot allerdings noch zu Ende des 14. Jahrhunderts in die Haalordnung aufgenommen wurde[31], kann vermutet werden, daß Verstöße gegen die Zahlungs-Solidarität unter den Siedern vorkamen. Letztlich dürfte es auf die unterschiedliche persönliche Rechtsstellung der Sieder zurückzuführen sein, wenn die Rücksicht auf den Lehenherrn es doch zu einer Umgehung der festgesetzten Rechnung kommen ließ.

Mit dem Bestand waren eben nur die Sieddauer und der Preis für eine Siedperiode festgesetzt. Der Sieder hatte damit noch nicht die Gewähr, daß er auch in den folgenden Jahren das Sieden weiter nutzen konnte. Die jahrweise kollektive Verleihung des Siedwerks brachte keinen Anspruch auf ein längerdauerndes Siedrecht mit sich. Es stand im Belieben des Herrn, ob er den Sieder im nächsten Jahr wieder »zu seinem Sieden kommen« lassen wollte. Dieser Zustand änderte sich für eine Reihe von Siedern im Lauf des 14., 15. und 16. Jahrhunderts, als eine erhebliche Anzahl Sieden längerfristig verliehen wurde, zunächst auf Lebenszeit oder für eine bestimmte Zahl von Jahren, schließlich sogar »zu Erb«, d. h. mit Wirkung auch für die Nachkommen des Erstbeliehenen.

Auf diese Weise entstand das Recht der Siedens(erb)leihe. Es bildet den interessantesten Teil des Haller Salinen-Privatrechts und erfuhr im 18. Jahrhundert mehrere handschriftliche und gedruckte Darstellungen, so daß wir eine kleine zeitgenössische juristische Literatur des Haller Salinenrechts besitzen[32]. Einige der wichtigeren Autoren seien hier genannt. Da ist vor allem der wohl bedeutendste barocke Archivar der Reichsstadt, der Registrator und spätere Ratskonsulent Lic. iur. Friedrich Sybäus Müller (gest. 1711). Seine in den »Collectanea« niedergelegte Beschreibung der Haller Salinenverfassung ist die früheste bekannte Rechtsgeschichte des Haller Salzwerks. Rechtsgeschichtliches enthält auch die »Historische Nachricht von dem Schwäbisch Hallischen Salz- und Siedens-Wesen« (1776) des gleichfalls als Ratsadvokat und Archivar tätigen Jakob Friedrich Müller, eines Urenkels des Friedrich Sybäus. Eine wissen-

30 Raimund J. WEBER: Studien (wie Anm. 11). S. 46f.
31 Haalstatut von 1393; Raimund J. WEBER: Urkunden (wie Anm. 12). S. 32. U 11.
32 Vgl. zum folgenden Raimund J. WEBER: Studien (wie Anm. 11). S. 19f., 76ff.

schaftsgeschichtlich bemerkenswerte Quelle zu den Haller Siedensgerechtsamen sind die aus dem 18. Jahrhundert stammenden Dissertationen Haller Jus-Studenten. Die früheste dieser Arbeiten, Johann Friedrich Schragmüllers Tübinger Dissertation von 1716, steht deutlich unter dem Einfluß der teilweise gedruckten Tübinger Fakultäts-Gutachten zu Schwäbisch Haller Salinenrechtsfällen vom Beginn des 18. Jahrhunderts. Die 1720 entstandene Leipziger Arbeit Georg Bernhard Arnolds, des späteren Geheimen Rats und Haalhauptmanns, entstammt einer Frühblüte der Wissenschaft vom Deutschen Recht. Parteinahme für die Siederschaft in ihren Auseinandersetzungen mit den Lehenherren prägt die Erlanger Schrift Georg Friedrich Jägers von 1760. Alle diese Werke befassen sich mit den Siedrechtsarten, wie sie im 18. Jahrhundert voll ausgeformt waren, vor allem den beiden Arten des »Erbs« – dem »fließenden« und dem »freieigenen« Erb. Jede rechtsgeschichtliche Betrachtung der alten Haller Saline wäre unvollständig, wollte sie diese Rechtsformen übergehen. Da das »Erb« in Gestalt der Siedensrenten auch heute noch fortbesteht, haben wir doppelten Anlaß, der Geschichte dieser für Schwäbisch Hall so typischen Leiherechte einige Worte zu widmen. *Abb. 76, 77*

Die ältesten und insgesamt die meisten Verleihungen stammen aus dem Bereich des geistlichen Siedenseigentums. Die früheste Leiheurkunde von 1312[33] betrifft das Sieden des Stifts Denkendorf bei Esslingen, die erste Erbleihe die beiden 1372 verliehenen Pfannen des Haller Barfüßerklosters[34]. Die Erbverleihung war nicht etwa ein Geschenk an den Sieder; sie gewährte beiden Seiten Vorteile. Die Sieder gewannen ein dauerhaftes, vererbliches Nutzungsrecht, das zu ihren Lebzeiten den Lebensunterhalt sicherte und nach ihrem Tode das Erbe der Kinder vermehrte. Umgekehrt wurden die Verleiher von der Last der Instandhaltung der Siedhütte und des dazugehörenden Geräts befreit. Die Vorschriften über die »Bauhaltung«, wie diese Unterhaltungslast genannt wurde, in manchen der klösterlichen Leihebriefe zeigen deutlich, daß in der Ersparnis der Investitionskosten für den Eigentümer ein wesentlicher Anreiz zur Verleihung lag[35]. *Abb. 70*

In der Zeit des großen Suhlenbaus von 1496 wird ein Erb bereits an mehr als 30 Sieden erwähnt[36]. In den folgenden Jahren bis etwa 1530 kamen noch mehrere Erbsieden dazu. Diese Entwicklung führte schließlich dahin, daß im 17. und 18. Jahrhundert ganz allgemein bei einem Siedrecht zwischen »Eigentum« und »Erb« unterschieden wurde, gleichgültig, ob eine Verleihung stattgefunden hatte. Im Lauf des 16. Jahrhunderts hatte sich der Gedanke durchgesetzt, daß das in ein erbliches Nutzungsrecht und das Eigentum aufgespaltene, geteilte Recht am Sieden den Normalzustand darstellte. Bei Sieden, die nach wie vor sowohl im Eigentum wie im Nutzungsrecht ein und derselben Person zustanden, sprach man von »Erb- und Eigen-Sieden«.

Die Entwicklung zur Vererblichkeit der Nutzungsrechte, die aus dem Sieder einen »Erbsieder« werden ließ, brachte mancherlei neue Rechtsprobleme mit sich. Schon um 1500 führten Prozesse um angeblich oder wirklich bestehende Erbrechte an Sieden zu einer Ratsverordnung, in der bestimmt wurde, daß Erbverleihungen nur anerkannt würden, wenn sie schriftlich, d. h. mit »Brief und Siegel« erfolgt seien[37]. Der Rat hielt sich selbst nicht immer an

33 Raimund J. WEBER: Urkunden (wie Anm. 12). S. 25f. U 1/2.

34 Raimund J. WEBER: Urkunden (wie Anm. 12). S. 30f. U 9.

35 Dazu auch Raimund J. WEBER: Meißner gegen Bischler. Rechtliches und Rechtstatsächliches zur Leihe aus einem Schwäbisch Haller Siedensprozeß des 16. Jahrhunderts. In: Der Haalquell. Blätter für Heimatkunde des Haller Landes. 32. Jg. (1980). S. 49f., 55.

36 Raimund J. WEBER: Urkunden (wie Anm. 12). S. 34f. U 49/421–427.

37 Raimund J. WEBER: Urkunden (wie Anm. 12). S. 132. U 80/411. Vgl. auch Raimund J. WEBER: Studien (wie Anm. 11). S. 27ff.

diese Verordnung; er ließ mehrfach Zeugenbeweis und Parteieide zum Nachweis eines Erbrechts zu. Immerhin regte die Bestimmung zu einer vermehrten Verleihungs- und Beurkundungstätigkeit an. Ernster waren die Probleme, die aus der Erblichkeit selbst entstanden. Hier, d. h. im Erbrecht der Siedenserbgerechtigkeiten, liegt der eigentliche Kern des neuzeitlichen Haller Salinenprivatrechts. Da das verliehene Siedrecht weder veräußert noch geteilt werden konnte, andererseits aber alle Nachkommen des Beliehenen – Söhne wie Töchter – zu gleichen Teilen erbberechtigt waren, mußte ein Weg gefunden werden, wie trotz des Teilungsverbots alle Kinder in den Genuß des Siedrechts kommen konnten.

Man bediente sich dazu eines Verfahrens, das eine Kombination darstellte aus der in Hall auch sonst gebräuchlichen Auseinandersetzung und Zuscheidung von Erbanteilen mehrerer Miterben durch das Los und der Teilung der Siedensnutzung nach der Zeit. Das geschah in Form der vor den Viermeistern des Haals beurkundeten Loseinigung[38]. Es handelt sich dabei um Verträge, in denen sich die Erben eines Sieders über die künftige Nutzung einigten. Zunächst wurde ein Zeitraum festgelegt (ein, zwei, drei oder mehr Jahre), innerhalb dessen jeweils nur ein Erbe sieden durfte. Danach bestimmte man, und zwar durch das Los, die Reihenfolge, in der die einzelnen Erben nacheinander sieden durften. Unter den Miterben und den durch sie begründeten Familienstämmen – denn die einmal getroffene Loseinigung gilt für alle Zeiten – wandert oder »fließt« von da an die Siedensnutzung bzw. das Erbrecht herum. Solche Erbsieden werden deshalb auch »fließende« genannt. Ihre Gesamtheit, etwa 68 Sieden, bilden den sogenannten »Erbfluß«. Eine kleinere Gruppe von Sieden blieb von solchen Bindungen frei und konnte, anders als die erbfließenden, frei veräußert und vererbt werden. Diese Sieden werden deshalb auch als »freieigenes Erb« bezeichnet. Beides – fließendes wie freies Erb – besteht heute noch. Als in den Jahren 1811/12 eine vom Königreich Württemberg zu zahlende Geldrente, das noch zu erwähnende »Siedersgeld«, an die Stelle des Siedrechts getreten war, blieben die Regeln über den seitherigen Siedensgenuß der Erbberechtigten als »Normen der Austeilung« der Rente erhalten. So gelten sie bis heute weiter; auch der Rentengenuß fließt unter den Stämmen der Rentenberechtigten nach der Reihenfolge und in den zeitlichen Abständen, wie sie in den seit dem 16. Jahrhundert errichteten Loseinigungen festgelegt wurden.

Kehren wir aber noch einmal für einen Augenblick in das 16. Jahrhundert und in die Anfangszeit der Loseinigungen zurück. Mit diesen war zwar das Problem der Nutzungsteilung unter Miterben zunächst gelöst. Es erhoben sich aber sogleich neue Schwierigkeiten, wenn ein Miterbe und Nachkomme selbst nicht sieden konnte oder wollte. Am einfachsten wäre es gewesen, hätte man solchen Erben die kommerzielle Verwertung ihres Erbrechts, d. h. den Verkauf des Nutzungsrechts für die Dauer oder auf Zeit gestattet. Ein Verkauf des Erbrechts selbst war jedoch durch städtische Satzung und wohl schon länger bestehendes Gewohnheitsrecht untersagt. Das Sieden mußte bei den Erben des Erstbeliehenen verbleiben. Aber auch die entgeltliche Übertragung des Nutzungsrechts auf Zeit, d. h. etwa für die anfließenden Siedjahre, war zunächst nicht ohne weiteres möglich. So bestimmte eine Haalordnung im Jahr 1514, wenn ein Erbe nicht sieden könne oder wolle, sei der Lehenherr befugt, das Sieden einem anderen zu leihen, und zwar so lange, bis aus dem erbberechtigten Stamm wieder ein zum Sieden tauglicher und williger Erbberechtigter erscheine[39]. Die Erbsieder versuchten, in den Loseinigungen das Problem durch vertragliche Bestimmung zu lösen. Wenn einer der Miterben die ihm anfließenden Jahre nicht selbst versieden wolle, müsse er sie, und zwar unentgeltlich,

38 Zum folgenden vgl. Raimund J. WEBER: Studien (wie Anm. 11). S. 65–69.
39 Raimund J. WEBER: Urkunden (wie Anm. 12). S. 131f. U 80.

dem »nächsten im Los«, d.h. dem zeitlich nächsterbberechtigten Miterben zukommen lassen[40]. Aber auch dieser Versuch erwies sich auf die Dauer als nicht durchführbar. Das wirtschaftliche Bedürfnis von Erbberechtigten, die nicht selber sieden wollten, die Erbjahre entgeltlich zu verwerten, war letztlich stärker als Haalordnungen und Loseinigungen. Nach dem Dreißigjährigen Krieg mußte der Rat die wohl schon lange geübte Praxis billigen und eine jahrweise Überlassung des ererbten Nutzungsrechts an interessierte Sieder gegen einen obrigkeitlich taxierten »Jahrkaufschilling« gestatten[41].

An dieser Entwicklung läßt sich verfolgen, wie im Laufe weniger Generationen die Erbsiedrechte ihren wirtschaftlichen Sinn verändert hatten. Waren die Sieden ursprünglich einem Sieder ungeteilt zur Nutzung überlassen worden und hatten sie damit die Grundlage einer bestimmten gewerblichen Existenz gebildet, so waren die Erbrechte hundert Jahre später durch den Erbgang so weit aufgespalten, daß die Erbanteile oder Siedjahre nicht mehr als Existenzgrundlage für die Ausübung des Siedehandwerks taugten. Auch das »Erheiraten« von Erbportionen anderer Stämme und Familien half hier auf die Dauer nicht, so daß schließlich die Erbrechte ihrerseits wieder, wie zuvor das Eigentumsrecht, zu bloßen Wertrechten wurden. Wenn auch das Stammrecht in den Familien verblieb und vererbt wurde, pflegten doch die »anfließenden« Siedjahre an professionelle Sieder verkauft zu werden. Neben die »Rechnungsherren« war damit eine zweite, aus den Nachkommen ehemaliger Sieder herausgewachsene Schicht von Personen getreten, die aus den Siedrechten eine Geldrente bezogen.

III. Viermeister und Haalgericht – Verfassung und Verwaltung des »gemeinen Haals«

Nachdem wir die sachen-, d.h. die eigentums- und leiherechtliche Stellung der an der Saline Hall beteiligten Personengruppen, der Lehenherren und Sieder, behandelt haben, können wir uns der Organisation des Werks zuwenden. Diese, die Haalverfassung im engeren Sinn, gab den Rahmen, innerhalb dessen die Sieder ihre Bestands- und Leiherechte ausübten und verwerteten. Hier ist vorweg zu bemerken, daß die Organisation des Haals nicht nur die Sieder selbst erfaßte, sondern schlechthin alle umschloß, die sich *des gemainen Haalß gebrauchen,* wie es die Haalordnung von 1608 ausdrückte[42]. Dazu gehörten auch die Siedknechte und -mägde, deren Löhne vom Rat reguliert wurden, und die Tagelöhner für vielfältige Hilfsgeschäfte. Sie waren oft nicht einmal Bürger von Hall, sondern bloße Einwohner oder Untertanen anderer Herrschaften. Aufgrund des Holzhandels mit den benachbarten Gebieten hatte die Haalleitung schließlich sogar Kompetenzen, die über das reichsstädtische Gebiet hinausreichten. So waren etwa die Schreiber, die das in Hall angeflößte Holz registrierten, nicht nur der Stadt Hall,

40 Raimund J. Weber: Studien (wie Anm. 11). S. 67f.
41 Die Haalordnung von 1608 enthielt das Verbot noch, vgl. Art. 1 (StAH 4/1027 S. 3f.). In der Ergänzung von 1657 (Art. 2) wurde es aufgehoben (ebd. ohne Seitenangabe). Nach der Renovation von 1657 sollte der Jahrsieder entweder selbst sieden oder das angefallene Jahr *so hoch er kan* verkaufen dürfen. Er sollte aber nur an (Stamm-)Verwandte verkaufen. Außerdem sollten sich Pfleger und Meister *darein legen* und einen Entscheid nach der Billigkeit treffen, wenn ein Verkäufer einen zu hohen Preis für das Siedjahr verlangte. – In der gedruckten Haalordnung von 1683 wurde schließlich als Höchstpreis eine Summe von 50 Gulden für das Siedjahr festgesetzt, vgl. Art. 1 (Desz Heiligen Römischen Reichs Statt Schwäbischen Hall erneuerte/erklärte/verbessert- und publicirte Ordnung desz Gemeinen Haals. Gedruckt daselbsten von Hans Reinhard Laidigen/Anno 1683. – Exemplare im StAH und HA).
42 StAH 4/1027. – Zur Haal- und Siedersgemeinde vgl. auch Raimund J. Weber: Suhlenfege (wie Anm. 20). S. 29f.

sondern auch – wegen der Interessen der Holzverkäufer – der Grafschaft Limpurg mit Eiden verpflichtet, ein kleiner, dennoch bemerkenswerter Fall von gemeinschaftlicher Verwaltung zweier benachbarter Herrschaften[43].

Den Kern der »Haalgemeinde« bildeten die Sieder oder Siedmeister, die *sieder gemainlichen des ... Hales* (Haalordnung von 1385), das um 1500 so genannte »Handwerk«[44]. Die gemeinen Sieder waren es, die 1385 unter ihren Vorstehern, den Viermeistern, die »Läufe, Rechte und Gewohnheiten« des Haals, die erste »Haalordnung«, aufzeichnen ließen. Über die Entstehung des siederschaftlichen Verbandes haben wir keine Nachrichten. Der erste sichere Zeitpunkt ist das Jahr 1385, aus dem die eben erwähnte Haalordnung stammt. Die Siederschaft als »Handwerk« gab es aber schon vor 1340. In der Schlichtungsurkunde, mit der Kaiserliche Kommissare damals »Krieg, Auflauf und Mißhelligkeit« in der Stadt beilegten[45], war schon von »Handwerken« die Rede, die »zum Rat gehören«, d.h. vom Rat lizenziert und beaufsichtigt wurden. Daß zu jener Zeit auch schon die Sieder, das zahlreichste und wichtigste Gewerbe der Stadt, als »Handwerk des Rats« organisiert waren, dürfen wir annehmen. Ungewiß ist, seit wann die Aufsicht und Leitung von aus der Siederschaft selbst genommenen Meistern, den 1385 erstmals genannten Viermeistern des Haals, ausgeübt wurde. Die Meinung in der Haller salinengeschichtlichen Literatur scheint dahin zu lauten, daß die Saline sozusagen »schon immer« von den Viermeistern (denen übrigens eine alte Einteilung des Haals in »Viertel« entsprach) geleitet wurde. Letztlich hängt die Beantwortung dieser schwierigen Frage aber vom Organisationsgrad und Entwicklungsstand ab, den man der Saline im 13. oder sogar schon im 12. Jahrhundert zubilligen will. Die Gemeinschaftsarbeiten und Abrechnungen, die später eine ständige zentrale Behörde und die Leitung der Saline durch fachkundige Siedmeister erforderten, können in einem früheren und weniger rationalisierten Stadium auch durch in ihren Kompetenzen noch nicht klar definierten und von Zeit zu Zeit zusammengestellten Ausschüssen erledigt worden sein.

Jedenfalls tritt im 13. Jahrhundert neben dem zur regierenden Geschlechter- und Ministerialenschicht zählenden Sulmeister (magister salis, salinarum; jüngerer bzw. älterer Sulmeister)[46] kein der handwerklichen Siederschaft angehörender (Haal-)Meister auf. Unter den Zeugen, die in einer Urkunde von 1291 über die Zusammenlegung von Siedstätten des Klosters Komburg erwähnt sind und die wahrscheinlich zum größten Teil Sieder waren, ist keiner durch eine

43 Vgl. zum Verhältnis Hall und Limpurg auch den hier abgedruckten Beitrag über die Flößerei sowie Kuno Ulshöfer: König Rudolfs Wiener Schiedsspruch (wie Anm. 26).

44 Haalordnung von 1498, StAH 4/490 Bl. 159' – Zusatz. Abgedruckt bei Raimund J. Weber: Urkunden (wie Anm. 12). S. 95. U 56 (Apparat).

45 Druck bei Hans Lentze: Der Kaiser und die Zunftverfassung in den Reichsstädten bis zum Tode Karls IV. (Untersuchungen zur deutschen Staats- und Rechtsgeschichte. 145. Heft). 1933. S. 252–266. – Regest: Friedrich Pietsch: Die Urkunden des Archivs der Reichsstadt Schwäbisch Hall. Band 1 (wie Anm. 12). S. 106f. U 170, 170a. – Zur Verfassungsänderung von 1340 vgl. Julius Gmelin: Hällische Geschichte (wie Anm. 25). S. 508ff. – Gerd Wunder: Die Bürger von Hall (wie Anm. 5). S. 72ff. – Robert Uhland: Eine Partei Ludwigs des Bayern zu Schwäbisch Hall. In: WFr 44 (1960). S. 63ff.

46 Vgl. zu den Erwähnungen und Bezeichnungen der Sulmeister im 13. Jh. Friedrich Pietsch: Die Urkunden des Archivs der Reichsstadt Schwäbisch Hall. Band 1 (wie Anm. 12). N 12, 49, 57, 78, 82 u.a.; U 6, 9, 14, 15 u.a. – Vollständiger Nachweis bei Marianne Pietsch: Personenregister. Ebd. Band 2. S. 544. – Zur Familiengeschichte: Julius Gmelin: Hällische Geschichte (wie Anm. 25). S. 347–355. – Gerd Wunder: Die Bürger von Hall (wie Anm. 5). S. 66f. – Ders.: Die Bürgerschaft der Reichsstadt Hall (wie Anm. 8). S. 533ff. (Senfft), 547f.

Amtsbezeichnung hervorgehoben[47]. Zur Klarstellung sei hier noch angefügt, daß die siederschaftlichen Viermeister nichts mit dem Sulmeisteramt zu tun hatten, daß vor allem die Viermeister nicht aus dem Sulmeisteramt hervorgegangen sind. Beide Ämter bestanden bis in das 16. Jahrhundert nebeneinander. Das Sulmeisteramt war das Erbamt einer Geschlechterfamilie, das Viermeisteramt wurde dagegen immer mit handwerklichen Siedern besetzt.

Der Aufgabenkreis der Viermeister war weit gespannt, ihre Autorität innerhalb des Haals und der Siederschaft hoch. Zwar zog der Rat die im 14. Jahrhundert noch von Meistern und Siedern in Anspruch genommene Befugnis, die Rechte des Haals aufzuzeichnen, an sich und übte seit dem 16. Jahrhundert die Statutenhoheit über die Saline allein aus[48]. Im übrigen aber waren die Leitungsrechte der Viermeister, von der Anordnungsbefugnis des Rats abgesehen, fast unbegrenzt[49]. Sie leiteten und überwachten das Siedgeschäft, den Holzhandel und das Floßwesen sowie den Handel mit Pfanneisen. Ihre umfassende Zuständigkeit drückte der (insoweit wesentlich ältere) Meistereid von 1608 mit den Worten aus, die Meister hätten *dasz werckh zuhalten undt dess zu warten, alß herkom(m)en ist*[50]. Ohne Erlaubnis der Meister durfte kein Sieder mit dem Sieden beginnen. Andernfalls konnten ihm die Meister – nach den bildhaften Worten der Haalordnung von 1385 – die »Pfannen in den Herd werfen«.

Neben der Besorgung des Siedgeschäfts und der Abrechnung der Gemeinwerke und -kosten oblag ihnen die Einziehung der Bußen, die für die Übertretung der Haalordnung angesetzt waren und für deren Einbringung die Meister persönlich hafteten. In der Verhängung solcher Bußen lag bereits eine – nach heutigen Begriffen – niedere Strafgerichtsbarkeit (Ordnungswidrigkeiten). Wenn in der salinengeschichtlichen Literatur gelegentlich bemerkt wird, die Viermeister hätten keine »Gerichtsbarkeit« besessen[51], dann bedarf das einer Erläuterung. Sicher haben sie nie hohe Kriminal- oder Blutgerichtsbarkeit ausgeübt. Diese war nach damaliger Anschauung Hauptkennzeichen der obrigkeitlichen Gewalt und wurde infolgedessen immer vom Rat selbst wahrgenommen. Auch die Gerichtsbarkeit über Sachenrechte wurde unmittelbar vom Gericht oder Rat ausgeübt. Dagegen bestehen keine Bedenken, dem Haalvorstand Gerichtsbarkeit im weiteren Sinn zuzusprechen. Er hat zweifellos richterliche Funktionen gehabt. Schon 1499 erkannte der Rat das Recht der Viermeister des Haals an, alles protokollieren zu lassen, was ihnen nötig scheine, *es sey mit sieden, pfannen, gewerd* (Gewöhrd), *heltz* (Hölzern, gemeint ist das Haalholz) *oder anders zuschaiden* (zuzuteilen), *auch dadigung* (Taidigung, Schlichtung) *oder rechtlich sprůch* (gerichtliches Erkenntnis)[52].

47 WUB XI. S. 566. – Regest: Friedrich PIETSCH: Die Urkunden des Archivs der Reichsstadt Schwäbisch Hall. Band 1 (wie Anm. 12). S. 34. N 122.

48 Dazu Raimund J. WEBER: Studien (wie Anm. 11). S. 100 Anm. 616. – Die dort geäußerte Vermutung einer ausschließlichen Zuordnung des Haals an den Schultheißen möchte ich in dieser allgemeinen Form nicht aufrechterhalten. Die Beteiligung des Schultheißen an den Bußgeldern ist ein Ausdruck der von ihm verwalteten Gerichtshoheit des Stadtherrn. Über die sonstige Stellung des Haals in der Stadt läßt sich daraus noch nichts Endgültiges folgern. Auch die Bezeichnung des Su(h)lmeisters als »Aufsichtsorgan des Stadtherrn« stand wohl zu sehr unter dem Eindruck der gängigen Ansichten in der stadtgeschichtlichen Literatur (vgl. dazu Text zu Anm. 25).

49 Zu den Viermeistern vgl. auch Werner MATTI: Verfassung und Wirtschaftspolitik (wie Anm. 19). S. 105ff.

50 StAH 4/1027 S. 81f.

51 Robert UHLAND: Das Haalarchiv in Schwäbisch Hall. Inventar der Urkunden, Akten und Bände (Inventare der nichtstaatlichen Archive in Baden-Württemberg. Heft 10). 1965. S. 15*f.

52 HA B 157 Bl. 45.

Im Zusammenhang mit der Vererblichkeit der Leiherechte nahm die Beurkundungstätigkeit der Viermeister im 16. Jahrhundert stark zu. Sie protokollierten die Loseinigungen, die zur Grundlage des Erbflusses wurden[53]. Das immer verwickelter werdende System der Erbanteile führte im 17. und 18. Jahrhundert zu zahlreichen Auseinandersetzungen unter Verwandten um die Zulassung zum Sieden. So hatten sich die Viermeister mit häufigen »Immissionsstreitigkeiten« zu befassen[54]. Wegen der dabei auftretenden Rechtsfragen wurde im 18. Jahrhundert vom Rat ein gelehrter Jurist als »Haalkonsulent« bestellt und den Viermeistern zugeordnet. Der Haalkonsulent war aber nicht der einzige Beamte, der die Salinenämter vermehrte. Schon im ausgehenden 16. Jahrhundert war vom Rat das Amt eines »Hauptmanns des gemeinen Haals« geschaffen worden. Es wurde von einem Geheimen Rat, ebenfalls regelmäßig einem Juristen, bekleidet. Nach der Haalordnung von 1608 war außerdem vorgesehen, daß an den Gerichtssitzungen der Viermeister auch die »Pfleger« und ihr Schreiber teilnehmen sollten. Die Pfleger waren Ratsmitglieder, die für die Verwaltung der städtischen Sieden zuständig waren. So erweiterte sich aufgrund der zunehmenden Verwaltungs- und gerichtlichen Aufgaben das Leitungsgremium der Viermeister zu einem aus Hauptmann, Konsulent, Pflegern, Viermeistern und Schreibern bestehenden »Haalgericht«. *Abb. 75* Im Zuge dieser Entwicklung verlagerten sich die Gerichtsfunktionen mehr und mehr auf das juristische und schreibende Personal, während die dem Siederberuf angehörenden Viermeister sich auf die technischen und wirtschaftlichen Angelegenheiten konzentrierten. Als Gerichtsbehörde hat das »Haal-« oder »Salinengericht« sogar das Ende der alten Salinenverfassung in den Jahren nach 1800 überlebt und wurde erst im Lauf des 19. Jahrhunderts aufgelöst[55].

Stellen wir uns am Schluß dieses Abschnitts die Frage, ob die Salinenorganisation mehr von Selbstverwaltung der Sieder oder von obrigkeitlicher Lenkung geprägt war. Am ehesten wird man wohl im 14. Jahrhundert Anzeichen für eine weitgehende Selbstorganisation und Autonomie der Siederschaft finden, so etwa in der ohne erkennbares Mitwirken des Rats zustandegekommenen Haalordnung. Auch die 1340 erreichte Beteiligung der Mittelbürger und Handwerker am Stadtregiment ist nur vor dem Hintergrund einer gewissen Selbständigkeit bzw. zu wenig wirksamer Kontrolle durch den Rat zu verstehen. Betrachtet man aber die Geschichte der Saline vom 13. bis zum 18. Jahrhundert insgesamt, fällt das Urteil anders aus. Nicht nur der zwischen 1385 und 1500 eingetretene Verlust der Satzungsautonomie, auch die Besetzung der Ämter zeigt, daß von einer Selbstverwaltung allenfalls im Rahmen der von der Stadtverfassung gewährten Befugnisse gesprochen werden kann und daß die Letztentscheidung immer beim Rat lag. Die Wahl der Viermeister erfolgte, wie den Meisterrechnungen des 16. Jahrhunderts zu entnehmen ist, in der Weise, daß die seitherigen (»alten«) Meister dem Rat zehn Kandidaten (Siedmeister) vorschlugen, aus denen dieser vier (»neue«) Meister ernannte[56]. Mit diesem Wahlmodus, in dem Benennung und (Aus-)Wahl auf zwei getrennte Gremien verteilt wurden, waren sowohl das Eigenrecht der Siederschaft bzw. ihrer Viermeister, als auch die obrigkeitliche Aufsichts- und Letztentscheidungsbefugnis des Rats anerkannt. Die Siederschaft war damit kein »abgesondertes Korpus«, sondern bei Wahrung des Vorschlagsrechts ihrer Vorsteher in die Stadtverfassung ein- und an den Rat angebunden.

53 Vgl. dazu oben im Text und Anm. 38.

54 HA A 856–939.

55 Zur Geschichte der Salinenorganisation im 19. Jh. vgl. (Wilhelm) PRINZING: Von der Saline und den Siedern zu Hall. 1941 (Sonderdruck aus dem Haller Tagblatt; im StAH). 2. Teil.

56 Vgl. Meisterrechnung von 1511: HA A 997.

War auch in der Meisterwahl ein Element der Selbstverwaltung und Autonomie enthalten, so hingen die Viermeister doch in ihrer Amtsführung vom Willen des Magistrats ab, der ein fast unbegrenztes Weisungsrecht für sich in Anspruch nahm. Die Meister hatten – frei nach dem Meistereid der Haalordnung von 1608, der insoweit wohl schon ältere Texte enthält – zu »sagen«, d.h. den Siedern zu verkünden, was ihnen der Rat »sagen« ließ, und sie hatten zu »lassen«, was sie der Rat hieß »lassen«. Wenn ihnen der Stättmeister etwas befahl, wurde erwartet, *daß ihr daß auch sagendt undt thuendt*. Die einzige, auch vom Rat nicht ohne weiteres zu überwindende Grenze für Weisungen war das »Herkommen«, die alte Gewohnheit, nach der die Viermeister die Haalgeschäfte zu lenken hatten[57]. Vom Herkommen abgesehen, wird man die gestrengen Verpflichtungen im Meistereid aber auch sonst in ihrer rechten Bedeutung sehen müssen. Dem Rat kam es nicht darauf an, in das tägliche Siedgeschäft lenkend und störend einzugreifen; hier hatten die Meister allerdings praktisch frei zu schalten und zu walten. Der Rat mußte jedoch sicherstellen, daß sie in kritischen Zeiten seine Partei hielten und daß nicht die ordentlich eingesetzten Vorsteher des mitgliederstärksten Handwerks in wichtigeren Fragen in Opposition zum Rat kommen konnten. Diese Absicherung war um so nötiger, als angesichts der aristokratischen bzw. oligarchischen Stadtverfassung mit Unzufriedenheit stets gerechnet werden mußte. Nicht von ungefähr ist die umfangreiche Haalordnung von 1608 wenige Jahre nach bürgerlichen Unruhen erlassen worden, die zum zeitweiligen Sturz der herrschenden Ratspartei geführt hatten[58].

Dennoch genügten dem Rat zu Ende des 16. Jahrhunderts weder Auswahl noch Vereidigung der Viermeister noch die Befugnis, den Meistern Weisungen zu erteilen. Es wurden neue und allein vom Rat besetzte Ämter geschaffen, wie das Haalhauptmannamt, oder es wurden städtische Beamte und Ratsmitglieder, wie die Pfleger, den Viermeistern zugeordnet. Diese Maßnahmen verstärkten den unmittelbaren Einfluß des Rats über die Haalleitung und relativierten im Lauf des 17. und 18. Jahrhunderts die Bedeutung der Meister. Das »Haalgericht« dieser Jahrhunderte trug nur noch zum Teil, eben soweit die Viermeister mitwirkten, Züge siederschaftlicher Selbstverwaltung. Im übrigen war das Haalgericht der ausgehenden Reichsstadtzeit eine städtische Behörde. Es ist bezeichnend, daß die Sieder, als sie sich im 18. Jahrhundert gegen die vom Magistrat eingeführten technischen Neuerungen (Gradierwerke) mit einem Prozeß vor dem Wiener Reichshofrat wehrten, nicht von den Viermeistern oder gar dem Haalgericht, sondern von dazu eigens beauftragten Deputierten vertreten wurden[59]. Die Verbindung zwischen Rat und Haalgericht wirkte sogar noch über die Reichsstadtära hinaus. In dem 1826/27 ausgetragenen Streit um die Fortzahlung der Siedensren- *Abb. 80, 81*
ten zwischen dem königlich-württembergischen Finanzministerium und den Siedern und Rentenberechtigten war es – als ob es nicht anders hätte sein können – der zugleich als dirigierender Salinengerichtsassessor amtierende Stadtschultheiß, der die Vergleichsverhandlungen übernahm und zusammen mit seinem Neffen, dem Haller Abgeordneten Hufnagel, *Abb. 82*
glücklich zu Ende brachte[60].

57 StAH 4/1027 S. 81f.

58 Dazu Wilhelm KOLB: Die Schneckischen Unruhen in Schwäbisch Hall 1601–1604. In: WVjH 1893. S. 163–216.

59 Über die Prozesse vgl. Werner MATTI: Verfassung und Wirtschaftspolitik (wie Anm. 19). S. 101–105. – Zur Absendung von Deputierten das bei Raimund J. WEBER: Siedensbestand (wie Anm. 21). S. 86f. Anm. 55 Mitgeteilte.

60 Dazu Raimund J. WEBER: Der Siedensrentenvergleich vom 27. Juni 1827. Zur Geschichte der Schwäbisch Haller Siedensrenten. In: WFr 66 (1982). S. 81–126.

IV. Die Stadt

Um die Stellung der Stadt in der Salinenverfassung abschließend würdigen zu können, empfiehlt es sich, die verschiedenen Einwirkungsmöglichkeiten der Stadtverwaltung auf das Salzwerk im ganzen zu betrachten. Erinnern wir uns zuvor an die Beschaffenheit des Haller Regiments in der Reichsstadtzeit. Die Zusammensetzung des Rats wurde hauptsächlich unter der Regierung Kaiser Ludwigs des Bayern (1314–1347) durch Kaiserliche Kommissare festgesetzt. Danach bestand seit 1340 der Innere Rat aus 26 Mitgliedern, von denen zwölf zugleich Richter sein sollten. Aus den 26 wurden zwei Ratsherren zu Stättmeistern gewählt, die jährlich im Amt abwechselten (regierender und vorjähriger Stättmeister) und dem Rat vorstanden. Die beiden Stättmeister und die drei ältesten Richter bildeten das Kollegium der »Fünfer« oder »Geheimen«. Bei den Fünfern lag die eigentliche Macht. Ein 1552 erstmals erwähnter, aus 15 Bürgervertretern gebildeter »Äußerer Rat« hatte dagegen wenig Einfluß[61].

Der Rat ergänzte sich durch Zuwahl selbst, so daß das Haller Stadtregiment einen oligarchischen Charakter trug. Waren bis zum 16. Jahrhundert die führenden Ratsstellen in der Hand des Stadtadels, so beherrschten später gehobene bürgerliche Familien den Rat. Die bürgerschaftliche Verfassung war also nicht etwa demokratisch. Zwar konnte an sich jedermann in den Rat aufgenommen werden; tatsächlich entschieden Kriterien wie Wohlstand, Familienverbindungen, aber auch Tüchtigkeit und Brauchbarkeit für die Stadtgeschäfte über die Aufnahme in den Inneren Rat und über das Vorrücken auf die vorderen und wichtigen Ratssitze[62]. Hall scheint mit diesem System aufs Ganze gesehen nicht schlecht gefahren zu sein. Zwar entging die Stadt den Gefahren oligarchischer Herrschaft nicht. Die Ratsergänzung durch Zuwahl begünstigte die einmal regierenden Familienkreise und bot außerdem zu kurz gekommenen und unzufriedenen Kräften keine Möglichkeit legaler Opposition oder auch nur die Aussicht auf einen baldigen Machtwechsel. So konnte es unter bestimmten Umständen, wie etwa 1603, auch zu gewaltsamen Umstürzen kommen. Andererseits bot die Selbstergänzung in der Regel die Gewähr für eine kontinuierliche Politik, und die Auswahl des Führungsnachwuchses unter den Söhnen (und Schwiegersöhnen) der wohlhabenden regimentsfähigen Familien, verbunden mit der Erprobung der Verwaltungstauglichkeit in Advokatur- und Ratsstellen vor dem Aufrücken in die wichtigeren Ämter versah die Stadt im allgemeinen mit angesehenen Regenten.

Diesem Rat boten sich nun eine Fülle von Möglichkeiten, Einfluß auf das Salzwerk zu nehmen, und zwar sowohl in seiner Eigenschaft als Anteilsinhaber wie als Obrigkeit. Seit dem 15. Jahrhundert war der Rat größter einzelner Siedens-Eigentümer. Der von ihm direkt kontrollierte Pfannenbesitz erlaubte ihm, die Versorgung des städtischen Salzhauses zu sichern und zudem Druck auszuüben, damit sich Lehenherren und Sieder rascher über den Bestand einigten. Es nimmt nicht wunder, daß sich vor allem die Siederschaft über diese Praxis beschwerte. 1513 lehnte es der Rat jedoch ausdrücklich ab, auf das »Fürsieden« (Vorsieden) zu verzichten, um nicht Ursache zu *verhinderung besteens* und zu *widerwillen zwischen den herren und siedern* zu geben[63].

Wichtiger waren jedoch die obrigkeitlichen Befugnisse. Seit dem 15. Jahrhundert erließ der Rat die »Haalordnungen«, das für die Saline maßgebende Stadtrecht[64]. Diese Haalordnungen

61 Gerd WUNDER: Die Bürgerschaft der Reichsstadt Hall (wie Anm. 8). S. 49ff.
62 Ebd. S. 55f.
63 Raimund J. WEBER: Siedensbestand (wie Anm. 21). S. 86. Anm. 52.
64 Dazu Werner MATTI: Verfassung und Wirtschaftspolitik (wie Anm. 19). S. 52ff.

beschränkten sich im 15. und 16. Jahrhundert noch auf wenige Bestimmungen, meist gewerberechtlicher Art, oder Bußandrohungen. Gelegentlich wurden im Anschluß an Prozesse auch einzelne Fragen statutarisch geregelt. Später wurden umfangreiche, echte Haalordnungen erlassen, die Vorschriften zu allen Materien enthalten. Zu nennen ist hier die Haalordnung von 1608, auf der auch die gedruckte Ordnung von 1683 beruht. Als Rechtsgrundlage für diese *Abb. 73, 74* Statutarpraxis der Stadt wird gelegentlich ein Privileg Kaiser Maximilians I. angeführt, in dem der Stadt erlaubt worden war, das Salzwerk betreffende Ordnungen aufzurichten[65]. Es darf aber nicht übersehen werden, daß es sich bei diesem Privileg nur um eine zusätzliche Legitimierung gehandelt haben kann. Die Stadt hat bereits lange vorher die Gesetzgebung in Haalsachen beansprucht, wie sie überhaupt als städtische Obrigkeit ganz allgemein die Befugnis zur Rechtssetzung für ihre Untertanen geltend machte.

Über die Rechte der Stadt zur Besetzung der Saline-Ämter wurde bereits das Nötige ausgeführt. In bezug auf die Gerichtsbarkeit ist daran zu erinnern, daß der Rat die Instanz war, bei der sich Parteien über Entscheidungen des Haalgerichts beschweren konnten. Von großer praktischer Bedeutung war, auch wenn sie selten in Anspruch genommen wurde, die Schlichtungs- und Entscheidungsbefugnis in den Bestandsverhandlungen. Beauftragte des Rats vermittelten, wenn sich Lehenherren und Sieder nicht einigen konnten[66]. Der Rat nahm gelegentlich und auch gegen den Protest der Lehenherren das Recht der Zwangsschlichtung in Anspruch, wenn nach Vermittlungsversuchen die Einigung ausblieb. Dies geschah etwa im Jahr 1721 durch ein »Obrigkeitliches Provisionaldekret«; da die Entscheidung gegen die Lehenherren ausgefallen war, erhoben sie beim Reichshofrat Klage wegen Störung ihrer Gerechtsame. Sie bestritten dem Rat grundsätzlich das Recht zu solchen Maßnahmen[67]. Immerhin ist schon 1570 in einem Gesuch der Haalmeister um obrigkeitliche Regulierung des Rechnungsgeldes davon die Rede, daß dies *etwan hievor auch beschehen* sei. Allerdings hatten die Meister damals keinen Erfolg. Sie wurden an die Lehenherren verwiesen mit dem Bemerken, daß der Rat diesen keinen »Eingriff« tun wolle. 1614 riefen umgekehrt die Lehenherren den Rat an und beschwerten sich über das geringe Angebot der Sieder, die für das Bestehen zuwenig geboten hätten. Damals hielt der Rat »zur Verhütung eines Aufstands« die Lehenherren davon ab, das Sieden zu verbieten, und setzte eine Vergleichs-Deputation ein[68].

Diese Beispiele zeigen, daß der Rat nicht ohne Not in die Verhandlungen zwischen Herren und Siedern eingriff und daß er, trotz der engen Verbindung zwischen Rat und Lehenherren, auch einmal zum Nachgeben zugunsten der Siederschaft riet. Ob bei solchen Entscheidungen weise Vorsicht und Zurückhaltung oder die Angst vor den »unruhigen« Siedern ausschlaggebend war, kann hier nicht untersucht werden und ist heute wohl ohnehin nicht mehr zu klären. Immerhin mahnen solche Fälle zur Zurückhaltung in der Beurteilung von personellen Verflechtungen in der alten Zeit; daraus folgte offenbar keineswegs immer eine Interessengleichheit zwischen den verschiedenen Gremien. Die beweglichen Vorstellungen und Klagen der siederschaftlichen Anwälte in den Reichshofratsprozessen des 18. Jahrhunderts über die »Vettershände«[69], die sich angeblich ständig sanft drückten und Vorteile zuschanzten, sind zunächst einmal gängiges Advokatengeschütz der Zeit. Man muß sich hüten, dergleichen ohne

65 Freiheitenbuch, StAH 4/16 S. 135b.
66 Raimund J. Weber: Siedensbestand (wie Anm. 21). S. 81.
67 Vgl. Abschrift der lehenherrlichen Klage an den Reichshofrat von 1721, HA A 356/32.
68 Raimund J. Weber: Siedensbestand (wie Anm. 21). S. 85. Anm. 38.
69 Klageschrift der Siederschaft vom 12. 8. 1775; zitiert bei Werner Matti: Verfassung und Wirtschaftspolitik (wie Anm. 19). S. 115f.

weiteres zu übernehmen und Urteile darauf zu stützen. Ämterhäufung und personelle Verflechtungen zwischen Rats- und Gewerbeämtern waren damals allenthalben anzutreffen. Die Berücksichtigung von Familie und Herkunft bei der Vergabe von Ämtern galt nur dann als anstößig, wenn darüber die Amtstauglichkeit offensichtlich vernachlässigt wurde. Bei solchen generell herrschenden Verhältnissen war der Korruptionsverdacht leicht zu erheben. Wir kennen aber aus der Zeit vom 16. bis zum 18. Jahrhundert eine Reihe von Fällen, die zeigen, daß sich verantwortungsvolle Amtsausübung und Verfolgung eigener Interessen im privaten Bereich nicht ausschlossen. Das Thema kann hier nicht vertieft werden; zitieren wir zur Auswirkung der in der Stadtverfassung angelegten Verflechtung von Rats- und Salinen-Ämtern, vor allem bei Stättmeistern, noch Werner Matti, der sich eingehend mit der Handelspolitik der Saline im 18. Jahrhundert befaßt hat. Er gelangte zu dem Ergebnis, daß »das 17. und 18. Jahrhundert eine Reihe von Stättmeistern, Haalgerichts-Vorstehern und sonstigen Ratsmitgliedern aufweist, die in starkem Verantwortungsgefühl und mit bewundernswürdigem Weitblick auch Privatinteressen dem Gemeinwohl völlig unterordneten. Die großzügige und konsequente Förderung des nach dem 30jährigen Kriege darniederliegenden Salzhandels durch den Stättmeister Seifferheld mit Hilfe von privaten und öffentlichen Mitteln ist ein anschauliches Beispiel hierfür«[70]. Aber nicht nur die seifferheldsche Handelspolitik des 17. Jahrhunderts, mehr noch die Einführung des Gradierwesens im 18. Jahrhundert, gegen den erbitterten Widerstand der Siederschaft und sogar eines Teils der Lehenherren durchgesetzt, hat in der Salinengeschichte zu einer überwiegend positiven Bewertung der Rolle des Magistrats geführt.

* * *

Nach dieser kurzen Bewertung der städtischen Salinenpolitik können wir unsere Überlegungen zusammenfassen und zu einer abschließenden Charakterisierung der historischen Haller Salinenverfassung kommen. Diese beruhte auf eigentums- und leiherechtlichen Anteilen, die vom frühen 14. bis zum Beginn des 19. Jahrhunderts größtenteils in der Hand von Bürgern, d. h. »Privatleuten«, lagen und blieben. Aber auch der städtische Besitz stammte, soweit die Erwerbstitel nachgewiesen werden können, aus Kauf und Tausch, also auf privatrechtlichem Erwerb. Die Sieden wurden im Rechtsverkehr stets als Liegenschaften bzw. grundstücksgleiche Rechte behandelt. Sie können daher mit den Rechtsformen des mittelalterlichen und neuzeitlichen Liegenschaftsrechts wie Eigentum und Leihe ausreichend beschrieben werden. Wenn man diese Rechte auch schon im Mittelalter als Privatrechte bezeichnen will – freilich ist das wegen der unterschiedlichen Gesamtrechtsordnung nur bedingt möglich –, kann die Haller Saline, wie es die Juristen des 18. Jahrhunderts getan haben, als private Saline angesehen werden.

Die Regalität spielte in dieser ganzen Zeit keine erkennbare Rolle. Ob für das 12. und 13. Jahrhundert an die Ausübung des Salzregals zu denken ist, etwa dergestalt, daß es an die Stadt bzw. Bürgerschaft insgesamt oder an einzelne Bürger verliehen worden wäre, läßt sich mangels einschlägiger Urkunden nicht überprüfen. Die Frage, ob bei der Vergabe königlichen Pfannengutes im 13. Jahrhundert das königliche Salinenregal den Hintergrund bildete, bedürfte noch einer gründlichen Untersuchung[71]. Nach 1306 verschwindet aber der König als Siedenseigentümer aus den Quellen. Im übrigen wurden die Eigentumsanteile der »Herren« des Haals nie

70 Werner MATTI: Verfassung und Wirtschaftspolitik (wie Anm. 19). S. 301 f.

Abb. 68, 69 71 Die einzige urkundlich bezeugte Vergabe ist jene an das Stift Denkendorf von 1231; vgl. zu den Urkunden Friedrich PIETSCH: Die Urkunden des Archivs der Reichsstadt Schwäbisch Hall. Band 1 (wie Anm. 12). S. 58 f. U 7–9.

anders denn als freies Eigen behandelt. Lehenherren hießen sie nicht, weil sie irgendwann einmal vom König beliehen worden wären, sondern weil sie die Pfannen selbst verliehen; der Ausdruck erscheint erst im 15. Jahrhundert[72]. Diese Feststellung schließt selbstverständlich ältere formlose Verleihungen im 12./13. Jahrhundert nicht aus; darüber wissen wir aber bislang nichts.

Die Sieden wurden von den zu Hofrecht oder im Bestand arbeitenden Siedern genutzt. Diese konnten sich im Spätmittelalter dauerhafte und vererbliche Leiherechte erwerben. Das Nutzungsrecht wurde »verdinglicht«. Ausgeübt wurde das Siedgeschäft im Rahmen eines spätestens seit dem frühen 14. Jahrhundert dem Rat unterstellten Handwerks, d. h. einer stadt- und gewerberechtlichen Handwerkerorganisation. Das Handwerk wurde durch eigene, vom Rat ernannte Handwerksmeister beaufsichtigt und geleitet. Diese Organisation wurde später durch die Schaffung eines »Haalgerichts« noch stärker in die städtische Verwaltung eingegliedert. Eine gewisse Selbstverwaltung, verkörpert in den Viermeistern, blieb aber erhalten. Auch die Eigentums- oder Lehenherren erhielten im 16. Jahrhundert eine vom Rat geschaffene Organisation. Innerhalb der Grenzen städtischer Gewerbeverfassung hatten die privatrechtlich Beteiligten stets eine gewisse Autonomie, so daß auch für genossenschaftliche bzw. korporative Willensbildung und Betätigung Raum blieb. Zur Begründung für seine die Saline betreffenden Befugnisse berief sich der Stadtmagistrat nicht auf das Salzregal. Er stützte sich auf seine allgemeinen stadtobrigkeitlichen Befugnisse (Gewerbepolizei, Ämterrecht, Gerichtsbarkeit, Statutarhoheit).

Lassen wir das nur im Rahmen der Gewerbeverfassung bestehende genossenschaftliche Element einmal beiseite, so können wir insgesamt von einer in privatem Eigentum und Besitz befindlichen, weitgehend aber unter städtischer Verwaltung betriebenen Saline sprechen. Die »Stadt« war indessen nichts anderes als die – auch die Salinenberechtigten einschließende – Gemeinde der Bürger. Städtische Verfassung und Verwaltung bildeten die Form, in der die Bürger ihre Angelegenheiten, nun eben nicht als private, sondern als öffentliche, nichtsdestoweniger aber als eigene Sache verwalteten. Zu dieser Selbstverwaltung, die das Wesen der Stadt ausmacht, gehörte auch die Salinen-Administration. Wollte man den Zusammenhang zwischen Salinen- und Stadtverwaltung einerseits und zwischen Stadtverwaltung und bürgerlicher Selbstbestimmung andererseits, wie er sich auch in der Geschichte des reichsstadt-hällischen Salzwerks zeigt, zum Ausdruck bringen, könnte man sagen, Schwäbisch Hall hatte eine *bürgerschaftliche* Salinenverfassung.

Dieser Überblick zur Rechtsgeschichte der Haller Saline wäre unvollständig, wollten wir nicht wenigstens kurz vom teilweisen Fortleben der alten Salinenverfassung bis auf unsere Tage herab berichten[73]. Nach der Mediatisierung Halls im Jahr 1803 übernahm der württembergische Kurfürst und spätere König Friedrich die Salinenanteile, und zwar zunächst entschädi- *Abb. 78*
gungslos die bis dahin im Eigentum der Stadt stehenden Pfannen. 1804 erwarb er durch Kauf die *Abb. 79*
Anteile der Lehenherren. Einziger »Herr vom Boden des Haals« ist seitdem der württembergische Staat, heute das Bundesland Baden-Württemberg. Der Staat hat allerdings inzwischen die Grundstücke des Haalgeländes abgegeben; nur sein Brunneneigentum besteht fort. In den Jahren 1811/12 traten schließlich auch die erbbeliehenen Pächter das »Erb« an den König ab. Sie erhielten dafür eine ewige Geldrente, die, wenn auch im Gefolge der Inflation nach dem Ersten Weltkrieg gemindert, heute noch jedes Jahr an die Nachkommen der ehemaligen Haller Sieder

72 Vgl. etwa die Urkunde von 1415; Raimund J. WEBER: Urkunden (wie Anm. 12). S. 43f. U 23.
73 Zum folgenden vgl. Anm. 55, 60.

ausbezahlt wird. Diese sind im »Verein der Siedensrentenberechtigten e. V.« mit Sitz in Schwäbisch Hall zusammengeschlossen. Der Verein beschäftigt einen Haalschreiber, der zugleich als Genealogist die richtige Vererbung der Renten gemäß den alten Loseinigungen und Abstammungs-Verzeichnissen (Genealogische Bücher) überwacht und die Austeilung besorgt.

Zu den Aufgaben des »Haalrats«, des Vorstands dieses Vereins, zählen neben den mit der Rentenausteilung zusammenhängenden Geschäften die Unterhaltung der vereinseigenen historischen Gebäude (Haalamt und Sulferturm) und die Sorge um das im Stadtarchiv Hall deponierte »Haalarchiv«. Als eine seiner wichtigsten Aufgaben betrachtet der Verein heute die Pflege der siederschaftlichen Tradition, zu der nicht zuletzt die Rentenausteilung selbst gehört, stellt sie doch, da in ihren Austeilungsregeln das alte Salinenrecht fortlebt, ein in Europa einmaliges Rechtsdenkmal dar. Heute bereitet dem Haalrat vor allem die schleichende Geldentwertung Kummer; durch sie vermindert sich der Realwert der Renten laufend. Da die Rentenbeträge heute im Einzelfall schon sehr gering sind, andererseits aber stets Mittel für die Kosten der Austeilung und die sonstigen Aufgaben des Vereins bereitstehen müssen, könnte eines Tages die Inflation dem »Haller Siedersgeld« ein Ende bereiten. Der Verein verhandelt daher zur Zeit mit dem baden-württembergischen Finanzministerium wegen eines Ausgleichs der in den letzten Jahrzehnten eingetretenen Substanzverluste. Am Fortbestehen der in dem Verein verkörperten Tradition besteht auch ein allgemeines öffentliches Interesse, so daß zu hoffen ist, die Bemühungen des Haalrats möchten den erwünschten Erfolg haben. Dann könnten auch kommende Generationen des »Haals Recht« nicht nur als Geschichte, sondern nach wie vor als lebendige Wirklichkeit erfahren.

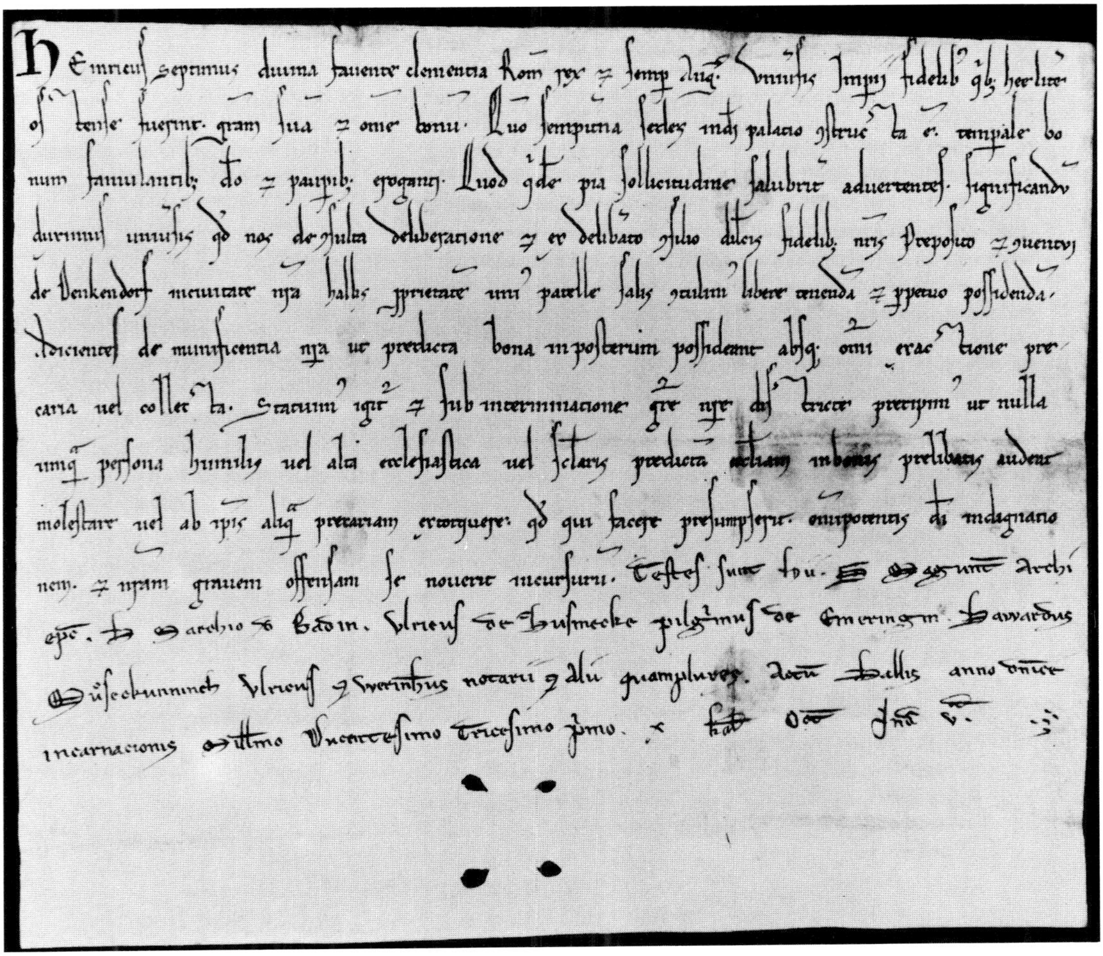

68 Urkunde Heinrichs (VII.) vom 22. September 1231. – Mit dieser Urkunde vergab der König eine Salzpfanne an das Stift Denkendorf bei Esslingen zu eigen, vgl. Zeile 5: *p[ro]prietate[m] uni[us] patelle salis* = das Eigentum einer Salzpfanne. Die Stadt Hall wird ausdrücklich als königliche Stadt bezeichnet, vgl. ebenfalls Zeile 5: *in civitate n[ost]ra hallis* = in unserer Stadt Hall.

(Staatsbibliothek Preuß. Kulturbesitz Berlin, Urkunde D2, Nr. 1)

◁ Der Text der Urkunde lautet in deutscher Übersetzung:

Heinrich der Siebente, von Gottes Gnaden König der Römer und allzeit Erhabener, entbietet allen Getreuen des Reichs, denen dies Geschriebene kundgetan wird, seine Gnade – möge es ihnen in allem wohl ergehen. Es ist ja in dem himmlischen Palaste ein ewiger Thron dem errichtet, der die Diener Gottes und die Armen mit zeitlichem Gut beschenkt. Da wir nun solches mit frommem Eifer zu unserem Heil erwogen und erkannt, haben wir allen zu wissen gegeben, daß wir – aus beratener Erwägung und erwogenem Rat – unseren lieben Getreuen, dem Propst und Konvent zu Denkendorf, die Eigenschaft einer Salzpfanne in unserer Stadt Hall zu freiem und immerwährendem Besitz übertragen haben. In unserer Milde fügen wir noch hinzu, daß sie die vorgenannten Güter hinfort ohne jede Steuer oder Abgabe innehaben sollen. Und wir setzen also und gebieten bei Androhung unserer Ungnade, daß niemand – er sei niedrig oder hoch geboren, geistlichen oder weltlichen Standes – das vorgenannte Gotteshaus um die vorgedachten Güter angreife oder von ihnen irgendeine Abgabe erhebe. Und wer solches zu tun sich erkühnt, der wisse, daß ihn des allmächtigen Gottes Zorn und unser ernstlicher Unwille treffen werden. Das sind die Zeugen: S[iegfried], Erzbischof von Mainz; H[ermann], Markgraf von Baden; Ulrich von Husinecke; Pilgrim von Emeringen; Haward Müsekunninch; Ulrich und Werner, die Schreiber, und andere mehr. Gegeben zu Hall... (Datum).

69 Majestätssiegel König Heinrichs (VII.) von einer 1225 gesiegelten Urkunde. – König Heinrich, der Sohn Kaiser Friedrichs II., weilte Ende September 1231 in Hall, nachdem er wenige Monate zuvor in Worms das berühmte Reichsgesetz über die Rechte der Fürsten *(statutum in favorem principum)* ausgestellt hatte. Nach einem erfolglosen Aufstand gegen seinen Vater wurde er gefangengesetzt. 1242 kam er in der Haft ums Leben.
(HStASt H 51 Nr. 47)

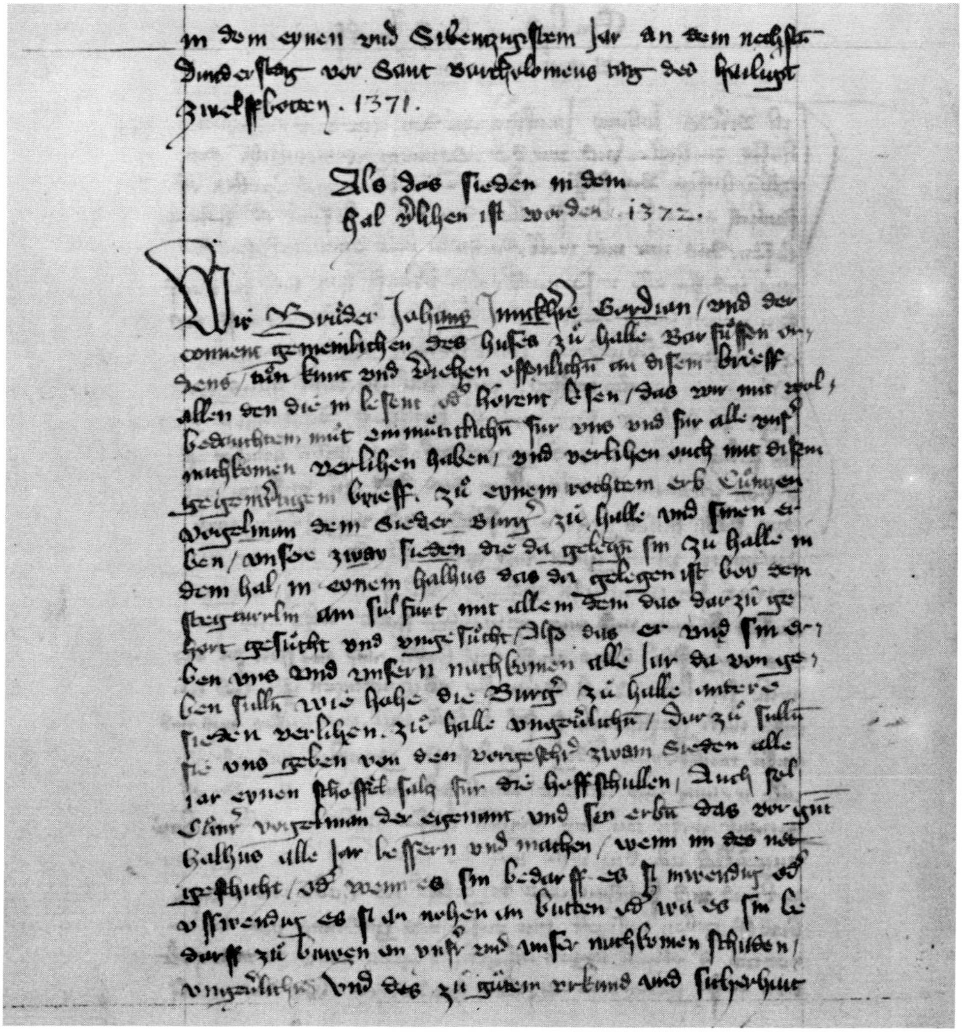

70 Eintrag aus dem Jahrzeitenbuch des Barfüßerklosters zu Hall: *Als das sieden in dem Hal v[er]lihen ist worden.* Bei dieser Eintragung handelt es sich um die älteste erhaltene Abschrift des frühesten Erbleihebriefs, der über ein Sieden ausgestellt wurde. Am 17. Februar 1372 verliehen der Guardian Johann Junckherre und der Konvent der Barfüßer ihre zwei Sieden an Kunz Vogelmann und seine Erben. Vgl. Zeilen 7 bis 11: Es wird verliehen

...zů eynem rechtem erb Cůntzen
Vogelman dem sieder [,] burg[er] zú Halle [,] und sinen er[-]
ben unsere zway sieden [,] die da geleg[e]n sin zù Halle in
dem hal in eynem halhus [,] das da gelegen ist bey dem
stegtuerlin am sul furt...

Aus der Urkunde ergibt sich also auch die Lage des Haalhauses, in dem sich die beiden Sieden befanden. Es war beim Stegtürlein an der »Suhlfurt« (Furt an der Suhle, Solquelle), dem heutigen Sulfertor.

(HStASt H 14 Nr. 129, Bl. 35' = S. 98)

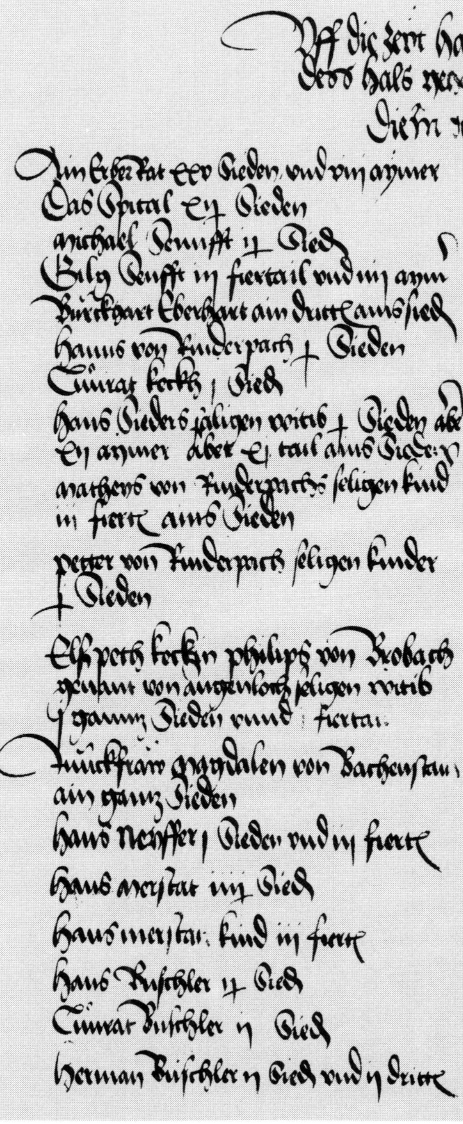

Ain Erber Rat xxv Sieden und viii aymer	(25 Sieden 8 Eimer)
Das Spital xij Sieden	(11½ Sieden)
Michael Sennfft ij Sied[en]	(1½ Sieden)
Gilg Senfft iii fiertail und iiii aym[er]	(¾ Sieden 4 Eimer)
Burckhart Eberhart ain dritt[ail] ains sied[ens]	(⅓ Sieden)
Hanns von Rinderpach j Sieden	(½ Sieden)
Cûnrat Keckh i Sied[en]	(1 Sieden)
Hans Sieders saligen witib j Sieden ab[er] xii aymer aber xi tail ains Sieden	(½ Sieden und 12 Eimer und 11/12 eines Siedens)
Matheys von Rinderpachs seligen kind[er] iii fiert[ail] ains Sieden	(¾ Sieden)
Petter von Rinderpach seligen kinder j Sieden	(½ Sieden)
Elszpeth Keckin Philips von Brobach genant von Angenloch seligen witib i ganntz Sieden unnd i fiertail	(1¼ Sieden)
Junckfraw Magdalen von Bachenstain ain gantz Sieden	(1 Sieden)
Hans Neyffer i Sieden und iii fiert[ail]	(1¾ Sieden)
Hans Merstat iiij Sied[en]	(3½ Sieden)
Hans Merstatz kind iii fiert[ail]	(¾ Sieden)
Hans Buschler ij Sied[en]	(1½ Sieden)
Cûnrat Buschler ii Sied[en]	(2 Sieden)
Herman Buschler ii Sied[en] und ii dritt[ail]	(2⅔ Sieden)

71 Verzeichnis der Siedensherren aus der Suhlenbaubeschreibung von 1496. In der Beschreibung des großen Neubaus der Quellenfassung wurden auch die Eigentümer der Sieden aufgelistet. Die Siedensherren sind nach Rang und Stand geordnet. Deshalb folgen nach dem Rat und dem Spital auf der hier abgebildeten ersten Spalte zunächst die Angehörigen der »Geschlechter«, des Stadtadels. Die Liste beginnt mit den Senfft, den Erben des alten Sulmeisteramtes. Es folgen die Eberhard, Rinderbach (vormals Schultheiß), Keck, Sieder, Bachenstein, Neiffer und Merstat. Am Ende der Spalte drei Angehörige der Familie Büschler; diese Familie gehörte ursprünglich nicht zu den »Geschlechtern«. Sie ist jedoch um 1500 durch Reichtum und Einheirat in die alten Familien »verjunkert«. (Suhlenbaubeschreibung. StAH 4/1023, S. 23)

72 Wappen des Stättmeisters *Gilg Senfft* († 1514). In der Familie Senfft, den Nachfahren des Geschlechts der Sulmeister, war das Sulmeister-Amt erblich. Um 1500 bestand dieses Amt nur noch aus gewissen Ehrenrechten und den Einkünften aus vier Eimern Sole. Wenn die Sieder »Hof« hielten und tanzten, hatte der älteste lebende Senfft den »Vortanz«. Am Walpurgistag (1. Mai) zogen die Viermeister mit allen Siedern unter Begleitung eines Pfeifers vor sein Haus und steckten ihm einen »Maien«. Der älteste Senfft stiftete den Siedern dann einige Eimer Wein.
(Aus: WUNDER, Bürger von Hall. S. 202)

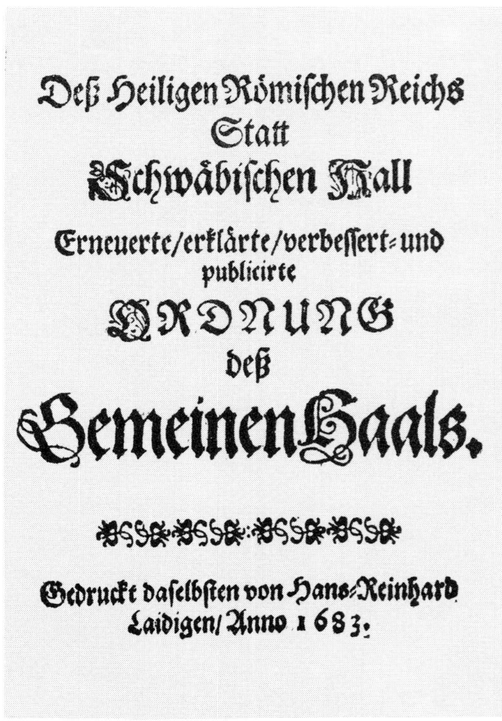
Deß Heiligen Römischen Reichs
Statt
Schwäbischen Hall
Erneuerte/erklärte/verbessert- und
publicirte
ORDNUNG
deß
Gemeinen Haals.

Gedruckt daselbsten von Hans-Reinhard
Laidigen/ Anno 1683.

73 Titelblatt der ersten gedruckten Haalordnung von 1683. Diese Haalordnung ist eine ergänzte und erweiterte Fassung der Ordnung von 1608. Die meisten ihrer Bestimmungen sind unverändert von dort übernommen worden. Mit einigen späteren Dekreten galt die Haalordnung von 1683 bis zum Ende der alten Salinenverfassung nach 1800. (Druck. HA B 158)

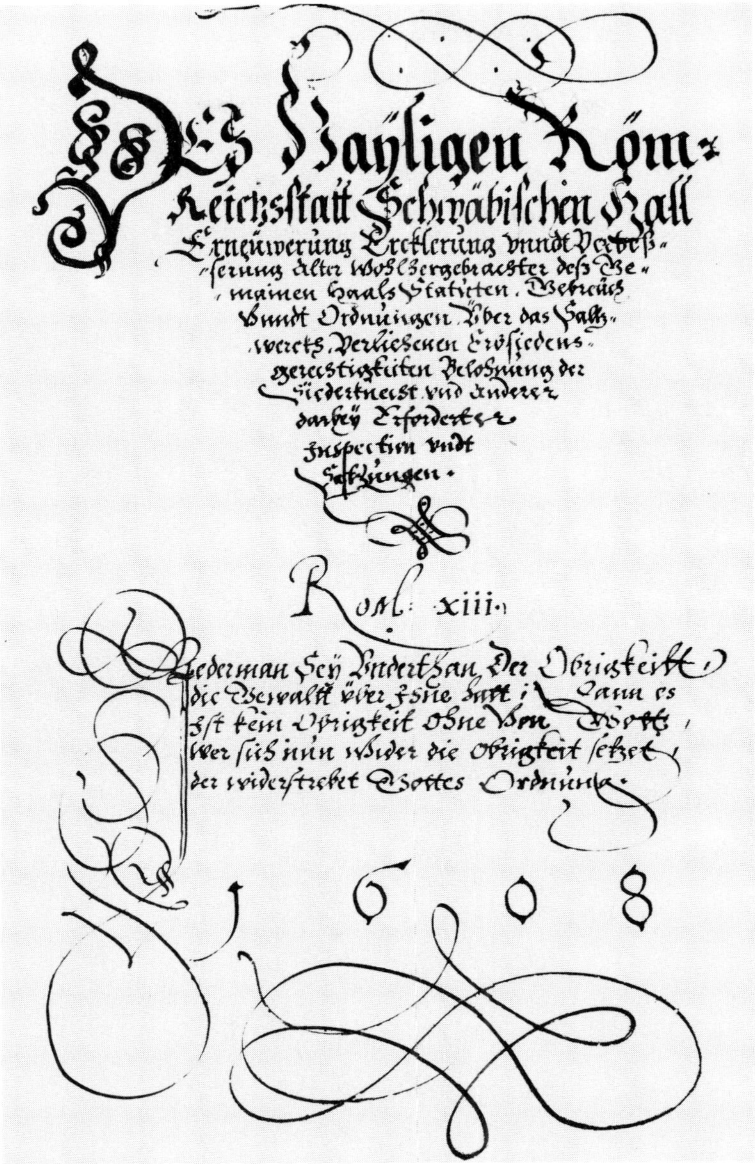

Des Hayligen Röm:
Reichsstatt Schwäbischen Hall
Erneüwerung Ercklerung unndt Verbeß-
serung alter wohlhergebrachter deß Ge-
mainen Haals Statuten, Gebreüch
unndt Ordnungen, Über das Saltz-
werckh, verliehenen Erbsiedens-
gerechtigkeiten Belohnung der
Siederknecht und anderer
darbey Erforderter
Inspection undt
Satzungen.

Rom: xiii.

Jederman sey Underthan der Obrigkeit
die Gewalt über Ihne hatt; Dann es
ist kein Obrigkeit ohne Von Gott;
Wer sich nun wider die Obrigkeit setzet,
der widerstrebet Gottes Ordnung.

1608

74 Titelblatt der Haalordnung von 1608. Der ausführliche Titel läßt einige der Materien erkennen, die hier geregelt wurden; er lautet: *Des Hayligen Röm[ischen] / Reichsstatt Schwäbischen Hall / Erneüwerung [,] Ercklerung unndt Verbesz/serung alter wohlhergebrachter desz Ge/mainen Haals Statuten, Gebreüch / unndt Ordnungen, Über das Saltz/werckh, verliehenen Erbsiedens/gerechtigkeiten [,] Belohnung der / Siederknecht und anderer / darbey Erforderter / Inspection undt / Satzungen.* Die Haalordnung von 1608 war die bis dahin umfassendste Regelung der im Haal anfallenden Rechtsfragen. Das berühmte Zitat aus dem Römerbrief (Kapitel 13 Vers 1 und 2, »Jedermann sei untertan der Obrigkeit, die Gewalt über ihn hat...«) erinnert an das Amtsverständnis des Magistrats der evangelischen Reichsstadt Hall während der Blütezeit der protestantischen Orthodoxie. (StAH 4/1027)

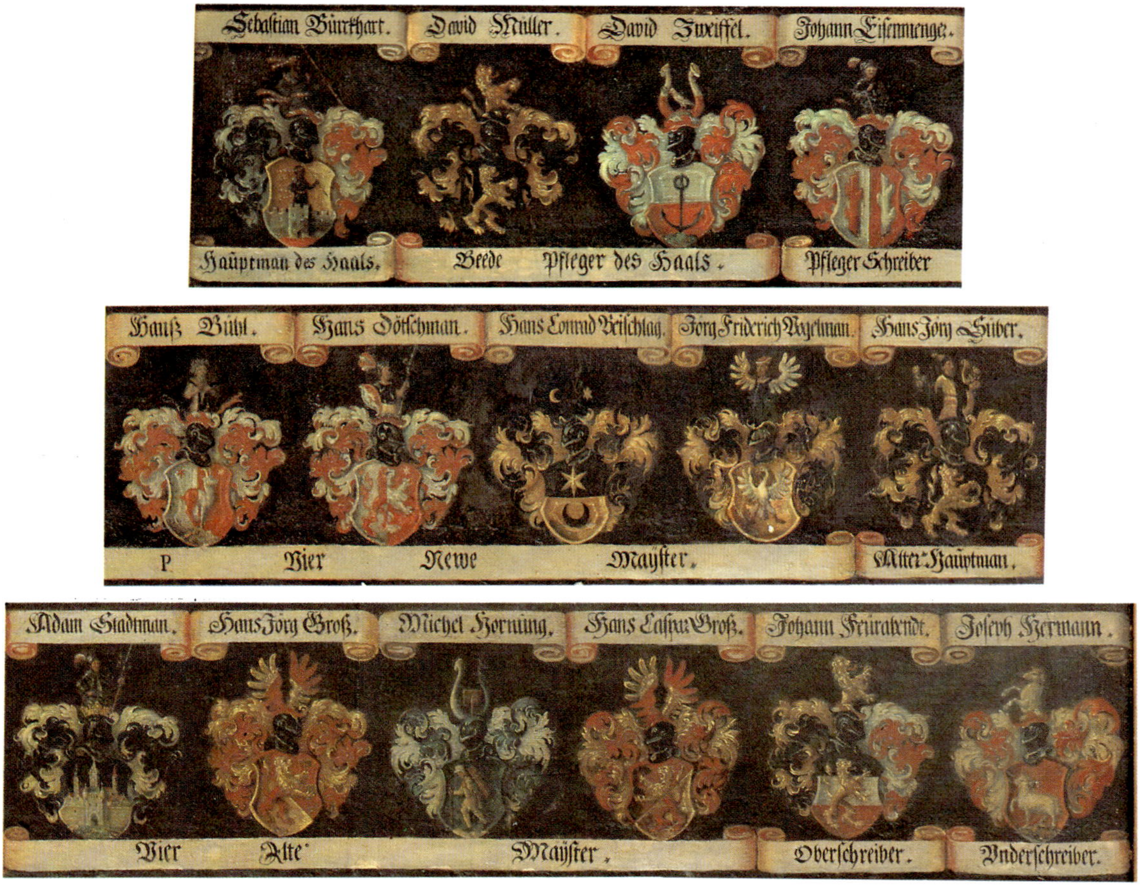

75 Wappen der Mitglieder des Haalgerichts. – Die von Hans Schreyer 1643 gemalte Wappentafel zeigt die Ämter an, aus denen sich das Gericht in der Mitte des 17. Jahrhunderts zusammensetzte. Die wichtigsten Ämter waren doppelt besetzt bzw. es wechselten die Amtsinhaber in der Geschäftsführung miteinander ab. Von links nach rechts sind folgende Ämter aufgeführt:
Hauptmann des Haals (Sebastian Burckhart)
Beide Pfleger des Haals (David Müller und David Zweiffel)
Pflegerschreiber (Johann Eisenmenger)
Vier Neue Meister (Hans Bühl, Hans Dötschmann, Hans Konrad Beischlag, Jörg Friedrich Vogelmann)
Alter Hauptmann (Hans Jörg Süber)
Vier Alte Meister (Adam Stadtmann, Hans Jörg Groß, Michel Hornung, Hans Caspar Groß)
Oberschreiber (Johann Feürabendt)
Unterschreiber (Joseph Hermann) (Ölgemälde im Haalamt Schwäbisch Hall; Foto: Eberhard Weller)

Q. D. B. V. 16.

COLLATIONEM
JVRIS NATVRALIS, ROMANI
ET CANONICI
CIRCA DOCTRINAM
DE
EMPHYTEVSI
CVM
LL. & Moribus Germaniæ
INPRIMIS QVOAD
BONA SALINARIA
INCLYTÆ LIBERÆ S. R. J. CIVITATIS SVEVO-HALLENSIS,
Quam
MAGNIFICI JCTORVM ORDINIS CONSENSV
PRÆSIDE
VIRO CONSVLTISSIMO ATQVE DOCTISSIMO DOMINO
DN. CHRISTIANO GODOFREDO HOFFMANNO,
J. U. D. PROFESSORE PVBLICO,
PATRONO ATQVE PRÆCEPTORE SVO OMNI HONORIS CVLTV ÆTATEM DEVENERANDO
IN CELEBERRIMA LIPSIENSI ACADEMIA
IN AVDITORIO JCTORVM
AD DIEM V. APRIL. ANNO MDCCXX.
INSTITVET
AVTOR ET RESPONDENS
GEORGIVS BERNHARDVS ARNOLD
Hala-Svevus.

LIPSIÆ,
Litteris ANDREÆ MARTINI SCHEDII.

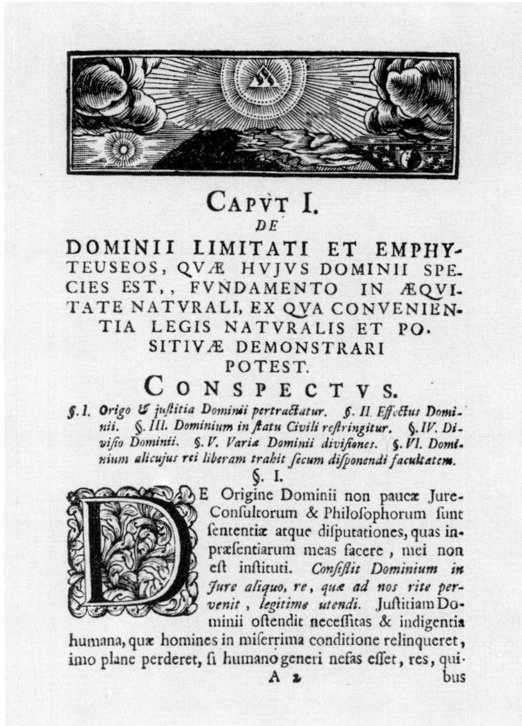

CAPVT I.
DE
DOMINII LIMITATI ET EMPHYTEUSEOS, QVÆ HVJVS DOMINII SPECIES EST, FVNDAMENTO IN ÆQVITATE NATVRALI, EX QVA CONVENIENTIA LEGIS NATVRALIS ET POSITIVÆ DEMONSTRARI POTEST.

CONSPECTVS.

§. I. Origo & justitia Dominii pertractatur. §. II. Effectus Dominii. §. III. Dominium in statu Civili restringitur. §. IV. Divisio Dominii. §. V. Variæ Dominii divisiones. §. VI. Dominium alicujus rei liberam trahit secum disponendi facultatem.

§. I.

DE Origine Dominii non paucæ Jure-Consultorum & Philosophorum sunt sententiæ atque disputationes, quas in præsentiarum meas facere, mei non est instituti. *Consistit Dominium in Jure aliquo, re, quæ ad nos rite pervenit, legitime utendi.* Justitiam Dominii ostendit necessitas & indigentia humana, quæ homines in miserrima conditione relinqueret, imo plane perderet, si humano generi nefas esset, res, qui-

A 2 bus

76 Titelblatt und Beginn der Dissertation des Schwäbisch Haller Jus-Studenten Georg Bernhard Arnold aus dem Jahr 1720. Die Arbeit wurde gedruckt unter dem Titel »Collatio Juris Naturalis, Romani et Canonici circa doctrinam de Emphyteusi cum Legibus et Moribus Germaniae, inprimis Quoad Bona Salinaria Inclytae Liberae S. R. J. Civitatis Svevo-Hallensis« (Vergleich der Lehre des Natur-, römischen und kanonischen Rechts über die Erbpacht mit den Gesetzen und Gebräuchen Deutschlands, unter besonderer Berücksichtigung der Siedensrechte der hochberühmten und freien Stadt des Heiligen Römischen Reiches Schwäbisch Hall). (HV 879)

77 Porträt auf dem Grabmal des Dr. iur. utr. Georg Bernhard Arnold (1699–1746), des Inneren Rats, Geheimen Rats Adjunkt, Konsistorialis und Scholarch, Amtmann im Rosengarten und Hauptmann des Gemeinen Haals. Arnold, Sohn eines Haller Rotgerbers und einer geb. Wibel, war einer jener akademisch gebildeten Bürgersöhne und Juristen, die in der Barockzeit die führenden Stadtämter innehatten. Sein prächtiges Grabmal im Chor von St. Michael zeugt davon, daß diese »Noblesse de robe« des 18. Jahrhunderts an Selbstgefühl den mittelalterlichen Geschlechtern kaum nachstand. (Foto: R. Bauer)

78 König Friedrich von Württemberg (1754–1816). Er war der letzte Herzog, einzige Kurfürst und erste König von Württemberg. Nachdem die Stadt Hall im Jahr 1803 durch den Reichsdeputations-Hauptschluß an Württemberg gekommen war, konnte Friedrich seinen vielen Titeln auch den eines »Herrn von Hall« hinzufügen. Friedrich wurde aber nicht nur Herr der Stadt, er brachte auch die Saline in seinen Besitz. Allerdings mußte er die privaten Inhaber für die Abtretung ihrer Rechte entschädigen. Den Lehenherren wurde der Kaufpreis ausgezahlt; die Erbsieder erhielten ewige Renten, die bis heute entrichtet werden. Friedrich hat den Erwerb der Saline durch den Staat selbst überwacht und gelegentlich in die Verhandlungen eingegriffen.
(Württembergisches Landesmuseum, Stuttgart)

Hall.

Haupt-Vertrag

errichtet zwischen

Churfürstlich Hochlöblicher Kommission

und den

Interessenten der Saline dahier,

rücksichtlich der Landesherrlichen Akquisition der Saline,

Den 17ten August 1804.

Mit den Ratifikationen Seiner Churfürstlichen Durchlaucht von Württemberg und der Behörden der Saline-Theilhaber.

Hall,

bey David Ludwig Schwend, privil. Buchdrucker.

79 Druck des »Haupt-Vertrages« von 1804 zwischen dem damaligen württembergischen Kurfürsten Friedrich und den Saline-Teilhabern in Schwäbisch Hall. Durch diesen Vertrag erwarb Württemberg das Eigentum an der Salzquelle. Den Erbpächtern wurde darin die Abnahme ihres Salzes zu einem festgesetzten Preis garantiert. Umgekehrt durften sie nur noch kleine Mengen frei verkaufen. Der Erwerb der Saline Hall diente so dem Aufbau eines sehr einträglichen Salzmonopols des württembergischen Staates. (HA A 1319)

80 König Wilhelm I. von Württemberg (1781–1864, regierte seit 1816). In seiner Regierungszeit wurde das Steinsalzlager des nach ihm benannten Bergwerks Wilhelmsglück bei Schwäbisch Hall entdeckt. Bis in unser Jahrhundert wurde das Steinsalz von Wilhelmsglück in Hall versotten.
(Sammlung Decker-Hauff, Stuttgart)

81 Vergleich zwischen der württembergischen Finanzverwaltung und den Salineberechtigten zu Hall vom 27. Juni 1827. Hier abgebildet Unterschriften und Siegel der Bevollmächtigten. In dem Vergleich bestätigte der Staat die Siedensrenten und versprach, daß sie *durch keinen Wechsel der Zeiten und der politischen Verhältnisse … vermindert oder aufgehoben* werden sollten. Für den Staat unterschrieben und siegelten der Oberfinanzrat und spätere Finanzminister Christoph *von Herdegen* (1787–1861), der Justitiar des Oberfinanzkollegiums, Oberfinanzrat *Schmidlin* sowie Bergassessor Valentin *Schübler* (1794–1862). Auf seiten Schwäbisch Halls: der Haller Landtagsabgeordnete und Tübinger Oberamtsrichter Carl Friedrich *Hufnagel* (1788–1848), sein Onkel, der Stadtschultheiß Johann Friedrich *Hezel* (1760–1828), der städtische Rechtskonsulent Johann Lorenz *Wibel* (1777–1858), ferner der Siedmeister *Groß* und Kaufmann E. Fr. *Sandel*. (HStASt E 267/30)

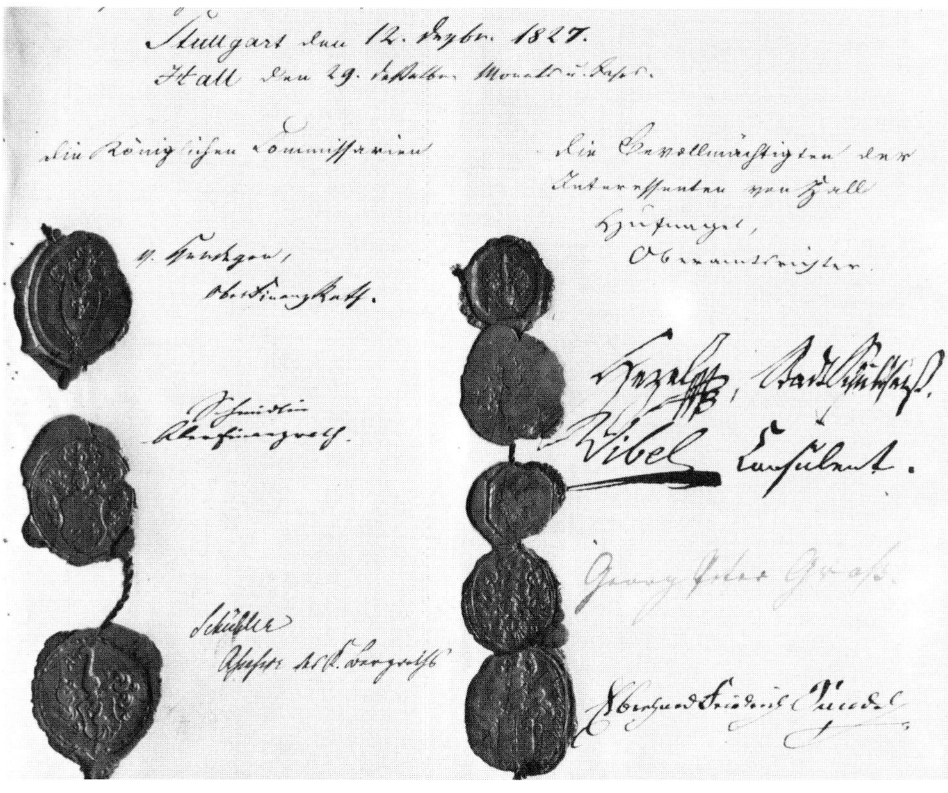
Stuttgart den 12. Dezbr. 1827.
Hall den 29. desselben Monats u. Jahrs.

Die Königlichen Commissarien

v. Herdegen,
Oberfinanzrath.

Schmidlin
Oberfinanzrath.

Schübler

Die Bevollmächtigten der
Interessenten von Hall
Hufnagel,
Oberamtsrichter.

Hezel, Stadtschultheiß.
Wibel Consulent.

Georg Peter Groß.

Eberhard Friedrich Sandel

82 Carl Friedrich (von) Hufnagel (1788–1848), Porträt in Öl des schwäbischen Malers Gottlieb Wilhelm Morff. Hufnagel, der Enkel eines Haller Stättmeisters, war Richter in Tübingen und von 1826 bis 1838 Abgeordneter des Oberamts Hall im Stuttgarter Landtag. Er trat auch als juristischer Schriftsteller hervor. Nachdem im Winter 1826/27 die Verhandlungen zwischen Schwäbisch Hall und dem württembergischen Finanzministerium ins Stocken geraten waren, verfaßte Hufnagel zugunsten der Rentenberechtigten eine kleine gedruckte Schrift, die »Beleuchtung der in Ansehung der Saline zu Schwäbisch-Hall bestehenden Rechtsverhältnisse«. Bald darauf kam es – unter seiner maßgebenden Mitwirkung – zum Abschluß des Vergleichs. (Ölgemälde im Besitz von Frau Dr. Annethilde Barth)

Die Haller Sieder als genealogische Gemeinschaft

(am Beispiel der Familien Blinzig, Seyboth, Müller und Wetzel)

VON GERD WUNDER

Ursprünglich gehörten alle Bodenschätze dem König. Schon im Mittelalter waren die Nutzungs-Anteile an der Haller Salzquelle aus der Hand des Königs an Klöster und Adel übergegangen. Diese Eigentümer aber haben nicht selbst an der Salzquelle gearbeitet, sondern Facharbeiter beschäftigt, die Salzsieder. Das Rechtsverhältnis, in dem diese »Sieder« zu ihren Lehenherren standen, hat R. J. Weber als *Erbleihe* (Emphyteuse), eine uralte Rechtsform, bestimmt. Die Sieder haben dieses Recht in ihren Familien über Söhne wie über Töchter weitervererbt, bis der württembergische Staat sie in den Verträgen von 1812 und 1827 durch eine ewige Rente ablöste. Wie die früheren Siedensanteile, so wird auch heute noch die Rente so ausbezahlt, »als ob der Salzquell weiter fließe«, d. h. in alter Weise genutzt werde, und zwar in den Stämmen der siedensberechtigten Familien.

Als solche »Stämme«, d. h. als *Stammsieder,* werden rund 40 Namen in den Haalbüchern verzeichnet und mit ihren Nachkommen weitergeführt. Es handelt sich dabei um Sieder, die etwa zwischen 1450 und 1550 lebten. Da mehrfach auch Brüder und Vettern unter ihnen sind, läßt sich der Bestand auf rund 20 Namen reduzieren. Gewiß gibt es auch unter diesen noch Verwandtschaften in weiblicher Linie, andrerseits gibt es Familien, die schon vor der Einheirat in einen dieser »Stämme« Siedensrechte besaßen. *Abb. 84*

Die 20 Namen sind:
Blinzig (davon abgeleitet Beyschlag und Bühl), Botz, Dötschmann, Feyerabend (wohl aus Bechstein), Geyer, Halberg, Harlung (mit Seiferheld, Vogelmann und Firnhaber), Haug, Helbling, Hub (mit Seyboth), Kelheimer, Krauß, Müller, Reitz, Schübelin, Stadtmann, Vogelmann (des Stammes Botz), Wagner, Wenger (die älteren), Wetzel.

Um zu sehen, in welcher Weise die jährlichen Sieden zugeteilt wurden, beobachten wir die zwei Sieden des Klosters Gnadental, die 1438 dem Sieder *Hans Blinzig* verliehen wurden. Weber hat zahlreiche Urkunden bekannt gemacht, in denen die Blinzig genannt sind. Die Folge von 1396 bis 1553 ist uns lückenlos in den Beetlisten (Steuerlisten) überliefert, in denen die sechs Sieden des Klosters Gnadental mit dem jeweiligen Sieder gesondert um je drei Gulden besteuert sind.

Zwei Sieden:	Conz Gerhart, Erhard Molß 1396, 1399, 1402
	Heinz Gerhart (beide) 1398, 1400, 1401, 1403, 1412–19
	Conz Wyskopf 1421–32
	(Hans) Blintzig 1433–62
	Hans alt, Hans jung Blintzig 1463

Dann getrennt:	Conz jung Blintzig 1465–79	Hans jung Blintzig 1465–1503
	Witwe 1480	Witwe 1505–09
	Peter Blintzig 1481–83	Hans Hupner 1511–13
	Heinz Haug 1485–94	Gilg Blinzig 1515
	Wilhelm Blinzig 1495–1503	Jörg Beyschlag 1517–21
	Wilhelm jung Blinzig 1505–07	Hans Blinzig 1523
	Wilhelm alt Blinzig 1509	Hans Geyer 1525–27
	Wilhelm Blinzig 1511–15	Ulrich Truller 1529
	Lutz Blinzig 1517–29	Peter Ulmer 1531–33
	Wilhelm Blinzig 1531–33	Hans Ulmer (alt) 1535–51
	Gilg Blinzig mittel 1535–39	Kilian Deuber 1553
	Wilhelm Blinzig 1541	
	Michel Botz jung 1543–51	
	Gilg Blinzig Schrennig 1553	

Diese Zusammenstellung zeigt auf den ersten Blick, daß die zwei Gnadentaler Sieden in der Familie Blinzig weitervererbt werden; tatsächlich ist Michel Botz jung der Sohn einer Margarete Blinzig, Jörg Beyschlag ist mit Apollonie Blinzig, Ulrich Truller (Triller) mit einer anderen Apollonie Blinzig und Hans Geyer mit Margarete Blinzig verheiratet. Heinz Haug und Hans Hübner waren mit Witwen Blinzig verheiratet. Nach diesem Befund möchten wir annehmen, daß auch die Vorgänger der Blinzig zu ihren Ahnen gehören. Es muß ja auffallen, daß Hans Blinzig schon seit 1433 die beiden Sieden nutzt, während er den Erbbrief von der Äbtissin Margarete von Stetten erst am 26. April 1438 erhielt. Im 16. und im 17. Jahrhundert tragen mehrere Mitglieder der Familie Blinzig den Beinamen Weißkopf. Das scheint also kein individueller Beiname zu sein, sondern ein ererbter Name, d. h. doch wohl ein Ahnenname. Demnach könnte Konz Weiskopf, der Vorbesitzer der Gnadentaler Sieden, der von 1412 bis 1443 als Steuerzahler nachzuweisen ist, sehr wohl der Schwiegervater des Hans Blinzig sein, und der Vorbesitzer Heinz Gerhart, genannt von Beginn der Steuerlisten 1396 bis 1419, dessen Schwiegervater, womöglich ein Sohn des bereits 1385 erwähnten Haalmeisters Konz Gerhart. Aber ob das nun im einzelnen zutrifft oder nicht, soviel dürfte sicher sein, daß die Blinzig ihren Anspruch auf die zwei Gnadentaler Sieden von Weiskopf und den Gerhart geerbt haben. Hans Blinzig hat dann erst nach Bewährung die verpflichtende Urkunde erhalten.

Suchen wir nun weiter zu bestimmen, wie die Gnadentaler Sieden in der Familie zugeteilt wurden, so müssen wir aus den Beetlisten zusammenstellen, wann die hier genannten Sieder Steuer zahlten und wie sie miteinander verwandt waren; in Klammern setzen wir das versteuerte Vermögen hinzu (in Gulden). (S. Aufstellung S. 149).

Nicht genau festzustellen ist, wie Gilg Blinzig Schrennig einzuordnen ist, denn es lebten gleichzeitig vier Gilg Blinzig, alle Nachkommen des ersten Hans. Zu bemerken ist noch, daß die Jahreszahl 1553 kein Jahr besonderer Sterblichkeit bezeichnet, sondern den Beginn einer Lücke in den Steuerbüchern, die bis 1573 reicht. Wir sehen auf den ersten Blick, daß diese Sieder nicht reich sind: Um die 500 Gulden besaßen damals wohlgestellte Handwerker, mit 200 Gulden waren sie bereits arm. Daß Jörg Beyschlag später reich wurde und sogar in den Rat kam, hängt mit einer zweiten Heirat und erfolgreichen Geschäften und Erbanteilen zusammen, er bildet also eine Ausnahme.

Ein Vergleich der Stammliste mit der Siederliste zeigt, daß nicht etwa 1463 eine Aufteilung der beiden Sieden unter den Söhnen des alten Hans Blinzig stattfand, sondern daß die Nachkommen in den verschiedenen Linien abwechselnd an beiden Sieden beteiligt waren. Auch die getrennten Verträge von 1523, in denen zwischen verschiedenen Berechtigten entschieden

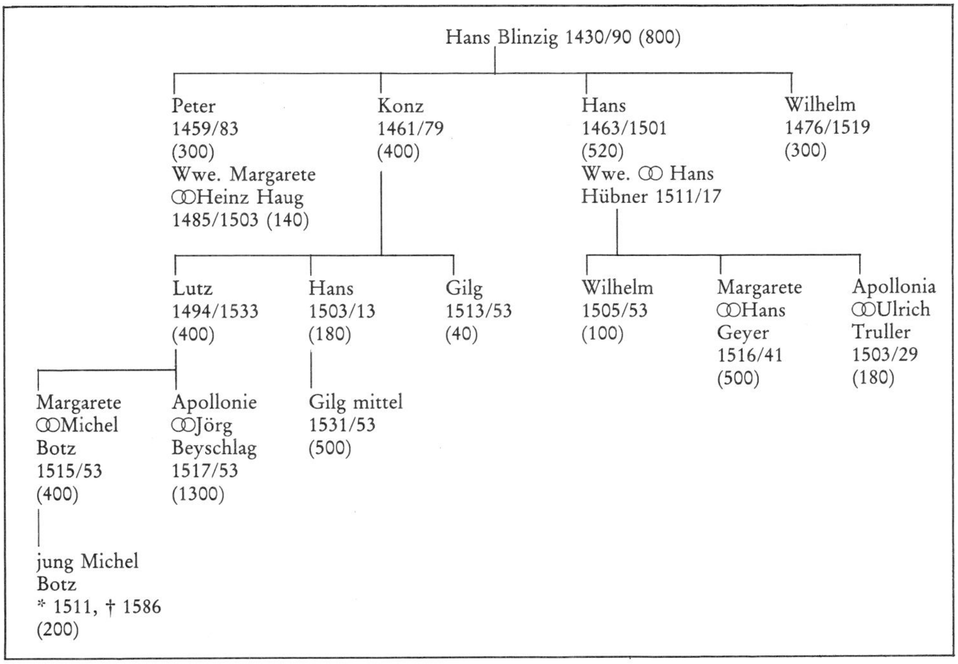

wurde, betreffen nicht die Nachkommenschaft der Söhne getrennt, sondern sie erfolgen innerhalb der einzelnen Erben. Wir erfahren aber auch, daß einzelne Personen *nicht rechtmäßige Erben gewest sein, sondern durch Hans Blinzig den metlern* (mittleren) *wechselsweiß zugelassen worden* sind. Das kann sich auch auf die Brüder Ulmer und Kilian Deuber beziehen, deren Verwandtschaft zu den Blinzig nicht nachzuweisen ist. Es konnten also zeitweilig Anteile (vielleicht im Tausch, »wechselsweiß«) an andere Sieder gegeben werden.

Hans Blinzig der Alte und seine Söhne lebten alle am Fischmarkt, also am unteren Ende des Marktplatzes vor dem Fischbrunnen. Die Enkel zogen zum Grasmarkt, zum Schwatzbühl und zum Haal hinunter. Außer den hier aufgeführten gab es natürlich noch weitere Kinder. So erklärt es sich, daß die Anteile der einzelnen immer kleiner wurden, daß sie immer seltener »darankamen« und daß sie auch um diese Anteile stritten. Weber nennt Klagen von Konz Blinzigs Witwe und Haug gegen den alten Hans Blinzig um Siedensrechte. Aber der Alte legte die Gnadentaler Urkunde vor und bewies, »daß ihme vererbt sei«. Eine Aufstellung besagt, der alte Hans Blinzig habe gesotten 50 Jahr, von seinen Söhnen Konz 16 Jahr, Hans 48 Jahr, Peter vier Jahr, Heinz Haug zehn Jahr, der Enkel Wilhelm 28 Jahr. Wir sehen, daß sich das nicht mit den Gnadentaler Jahren deckt bzw. nicht mit der Nutznießung; natürlich haben die Sieder in den Jahren, in denen sie nicht »Jahrsieder« waren, gegen Lohn gearbeitet, »gesotten«. Das dazu gehörige doppelte Haalhaus hat Weber beim Sulfertor nachgewiesen.

Aber natürlich waren die Gnadentaler Sieden nicht die einzigen, an denen die Blinzig als Erbsieder oder Lohnsieder beteiligt waren. Das zeigt deutlich die *Aufstellung der Sieder von 1494.* Hans Blinzig ist Eigentümer eines Achtel Siedens, außerdem »seut« er ein Gnadentaler Sieden (das andere Heinz Haug). Wilhelm Blinzig »seut« ¾ Sieden, das Michel Seckel gehört, ¼ des Peter Biermann, ½ des Hans Ammann, ½, das Hans Stadtmann und Hans Baumann ihm verliehen haben, ⅛ von Hans Eckhart und das Achtel seines Bruders; seine Hofstatt gehört

Hans Stadtmann. Sein Neffe, Lutz Blinzig, hat ein Sieden, das dem Lienhardsaltar in der Veldnerkapelle gehört. Es haben sich also schon frühzeitig die Anteile zersplittert. Michel Botz, der mit Margarete, der Tochter des Lutz Blinzig, verheiratet war, äußerte in einem Prozeß unfreundlich, *wenn ihm sein Schweher das Sieden nit geben hätte, wollt er die Tochter nit genommen haben.* Lutz Blinzig war jahrelang einer der vier Haalmeister, die die Selbstverwaltung der Siederschaft bildeten, nach ihm, seit 1531, die beiden Schwiegersöhne Michel Botz und Jörg Beyschlag.

Später wurden die Anteile immer kleiner bzw. der Zugang zum Jahrsieden immer seltener. So zeigt auch das Beispiel der Blinzig, wie eine Familie durch Kinderreichtum und Erbteilung immer ärmer werden konnte. Die Anteile konnten also nur durch Heirat vermehrt werden. Folglich heirateten die meisten Sieder innerhalb der Siederschaft. Im Lauf der Zeit waren alle Erbsiederfamilien untereinander vielfach verwandt und verschwägert. So konnte gesagt werden: Niemand wird Sieder zu Hall, und wenn er Kaiser oder Minister wäre, es sei denn, er heirate eine Siedertochter. Die Sieder bildeten eine echte Abstammungsgemeinschaft.

Durch Einheirat sind auch die *Seyboth* zu ihren Sieden gekommen. Wir heben sie deshalb hier hervor, weil es die einzige Siederfamilie ist, die in Hall noch im Mannesstamm besteht, die also den Namen des Stammsieders am Ort fortführt. Der Stammvater, den wir aus der Urkundensammlung für das Vellberger Heimatbuch entnehmen können, ist Heinz Sibot, der 1381 und 1383 in Eschenau erwähnt wird. Hans Sybot, offenbar sein Sohn, ist 1419 Heiligenpfleger der Kirche auf der Stöckenburg und Bauer in Eschenau. Auch sein Sohn Heinz, der 1447, 1449 und 1454 genannt wird, war Heiligenpfleger der Stöckenburg, während ein Bruder dieses Heinz, Hans, 1424 als Schuster nach Hall gezogen war, wo auch sein Sohn Hans als Schuster lebte. Ein gleichnamiger Sohn des Heinz kam 1450 als Söldner nach Hall, während sein Bruder Hans offenbar das Erbgut in Eschenau übernahm. Daß sie alle aus Eschenau stammen, beweist die Tatsache, daß sowohl der Söldner Heinz wie der jüngere Schuster Hans Gülten in Eschenau besaßen. Der Söldner und Stadtknecht Heinz Seyboth war bis 1471 in Hall tätig. Er bekam im Jahr 50 Gulden. Dafür mußte er die Heg bereiten, Geld aus Ilshofen sicher in die Stadt bringen, einem Krämer nach Nördlingen Geleit geben und dergleichen. Vom Kloster Gnadental kaufte er 1454 um 39 Gulden Gülten in Oberscheffach, die im Besitz seiner Familie blieben; denn seine Frau Els Greter stammte aus der Mühle in Oberscheffach. Sie hatte schon 1470 einen Kramladen eröffnet, den sie bis 1481 als Witwe betrieb, und sie erhielt 1472 mit ihrem Sohn Michel Bürgerrecht in Hall. Dieser Michel begegnet uns einmal als Zeuge in der Sache des adligen Treutwein in Würzburg (1481). Im nächsten Jahr eröffnet er seinen Hausstand hinterm Spital beim Eichtor mit 300 Gulden. Er arbeitet im Haal, wohl zunächst als Siedknecht. Aber seine Frau Anna Hub war eine Tochter des Hubheinz, der aus einer alten Siederfamilie stammte. Unter den vier Erben (einem Sohn und drei Schwiegersöhnen) war offenbar Michel Seyboth der tüchtigste. 1493 erhielt er zwei Sieden, die aus dem Bestand des Hubheinz stammten (von Peter Dürbrech und dem Dreikönigsaltar), 1494 sott er ¾ Sieden für andere Eigentümer und acht Eimer, die der Komburg gehörten, im Hubheinzen-Haalhaus. R. J. Weber stellt fest: »Nach Hans Wetzel war Michael Seyboth der erfolgreichste Erwerber von Erbsieden. Er hat es auf 3 ganze und ¾ Sieden gebracht.« Dazu kam noch ½ Eigensieden. Dementsprechend stieg sein Vermögen auf 1200 Gulden (1503), 2400 (1519) und 3000 (1541). Er war mehrfach Haalmeister. Hier ist also einmal eine Persönlichkeit klar zu fassen. Er starb am 6. Januar 1541. Von den vier Söhnen war einer, Heinrich, Priester, Pfarrer in Bibersfeld, zuletzt Kaplan in Wimpfen (er hat eine Familienstiftung hinterlassen), Michel jung und Philipp waren Sieder, Daniel Tucher. Der junge Michel wurde 1521 in den Rat gewählt, aber 1529 abgewählt, weil er für den Abschied von Speyer (und damit gegen die Protestanten) eingetreten war; 1544 kam er wieder in den Rat bis zu seinem Tode (1574). Den Mannesstamm setzte ein Sohn des Sieders Philipp, ebenfalls Philipp, fort, der in Heidelberg Magister wurde und Pfarrer in Westheim, dann in Bibersfeld war, wo einst sein Oheim als katholischer Geistlicher gewirkt hatte. Sein Sohn Michel, genannt der Pfaffenmichel, ist seit 1579 als Sieder in Hall verbürgt († 1628), der Stammvater einer der großen Haller Siederfamilien (bis zum heutigen Tag). Einer seiner Enkel war Amtsschreiber (Johann Andreas 1649–1705), dessen Sohn ist als schwedischer Kornett bei Poltawa gefallen, ein anderer Sohn, Nikolaus Wilhelm (1679–1744), brachte es zum Dekan, und dessen Enkel wiederum, Johann Friedrich David von Seyboth (1754–1823), erhielt als württembergischer Oberregierungsrat den Personaladel. Von dem Bruder des Amtsschreibers Johann Andreas, Daniel Friedrich (1639–91), stammt der Buchbinder Georg Wilhelm Seyboth ab (1816–1901), der 1842 das noch heute an der Neuen Straße bestehende Papiergeschäft gründete. Eine gewisse Verwirrung lösten mehrfach die Nachkommen des Gelbinger Bauern und Fischers Heinz Seubot (um 1500) aus, die ein Viertel der Seybothschen Erbrechte beanspruchten, weil sie fälschlich behaupteten, von dem Priester Heinrich in Wimpfen abzustammen. Aber nach einigen Prozessen konnte der Archivar F. S. Müller, der von beiden abstammte, nachweisen, daß sie mit dieser Familie nichts zu tun hatten, denn der Name Seyboth ist im Fränkischen (auch in Rothenburg und Umgebung) nicht selten, so gab es mehrere Seyboth in Ilshofen. Die Sieder aber stammen eindeutig von Eschenau und gehören damit zu den ältesten Familien, die hierzulande im Mannesstamm nachweisbar sind. Zu den Nachkommen des alten Michel Seyboth († 1541 über 80jährig) zählen Eduard Mörike und Robert Mayer, August Ludwig Schlözer und Karl Julius Weber, der österreichische Feldmarschalleutnant Freiherr Mack von Leiberich und die Fürstin Gracia Patricia von Monaco. *Abb. 85*

Daß Siederfamilien unter günstigen Umständen auch reich werden und in die Oberschicht der Reichsstadt aufsteigen konnten, sei am Beispiel der Müller und Wetzel gezeigt. Die Siederfamilie *Jörg Müller*, die bis 1803 in Hall ansässig war, ist ein besonders anschauliches Beispiel einer alten und bedeutenden Siedertradition. Der erste Jörg Müller heiratete um 1414 die Tochter des aus Rieden zugezogenen Konz Müller; er war arm und lebte nahe dem Frauenhaus, seine Söhne Klaus, Jörg II. und Henslin sind 1438 am Grasmarkt zu finden. Henslins Sohn Erenfried kam offenbar durch Heirat zu Siedensrechten, er brachte es auf 400 Gulden, seine Tochter heißt die Erenfridin. Klaus begann mit 40 Gulden, wie sein Vater sie versteuert hatte, aber er kam durch die Ehe mit einer Margarete zum Siedenserbe und hatte bei seinem Tod 1461/62 sogar 1100 Gulden. Sein Sohn Jörg III. (1470/1505) heiratete die Tochter des reichen Tuchers und Sieders Konz Hoffmann. Dennoch kam er nicht höher als auf 500 Gulden Vermögen. Er besaß 1494 ein halbes eigenes Sieden und eine eigene Hofstatt, dazu sott er zwei Ratssieden. Er war mindestens 20 Jahre lang einer der vier Meister des Haals und dazu von 1498 bis 1503 auch Haalpfleger, d. h. verantwortlich für die städtischen Sieden.

Sein Sohn Jörg IV. fing 1497 mit nur 100 Gulden Vermögen an, als er Els Ulrich, die Tochter des Gerbers Jörg Ulrich und der Dorothee Sonnenfroh, heiratete; er zog vom Grasmarkt zum Schwatzbühl; als er 1521 an einer Seuche starb, hatte er 1000 Gulden. Als Haalmeister ist er 1517 nach Salins im französischen Jura geritten, um zu erfahren, wie sie es dort machten. Die Sieden sind durch die Haalhäuser näher bestimmt, wie Weber gezeigt hat. Zu dem ererbten Viertel eines stadteigenen Siedens am Bürdenmarkt (von dem seine Schwestern drei Viertel hatten) erwarb er 1506 noch ein spitaleigenes Sieden am Hörlisgäßle und 1507 ein Gnadentaler Sieden beim oberen Türle (von den vier Sieden, die nicht den Blinzig gehörten). Seine Witwe Els wurde die Frau des ersten lutherischen Predigers in Württemberg, Hans Gailing aus Ilsfeld, und starb 1542/43 in Weinsberg. Jörg Müller IV. († 1521) hinterließ drei Söhne, Jörg V., Kaspar und Wendel, alle drei Sieder am Schwatzbühl; nur Jörg V. wurde reich (1400 Gulden), aber sein

Sohn Jörg VI. war »ein sinnlos Mensch«, der lebenslänglich im Spital untergebracht war. Zwei der Enkel Jörgs IV. wanderten nach der Slowakei aus. So blieb nur Jörg VII., der Sohn Wendels, als Erbe der Haller Tradition. Wendel, der 1533/41 Steuer zahlte, starb jung, seine Witwe, die Schneidertochter Margarete Otterbach († 1600), heiratete in zweiter Ehe den Sieder Gilg Schübelin († 1583) am Schwatzbühl, der sehr reich wurde (4400 Gulden) und dann Haalmeister, Haalpfleger und Ratsherr war. Er hat die Anfänge seines Stiefsohns Jörg VII. beschützt.

Dieser Jörg Müller VII. (1537–1607) begann als Salzsieder am Unterwöhrd. 1559 erhielt er bei der Heirat mit Ursula Vischer, der Enkelin des Metzgers Paul Seckel, ein bei der Stadt angelegtes Kapital von 100 Gulden. Das war nicht viel, und wir können wegen einer Lücke der Steuerbücher seine Vermögensentwicklung bis 1573 nicht verfolgen. Wohl aber sehen wir, daß er rasch reich wird. Offenbar war er tüchtig und hatte Glück; aber außer dem Erwerb von Siedensrechten muß er auch Handel getrieben haben. Denn schon 1573 hatte er 3200 Gulden, 1591 waren es 10300, 1605 war er mit 20800 Gulden der zweitreichste Mann der Stadt, im Jahr seines Todes hatte er gar 22400 Gulden. Was machte man, wenn man so viel Geld hatte? Wir erfahren, daß Jörg Müller von 1580 an achtmal Geld auf Zins bei der Stadt anlegte, die die Funktion einer Bank ausübte, zusammen über 4000 Gulden. Weiteres Geld hat er im Haal arbeiten lassen. Nach ihm heißt Müllers Haalhaus beim Block, das dazugehörige Sieden hat er 1565 und 1571 zu Erb und Eigen gekauft. Ein halbes Sieden in der Sulfertorgasse hatte er vom Vater her, auch zu Erb, das Eigen erwarb er von Volk von Roßdorf. Damit ist Müller ein typisches Beispiel jener erfolgreichen Sieder und Bürger, die an die Stelle des alten Stadtadels treten. Natürlich hatte er entsprechende Ämter: 1570 war er Haalmeister, 1573 wurde er in den äußeren Rat gewählt. Als der Oheim seiner Frau, Burkhard Seckel, 1575 wegen Wucher aus dem Rat gesetzt wurde, wählten die Ratsherren an seiner Stelle Jörg Müller in den Inneren Rat, in dem auch sein Stiefvater saß. 1579 wohnte er am Schuhmarkt, in der Nähe des damaligen Rathauses. Nach dem Tod seiner Frau (1580) hat er noch dreimal geheiratet, stets Frauen aus der vermögenden Oberschicht. Als Ratsherr hat er die verschiedenen Ehrenämter ausgeübt, er war Steuerherr, Ausgebherr, Hauptmann des Haals, Amtmann der Schlicht und von Unterlimpurg. Seit 1578 gehörte er zum engeren Kreis der 5 »Geheimen«. Als es 1602 zu bürgerlichen Unruhen gegen den Rat kam, haben ihm die aufsässigen Bürger nachts seine Hafersäcke geleert und damit den Weg von seiner Wohnung zum Rathaus bestreut. Das hing damit zusammen, daß sein jüngerer Sohn, Lizentiat Ludwig Müller, einer der heftigsten Vertreter der Ratspartei war. Georg Müller hat testamentarisch 1000 Gulden zu einem Familienstipendium gestiftet. Die anderen Stifter waren bis dahin fast ausschließlich kinderlose reiche Leute gewesen, Müller ist der erste, der über seine Kinder hinaus an die Zukunft dachte. Eine Gedenktafel in der
Abb. 83 Keckenburg stellt ihn mit seinen Frauen, den Söhnen und Töchtern dar. Der älteste Sohn, Jörg VIII., war anscheinend nicht gut geraten; jedenfalls verließ er um 1603 seine Familie und kam in der Fremde um. Hans wurde Ratsherr wie der Vater, David erwarb die Keckenburg, Ludwig mußte Hall infolge der Unruhen von 1602/03 verlassen und erwarb als Öttinger Kanzler den Adel als Müller von Zanegg. Die Tochter Maria ist die Mutter des großen Haller Stättmeisters Georg Friedrich Seiferheld, der das Müllersche Stipendium aufstockte und ein eigenes zusätzlich begründete.

An dieser Stelle brauchen wir die Geschichte der Familie Müller nicht weiterzuerzählen. Sie ist eine der wichtigsten *Ratsfamilien* geworden. Auf Georg folgten noch sieben Ratsherren seines Stammes, die zusammen 228 Jahre im Rat regierten; nur 37 Jahre lang gab es keinen Müller im Rat. Hervorzuheben ist der Ratsherr Ludwig David Müller, der 55 Jahre im Rat saß (1665–1720), sein Sohn, Friedrich Sibäus, der bedeutendste Archivar der Reichsstadt, der zugleich in seinen Aufzeichnungen unerschöpfliche Quellen zur Siedens- und Familienge-

Übersicht Müller

Jörg 1497/1521: Jahre der Steuerzahlung
Jörg 1537–1607: Lebensjahre
R = Ratsherr

- Jörg Müller I. 1414/38
  - Klaus 1434/59
    - Jörg III. 1470/1506
      - Jörg IV. 1497/1521
        - Jörg V. 1517/74
          - Jörg VI. 1551/79
        - Kaspar 1525/31
        - Wendel 1533/41
          - Jörg VII. 1537–1607 R 1575
            - Jörg VIII. 1561–1607
            - Hans 1563–1634 R 1607
              - David 1600–1664 R 1636
                - Ludwig David 1634–1720, R 1665
                  - Friedrich Sibäus 1664–1711
                    - Nikol. David 1692–1741 Dr., R 1732
                      - Wolfgang Nikolaus 1718–78, R 1775
                        - Jakob Friedrich 1744–1803, R 1786
                    - Joh. Wilhelm 1694–1772 R 1753
            - Ludwig v. Müller a. Zanegg
            - David 1576–1633
            - Maria ⚭Georg Seiferheld
        - Anna ⚭Sebast. Coccyus
      - Els ⚭Phil. Heilbrunner
  - Jörg II. 1438/73
  - Hans 1438/54
    - Erenfried 1461/88

schichte hinterlassen hat, sein Sohn, der Syndikus und Pietist Dr. Nikolaus David Müller (Ratsherr 1732–41), der sich tolerant gegen die Juden erwies, und dessen Enkel Jakob Friedrich, im Rat 1786–1803, der eine Stiftung für die Familie vermachte, die am Neujahrstag die meisten Kinder um den Tisch sitzen habe. Von den Müllerstöchtern stammen vier Stättmeister ab. In unserem Zusammenhang kam es darauf an, zu zeigen, wie ein Salzsieder aus geringen Anfängen zur Mitregierung der Reichsstadt gelangen und diese Stellung seinen Nachkommen bis ins achte Glied vererben konnte.

Mit diesem Aufstieg hängt es aber auch zusammen, daß viele *Nachkommen* des ersten Ratsherrn Jörg Müller aus der Heimatstadt weggezogen und Ahnherren berühmter Personen geworden sind: Wir nennen hier nur den Dichter Eduard Mörike, den Theologen Dietrich Bonhoeffer, den Maler Anselm Feuerbach, den Baumeister Johann Friedrich Ludovice, den Volkskundler Friedrich David Gräter, den Salinisten Karl Glenk und den lachenden Philosophen Karl Julius Weber. Von einer Schwester Wendel Müllers stammt überdies der Kritiker David Friedrich Strauß, von einer Schwester des 1521 gestorbenen Jörg Müller die Theologenfamilie Heilbronner und die Schriftstellerin Isolde Kurz. Sie alle und viele andere leiten sich von den Haller Salzsiedern her.

Zu den ältesten Salzsiederfamilien gehörten die *Wetzel*. In einer Liste der Siedenseigentümer um 1345 werden zwei bürgerliche Sieder genannt, Konrad Vogelmann und Werner Wetzel. Es gab einen reichen Zweig der Wetzel, deren Nachkommen im 15. Jahrhundert nach Wimpfen und Wolfsberg auswanderten, und eine ganz arme Linie von Siedern, in der Wernlin sowie drei Hänse aufeinander folgten. Der Sohn des dritten Hans war Berchtold, von dem eine vielzitierte Urkunde berichtet. Am 28. 4. 1453 teilt der Würzburger Offizial Johann Halberg dem Haller Rat mit, daß er sein Sieden Berchtold Wetzel verliehen hat. Zur Begründung gibt er an: *Hon ich angesehen, das er von allen seinen vier Anen ein Erbsieder ist.* So wie also vornehme Domkapitel von ihren Mitgliedern verlangten, daß ihre vier Großeltern adlig seien, galt es als Qualifikation, daß die vier Großeltern Wetzels aus Erbsiederfamilien stammten. Leider kennen wir ihre Namen nicht. Aber es handelt sich offenbar um das Sieden, das 1494 der Veldnerkapelle gehört, ⅔ dem Leonhardsaltar und ⅓ dem Franziskusaltar; als Siederin wird Berchtold Wetzels Wittib genannt, sie hat außerdem eine Hofstatt von Hans Büschler. Die Arbeit wird natürlich von ihren Söhnen und Tochtermännern geleistet. Von den Söhnen ist Lienhard Eigentümer von zwei halben Sieden, die er an Jos Stüber und Hans Müller vergeben hat, und einem Haalhaus, das Jos Stüber benutzt; denn Lienhard selbst ist Schuhmacher. Der jüngere Sohn Hans Wetzel »seut« ein halbes Sieden, das Gilg Senft, und ein halbes, das Hans von Rinderbach gehört; die beiden Junker sind auch Eigentümer seiner Hofstatt. Außerdem hat er 1/11 Sieden von Siederin, einer Adligen, und 1/12 von dem Rormüller. Das wurde aber bald mehr. Zuletzt verfügte er über 4½ Sieden.

Wir müssen noch einmal auf Berchtold Wetzel zurückkommen, der von 1431 bis 1488 lebte, Haalmeister wurde, aber nicht mehr als 200 Gulden versteuerte; er zog vom Grasmarkt, wo seine Vorfahren gelebt haben, schließlich zum Block (Blockgasse 13, wo beim Wiederaufbau nach dem Stadtbrand von 1728 das Wetzelwappen wieder angebracht wurde). Lienhard (1484/1527) begann mit 160, Hans (1488/1530) mit 130 Gulden am Block. Aber dann versteuerte Lienhard 1493 plötzlich 1150 Gulden, er zog hinauf zum Fischmarkt. Offenbar hat seine Frau ihren Oheim, den kinderlosen reichen Tucher und Ratsherrn Peter Gronbach, beerbt. Auch Lienhard wurde 1510 – nach dem adligen Staatsstreich – in den Rat gewählt. Sein Vermögen stieg im Lauf der Zeit bis auf 1300 Gulden. Im Jahre 1514 nun übertrug Lienhard Wetzel seinem Bruder Hans sein Sieden, weil er »nach Gebrauch des Haals« an diesem Sieden mitberechtigt war; Lienhard war reich und konnte darauf verzichten. 74 Jahre später hat Lienhards Enkel, der

Schneider Lienhard Eltlin, vergebens versucht, diese Schenkung rückgängig zu machen. Im Jahre 1517 verzichtete darüber hinaus Lienhard auf seinen Sitz im Rat zugunsten des politisch aktiveren Bruders, vielleicht wurde ihm auch nahegelegt, sich nicht mehr wählen zu lassen. Er blieb Umgelder und war dann 1518–20 Beetherr (d.h. Steuerbeauftragter) und 1521–28 der bürgerliche Untervogt im Amt Kirchberg, das die drei Reichsstädte Hall, Rothenburg und Dinkelsbühl gemeinsam verwalteten und abwechselnd leiteten. Seine beiden Kinder aus der ersten Ehe wurden geistlich, Hans war Mönch im Kloster Murrhardt, Katharine Tertiarierin (sie hat sich bitter über die Stiefmutter beklagt, die alles ihren Kindern zugewendet habe).

Hans Wetzel (1464–1530) ist der eigentlich bedeutende Mann der Familie; er hat bis ins Alter als Sieder im Haal gearbeitet und sein Vermögen Schritt um Schritt gemehrt: vom Mindestbetrag über 130, 150, 320, 400, 550 (1501), 650, 780, 980, 1000 (1509), 1150, 1210, 1300, 1500 (1517), 1800 Gulden (1525). Er hat also nicht wie sein Bruder eine reiche Heirat gemacht, er blieb auch unten im väterlichen Hause wohnen, wo bis 1513 auch seine Mutter Agnes lebte. Aus Indizien läßt sich erschließen, daß seine erste Frau eine Tochter des verstorbenen Bäckers Spitelmüller aus der Gelbinger Gasse war. 1517 hat er in zweiter Ehe, als seine Kinder schon herangewachsen waren, die junge Margarete Gräter (1500–1548), die Tochter eines vom Lande zugezogenen Bäckers, geheiratet, aus dieser Ehe aber keine Kinder mehr gehabt. Hans Wetzel war von 1497 bis 1517 Haalmeister (in jedem zweiten Jahr, in den Jahren dazwischen alter Meister). Er besaß offenbar Ansehen in der Siederschaft. Während der bürgerlichen Unruhen gegen den adligen Staatsstreich von 1510 scheint er geradezu eine Art Sprecher der Bürgerschaft gewesen zu sein. Denn als die Beschwerden der Bürger vor den Kaiser gebracht wurden, hat er an der Gesandtschaft des Rats und der Bürgerschaft teilgenommen, die den Reichstag zu Trier aufsuchte und dann noch zum Reichstag nach Köln ritt (1512). In Köln erhielt er einen Wappenbrief, der 1549 in Prag seinen Söhnen vom Kaiser bestätigt wurde.

Nach dem Sturz der Adelsherrschaft wurde er 1513 in das Spitalgericht und, wie bereits erwähnt, 1517 in den Inneren Rat gewählt, dann 1525 in das Gericht der älteren Ratsherren. Nun arbeiten seine Söhne im Haal, denn er gehört zu den meistbeschäftigten Ratsherren. Wir finden ihn als Beauftragten für den Verkauf von Korn, er bereitet die Dörfer, um Fragen des Gerichts, der Steuer, der Obrigkeit zu klären, er reitet wiederholt nach Gaildorf zum Schenken von Limpurg, schon 1515 ist er wegen einer Fehde nach Heidelberg, 1519 ist er nach Esslingen geritten. Wir vermuten in Hans Wetzel den einflußreichen Ratsherrn, der die Berufung des Predigers Johannes Brenz 1522 befürwortete; jedenfalls hat sein Sohn Ludwig in Heidelberg 1518 am gleichen Tag mit Brenz die Magisterwürde erworben, und 1523 ritt Hans Wetzel »ufs Predigers Hochzeit«, d.h. wohl zur Primiz des Johannes Brenz nach Weilderstadt. Im Jahre des Bauernkriegs hat Wetzel die Bauern auf den Dörfern gewarnt, sie möchten stillhalten, und als die Gaildorfer Bauern, die bei Gmünd lagen, den Haller Stadthauptmann abgefangen hatten, ritt er in ihr Lager, und es gelang ihm, den Stadthauptmann freizubekommen. Auch bei den Untersuchungen gegen die Schuldigen des Bauernkriegs war er beteiligt. Im Jahre 1528 lesen wir in den Rechnungen: *Hans Wetzeln hat ein erbar Rat geschenkt, um daß er dem Rat in viel Weg gedient, 4 Gulden.* Damals wirtschaftete der Rat sehr sparsam, Diäten gab es noch nicht, erst in späteren Jahrhunderten kam es dazu, daß alle Verrichtungen besonders bezahlt wurden. Wetzel war 1524 schon Haalpfleger, er war bei der Zentralisierung der Kirchenkassen vom Lande beteiligt und scheint auch Pfleger des Predigtamts gewesen zu sein, wie später sein Sohn Peter. Diesen Peter hatte er als Jungen zum Schreiber ausbilden lassen, er wurde Haalschreiber. Dem Umstand, daß Peter eine mittelhochdeutsche Dichtung abgeschrieben hat, den Renner von *Abb. 86* Hugo von Trimberg, verdanken wir das genaue Todesdatum des Vaters, denn Peter hat in die Abschrift Familiendaten eingetragen: Hans Wetzel ist am 21. Mai 1530 gestorben. Im Rat folgte ihm sein Sohn Peter, während die Witwe Margarete Gräter noch in demselben Winter den Reformator Brenz heiratete und Mutter seiner ersten sechs Kinder wurde. Sie starb 1548 an der Schwindsucht, als Brenz von den Spaniern vertrieben war. Vielleicht verdanken die Haller Sieder Hans Wetzel auch den Spitznamen »Doovelich«, der kleine David. Denn nach dem Sieg der Haller Bürger über die aufständischen Bauern im April 1525 erhielt ein Enkel des Hans Wetzel, der am 21. April 1525 geboren wurde, als erster Haller den Namen David, es folgte bald danach ein zweiter Enkel des Hans Wetzel, David Seiferheld, denn man las in der Bibel, daß David die Feinde im Salztale schlug (2. Samuel 8,13).

Hans Wetzel hatte sieben Söhne und eine einzige Tochter, Walpurg († 1557), die 1513 den Salzsieder Jörg Seiferheld heiratete; er saß seit 1529 mit dem Schwiegervater im Rat. Walpurg hatte sieben Söhne und eine Tochter. Zwei der Söhne, der Ratsherr Jörg und der Haalhauptmann Michel, wurden 1577 vom Kaiser in den erblichen Adelsstand erhoben, von dem die Familie aber keinen Gebrauch machte. Auch von Hans Wetzels sieben Söhnen lebten außer Ludwig, der in Heidelberg Lizentiat und Doktor der Rechte wurde und als Hofgerichtsprokurator in Heidelberg blieb, alle in Hall. Zur Veranschaulichung der Vermögensstrukturen in einer Siederfamilie führen wir sie dem vermutlichen Alter nach mit dem Heiratsjahr (der ersten Steuerzahlung) und ihrem höchsten Vermögen auf:

Barthel 1511 am Schwatzbühl, Haalmeister (260 Gulden)
Hans 1519 am Milchmarkt, Seckler, † 1558 (1200 Gulden)
Peter 1521 am Frauenhaus, Haalschreiber, 1530 Ratsherr, † 1540 (2400 Gulden)
Veit 1519 am Schwatzbühl, Haalpfleger (400 Gulden)
Melchior 1523 Schulpengaß, 1541 Ratsherr, 1552 Stättmeister, † 1567 (4200 Gulden)
Konrad 1529 am Milchbrunnen, Tucher, † 1561 (700 Gulden)

Die Liste zeigt sehr ungleiche Vermögensverteilungen. Tatsächlich stammen von Barthel, Hans, Veit und Konrad zahlreiche zum Teil sehr arme Sieder ab. Der letzte Wetzel in Hall (aus der Linie Barthels) starb 1929. Auf Peter folgten noch drei weitere Ratsherren, unter ihnen ein Stättmeister (David Wetzel 1572–1642). Stättmeister war auch Hans Wetzels jüngerer Sohn Melchior geworden, der nach dem Tod seines Bruders in den Rat kam. Er war sehr reich und, wie ein Zeitgenosse berichtet, hart zum Volke; da er kinderlos blieb, stiftete er testamentarisch ein Stipendium für studierende Nachkommen seiner Eltern; auch hat er zahlreiche Legate und eine Armenstiftung hinterlassen und den vielen Neffen und Nichten zahlreiche Wertbriefe vererbt. Sein historisches Verdienst besteht darin, daß er als Stättmeister im »Hasenrat«, dem vom Kaiser eingesetzten reaktionären Rat, darauf hingewirkt und durch eine Reise nach Prag, 1562, persönlich erreicht hat, daß die alte Ratsverfassung und auch die Reformation wiederhergestellt wurden, fühlte er sich doch als Stiefsohn des Reformators.

Die Enkel und Urenkel Hans Wetzels sind bereits so zahlreich, daß es, zumal in der Siederschaft, kaum möglich ist, von Hans Wetzel nicht abzustammen. Daher ist auch die Zahl seiner Nachkommen unter den berühmten Söhnen und Töchtern des Landes besonders groß. Wir nennen hier unter vielen nur Eduard Mörike und Georg Büchner, Erasmus Widmann und Anselm Feuerbach, Friedrich Wilhelm Raiffeisen, den Begründer der landwirtschaftlichen Genossenschaften, und Emilie Lehmus, eine der ersten Ärztinnen in Deutschland, den Salinisten Karl Glenk und den Theologen Dietrich Bonhoeffer, den Volkskundler David Friedrich Gräter und den Historiker Johann Peter Ludewig mit seinem Bruder, dem Baumeister Johann Friedrich Ludovice, die Schriftsteller Karl Julius Weber und David Friedrich Strauß.

Das Beispiel Wetzel zeigt noch eindringlicher als andere, wie sehr die Haller Siederschaft eine Abstammungsgemeinschaft ist. Wer unter seinen Ahnen schon im 18. Jahrhundert eine Haller Erbsiederfamilie entdeckt, der hat sie auch wohl alle als Vorfahren. Die Botz und Bühl, die Geyer und Reitz, die Seyboth und Schübelin, die Dötschmann und Stadtmann sind wie Müller und Wetzel Stammväter der meisten Sieder und Ahnherren der alten Haller Familien. Weit über die Grenzen der Siedensberechtigten und der Stadtbürger hinaus bilden sie ein Beispiel der schon von Ranke geforderten Volksgenealogie.

BELEGE UND WEITERFÜHRENDE LITERATUR

Raimund J. Weber: Die Schwäbisch Haller Siedenserbleihen. Bd. 1. Studien zur Rechtsnatur und zur Besitzgeschichte (Forschungen aus Württembergisch Franken. Bd. 14). 1981. (Vgl. zu Blinzig S. 158, Müller S. 149, 154, 171, 179, Wetzel S. 138, 165, 169, 175). Bd. 2. Urkunden (Forschungen aus Württembergisch Franken. Bd. 15). 1979. (Siederliste 1494: S. 72–83).

Gerd Wunder, Georg Lenckner: Die Bürgerschaft der Reichsstadt Hall 1395–1600 (Württembergische Geschichtsquellen 25). 1956.

G. Wunder: Die Ratsherren der Reichsstadt Hall 1487–1803. In: WFr 1962. S. 100–160 (Müller S. 112).

G. Wunder: Eines Ehrbaren Rats Zinsgelder. In: WFr 1980. S. 89–138.

G. Wunder: Hans Wetzel. In: Südwestdt. Blätter f. Familien- u. Wappenkunde 14 (1973). S. 2–7.

G. Wunder: Die Bürger von Hall. Sozialgeschichte einer Reichsstadt 1216–1802 (Forschungen aus Württembergisch Franken. Bd. 16). 1980.

83 Der Salzsieder Jörg Müller (1537–1607) hatte als reichgewordener Haller Bürger und Ratsherr hohe städtische Ämter inne. Er stiftete mit 1000 Gulden ein Familienstipendium. Zu seinen Nachkommen zählen nicht nur viele reichsstädtische Ratsherren, sondern auch der Dichter Eduard Mörike, der Theologe Dietrich Bonhoeffer und der Maler Anselm Feuerbach.
(Ausschnitt aus einer Gedenktafel im Keckenburg-Museum, Schwäbisch Hall; Foto: Roland Bauer)

84 Die genealogischen »Stammbäume« der Sieder stellen oft in hübschen Aquarellen die Verzweigungen vom Stammvater aus dar. Das Bildnis des Hans Seifferheld alt aus einem handschriftlichen Genealogiewerk zeigt die Tracht eines reichen Haller Sieders und Bürgers, wie sie auch aus dem Trachtenbuch von Jost AMMAN und Hans WEIGEL (1577) bekanntgeworden ist. (StAH 5/491a)

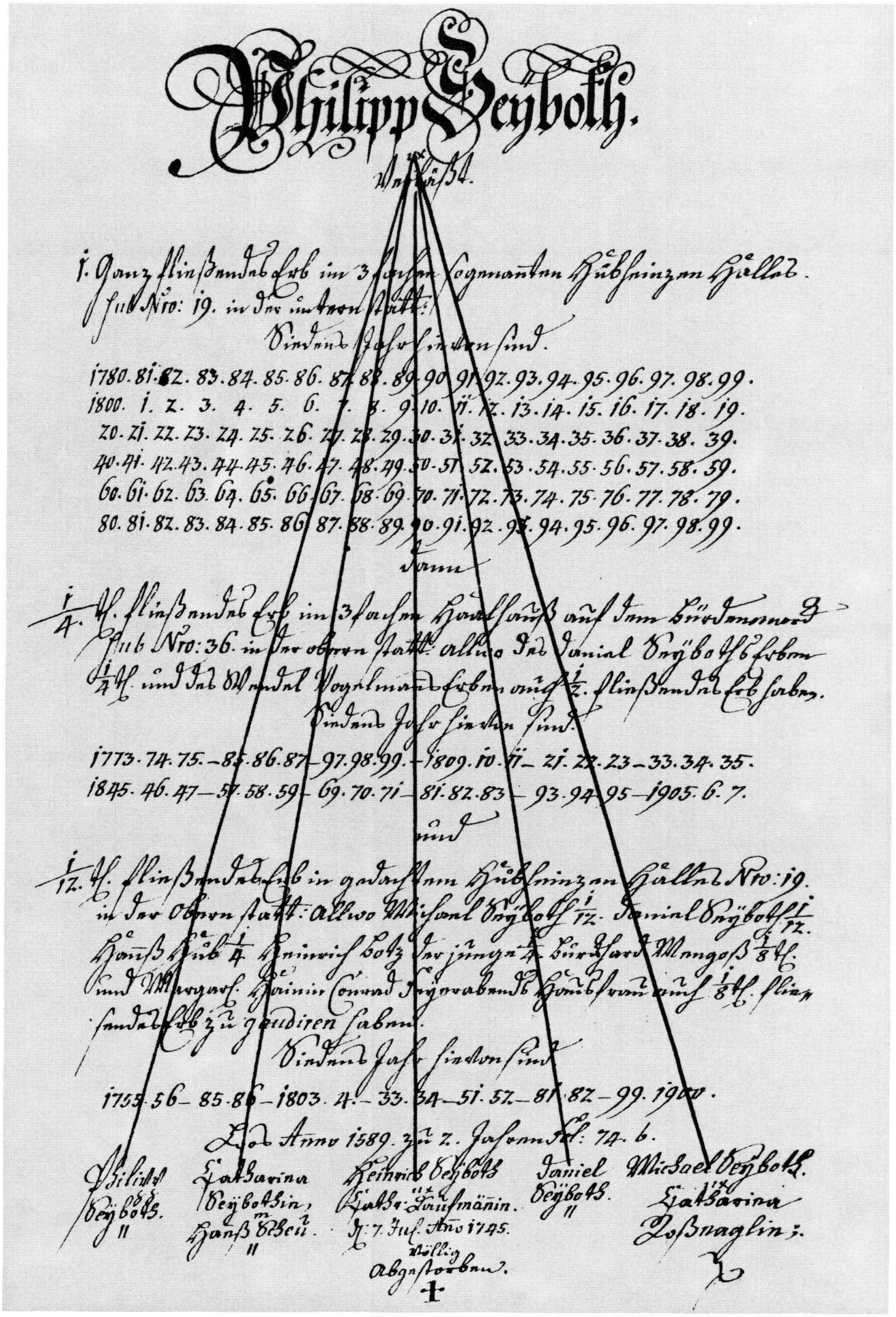
Philipp Seyboth.
1780. 81. 82. 83. 84. 85. 86. 87. 88. 89. 90. 91. 92. 93. 94. 95. 96. 97. 98. 99.
1800. 1. 2. 3. 4. 5. 6. 7. 8. 9. 10. 11. 12. 13. 14. 15. 16. 17. 18. 19.
20. 21. 22. 23. 24. 25. 26. 27. 28. 29. 30. 31. 32. 33. 34. 35. 36. 37. 38. 39.
40. 41. 42. 43. 44. 45. 46. 47. 48. 49. 50. 51. 52. 53. 54. 55. 56. 57. 58. 59.
60. 61. 62. 63. 64. 65. 66. 67. 68. 69. 70. 71. 72. 73. 74. 75. 76. 77. 78. 79.
80. 81. 82. 83. 84. 85. 86. 87. 88. 89. 90. 91. 92. 93. 94. 95. 96. 97. 98. 99.
1773. 74. 75. – 85. 86. 87 – 97. 98. 99. – 1809. 10. 11. – 21. 22. 23. – 33. 34. 35.
1845. 46. 47 – 57. 58. 59 – 69. 70. 71 – 81. 82. 83 – 93. 94. 95 – 1905. 6. 7.
und
1755. 56 – 85. 86 – 1803. 4. – 33. 34 – 51. 52. – 81. 82 – 99. 1900.
Anno 1589.
Philipp Seyboth
Catharina Seybothin
Heinrich Seyboth
Daniel Seyboth
Michael Seyboth.
Catharina Roßnaglin

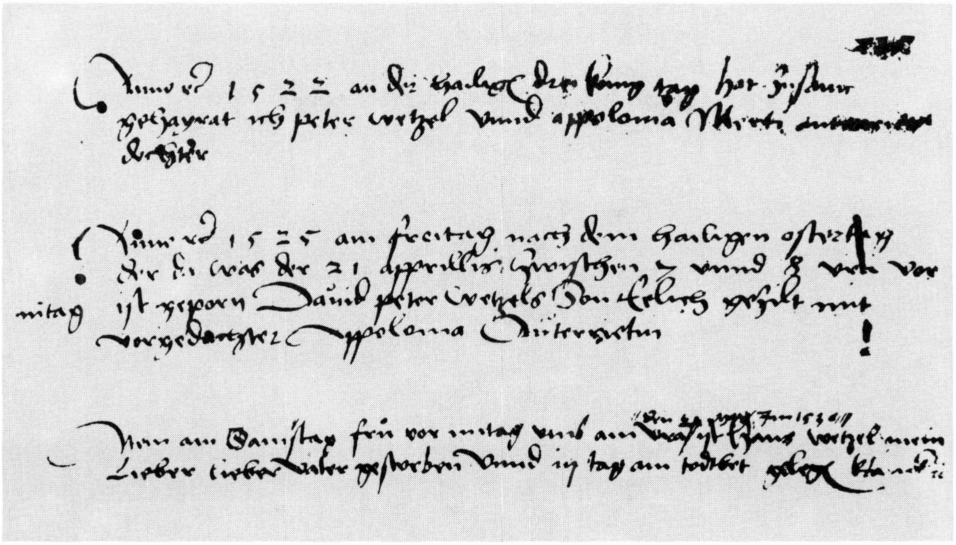

86 Der Sieder Hans Wetzel (1464–1530) ist einer der bedeutendsten Vertreter des Stammes Wetzel. Als Ratsherr war er häufig in städtischem Auftrag auf diplomatischen Reisen. Sein Sohn Peter war als Haalschreiber tätig. 1520 schrieb Peter WETZEL die mittelhochdeutsche Dichtung »Der Renner« von Hugo von Trimberg ab, der er am Schluß genealogische Notizen beigab. Peters erster Sohn erhielt den bald in Hall gebräuchlichen Namen »David«, von dem der Haller Spitzname »Doovelich« abgeleitet wird.

Anno etc 1522 an der hailigen drei konig tag hat zusamen gehayrat ich Peter Wetzel unnd Appolonia, Merti Auterriets dochter.

...

Anno etc 1525 am freitag nach dem hailigen ostertag, der da was der 21 apprillis, zwischen 7 unnd 8 ura vormitag, ist geporn David, Peter Wetzels son, eelich gezilt mit vorgedachter Appolonia Auterrietin.

...

Item am samstag frü vor mitag umb ain ura, den 21. may im 1530 (Jahr), *ist Hans Wetzel, mein lieber lieber vater, gestorben unnd III tag am todtbet gelegen kranck...*

(Württembergische Landesbibliothek Stuttgart cod. poet. et phil. 2^0 7)

◁ 85 Ein Blatt aus einem hällischen Siedensbuch, das die Siedrechte des Philipp Seyboth und seiner Erben festhält. Hier ist u. a. ein »ganz fließendes Erb im 3 fachen sogenannten Hubheinzen Halles« erwähnt. Philipp Seyboth ist der Stammvater einer der großen, heute noch in Hall ansässigen Siederfamilien.

(HA B 838)

Bemerkungen zum Brauchtum der Haller Sieder

VON HEINRICH MEHL

Im Vergleich zur erstaunlich reichhaltigen Überlieferung auf den Feldern Produktion, Handel, Verwaltung in der ehemaligen Salzstadt Hall finden sich zum Alltagsleben, zu den Bräuchen und Festen der Sieder nur wenig schriftliche und bildliche Quellen. Dies hängt mit dem Wesen menschlichen Tradierens zusammen: Aufgezeichnet werden Namen und Zahlen, vermerkt werden große historische Ereignisse und – aus dem lokalen Bereich – die »unerhörten Begebenheiten«, Feuersbrunst, Wassernot und rätselhafte Krankheit. Schriftlich kaum fixieren, noch weniger lebendig beschreiben wird man dagegen alltägliches Brauchtum, festtägliches Tanzen und Musizieren, Tracht, Schmuck, die Geschichten der Sieder. Brauchtum wird ja mündlich überliefert, man kennt es und lebt es der nächsten Generation vor; in dem Augenblick, da es niedergeschrieben und analysiert wird, hat es meist aufgehört, lebendiges Brauchtum zu sein.

Hall und seine Siederschaft haben hierfür ein prägnantes Beispiel vorzuweisen. Gemeint ist der Siederstanz, aufgeführt von den Paaren des Großen Siedershofs und heute wie ehedem ein *Abb. 94, 96, 97* Kernpunkt des traditionellen Siedersfestes. Als der Haller Germanist und Volkskundler Friedrich David Gräter 1794 in seiner Zeitschrift »Bragur« über das Fest berichtet, ist er noch Augenzeuge einer in der Stadt verankerten Tradition: »In dieser Gestalt dauert nun dieser Tanz sowie die ganze Feierlichkeit schon 400 bis 500 Jahre fort, und beide sind also noch jetzt ein getreues Bild von dem Geist und den Sitten der Vorzeit.« Als Gräter, Zeitgenosse der Gebrüder Grimm, 1812 in seinem deutschkundlichen Sammelwerk »Idunna und Hermode« zum erstenmal den Tanz beschreibt und seine Musik – nach dem Vorspiel eines ehemaligen Pfeifers – aufzeichnen läßt, handelt er bereits aus der Verantwortung des Wissenschaftlers, der Volksgut sichert und dokumentiert. Denn 1803, anläßlich der Huldigung Haller Bürger an Herzog Friedrich von Württemberg, den neuen Landesherrn, soll der letzte große Siederstanz stattgefunden haben[1]. Mag schon dieses Ereignis mehr den Charakter einer Vorführung als eines in gefestigter Tradition ruhenden Festes gehabt haben, so waren weitere Aufführungen nur noch Erinnerungsfeiern an eine vergangene Zeit: 1831 soll der Tanz zu Ehren des zehnjährigen Kronprinzen Karl auf dem Kinderfest im »Ritter« gezeigt worden sein[2], 1862 ist er als Huldigung an König Wilhelm gedacht, als dieser im August, anläßlich der Eröffnung der Bahnlinie Heilbronn-Hall, in der Stadt weilt. Zu diesem Zeitpunkt aber kann sich niemand mehr an den traditionellen Siederstanz erinnern, und eine 80jährige Mutter namens Stichler muß ihre Kenntnis aus ihrer Jugendzeit als Hofjungfer ausgraben, um die Tanzschritte gerade

1 S. Haenle: Der Siedershof in Schwäbisch Hall. In: WVjH XI (1888). S. 62–80. – Haenles Aufsatz ist ein erster übergreifender Versuch, dem Siedershof in schriftlichen Quellen nachzugehen.

2 Ulrich Deeg: Schwäbisch Hall: Geschichte und Brauchtum der Haller Sieder. Zulassungsarbeit 1962 (mschr.). – Auf S. 25 ff. beschreibt Deeg den Siedershof, weitgehend auf Haenle aufbauend.

noch rechtzeitig an die Tanzlehrer des Festkomitees weitergeben zu können. Damals fragt ein P. Glöckler in der Zeitschrift »Über Land und Meer«: »Auch noch ein Siederfest! Ist's nicht genug an all' den großen und kleinen Turn-, Sänger-, Schützen- und all' den anderen Festen? Wozu denn ein Siederfest?« Und er fährt dann fort: »Ereifere dich nicht, lieber Leser, der Du an der Festwuth der Gegenwart keinen Geschmack findest; das Fest, von dem hier die Rede ist, lebt nur noch in der Erinnerung weniger, und seine Feier ist längst gewesen«[3].

In den siebziger Jahren des 19. Jahrhunderts wird der Siederstanz Bestandteil vaterländischer Sänger- und Kriegerfeste, 1907 übt man ihn im Zusammenhang mit dem Festspiel »Übergabe der Limpurg an Hall im Jahre 1541« ein, nach dem Zweiten Weltkrieg wird er behutsam in die Öffentlichkeitsarbeit der Kreisstadt integriert (und 1962 etwa um einen Flößertanz ergänzt, von Konrektor Geiger nach angeblichen Aufzeichnungen seines Vaters einstudiert). Heute sind das Siedersfest und seine ehrwürdigen Tänze wieder jährlicher Höhepunkt im Reigen Haller Stadtfeste, sie bedeuten Traditionspflege mit folkloristischem und touristischem Charakter. Dabei ist es – vergleichen wir mit anderen deutschen Festspielorten – durchaus bemerkenswert, mit welchem Ernst sich die Nachkommen von Haller Siedern in ein vorgegebenes strenges Regelwerk fügen, wie sie in ihrem Fest eine Haltung zeigen, die ein wenig noch von Beharrungskraft und Selbstgefühl der einstigen Reichsstadt aufblitzen läßt. Daß diese starren Regeln des Tanzes aber auf den volkskundlichen Aufzeichnungen eines Gelehrten vom Anfang des 19. Jahrhunderts bzw. dem Erinnerungsvermögen einer Achtzigjährigen basieren, dies macht die Brüchigkeit einer Tradierung alter Volksbräuche bis in unsere Zeit hinein beispielhaft deutlich.

Die Gemeinschaft der Haller Sieder ist unter dem Namen »Siedershof« bekannt. Diese Bezeichnung meint dabei nicht nur die Personengruppe, sondern auch ihre Aktivitäten, vor allem das große Fest der Sieder; die »Abhaltung des Siedershofes« ist gleichbedeutend mit den pfingstlichen Festlichkeiten, mit dem Kuchenfest und Brunnenzug. Der Begriff »Siedershof«, in der Bedeutung von »Gesamtsiederschaft«, taucht zuerst in der Familienchronik der Senfft-Suhlburg (16. Jahrhundert) auf, in den bekannten Haller Chroniken von Herolt (1541) und Widmann (1553) fehlt jedoch jeder Hinweis. Genaue Beschreibungen vom Siedershof und seinem Fest besitzen wir in den drei handschriftlich erhaltenen »Festordnungen« von 1723,
Abb. 88 1764 und 1785[4]. Es sind amtliche Schriftstücke (*Obrigkeitliche Verordnungen* heißt es 1723), die den genauen Ablauf der Festtage mit allen Details beschreiben, die bindend Termine, Verhaltensformen, Kleiderordnung, Speiseplan festlegen und auch nennen, was nicht erlaubt ist. Während die Festordnung von 1723 nur sieben Paragraphen aufweist, so ist die Handschrift von 1764 mit dem Titel *Ordnung wie sich die Salzsiedersöhne vor bey und nach dem Kuchenholen zu verhalten haben* bereits auf 25 Einzelabschnitte ausgedehnt. Aus der Überschrift wird deutlich, daß der Siedershof die jungen Sieder zusammenfaßt, die ledigen »Siederspurschen« oder »Haalbuben«, wie es in Haller Ratsprotokollen immer heißt. Zweifellos reicht die Formierung einer solchen Gruppe weit ins Mittelalter zurück. Wir können darin eine Interessengemeinschaft, einen Bund, vielleicht eine Art Bruderschaft zwischen jungen Leuten gleichen Herkommens und Lebensgefühls, vor allem gleicher Pflichten und Rechte im Rahmen des Haller Siedewesens sehen. Ohne ein solches Motiv ganz ausschließen zu wollen,

3 P. Glöckler: Das Siederfest in Schwäbisch Hall. In: Über Land und Meer, 1863. Nr. 1. S. 3/4. Zu diesem Aufsatz gehört eine Ansicht des Siederfestes, gezeichnet von Louis Braun (s. Abb. 94).

4 Die Festordnungen liegen als Handschriften im Haalarchiv: HA A 1426 (1723 und 1764), HA A 1428 (1785). Die Ordnung 1785 ist abgedruckt bei Haenle (wie Anm. 1); im vorliegenden Aufsatz wird aus dieser Quelle zitiert.

wird man jedoch nicht so weit wie Dieter Narr gehen mögen, der auf das in den Festordnungen genannte Gebot der Reinheit und Keuschheit anspielt und eine Bruderschaft mit ursprünglich sakralem Charakter und mit magisch-kultischen Handlungen annimmt[5]. Strenge Zucht und Ordnung, bestimmte Aufnahmeriten, Mutproben, verschworene Kameradschaft, all diese aus ähnlichen Jungmänner-Gruppierungen, aus Zunft und Verbindung bekannten Elemente spielten jedoch sicherlich eine große Rolle am Siedershof. Der aristokratische Begriff »Hof« wird vielfach wörtlich genommen: Das Fest der jungen Sieder, der dort vorgeschriebene Umgangston, die Rangordnung, die Tracht sind zeremoniell, »höfisch«. So gibt es in der Ordnung von 1785 unter Paragraph 18 die Bestimmung, daß beim Abholen des Kuchens das Duzen in der Dorfmühle verboten ist. Der offizielle Siederstanz – wir kommen noch darauf – ist ein höfischer Reihentanz.

Die Siedersburschen laden sich zum Fest ihre Mädchen, die Hofjungfern, ein. Ein nicht geringer Anteil der Festordnungen und Bestimmungen in erhaltenen Ratsprotokollen wacht darüber, daß es dabei sittsam zugeht, daß man die Form wahrt und die Zeit nicht überzieht. Auch die Hofjungfern, die Siederstöchter also, bilden eine geschlossene Gruppe. Sie ziehen von den Jungen getrennt zu den offiziellen Treffen, ihre jeweilige Kleidung ist bis hin zur Stirnbinde geregelt und schriftlich vorgeschrieben. Wir können annehmen, daß sich im Siedershof die Paare fürs Leben gefunden haben und daß hier der Grundstein für die so enge verwandtschaftliche Verflechtung, für die geschlossene Welt der Haller Siedersfamilien gelegt wurde.

Der Siedershof war keine selbständig und frei wirkende Einrichtung, vielmehr lassen der bereits erwähnte zeremonielle Charakter des Festes, die zahlreichen Reglements, darauf schließen, daß die »alten Herren« und daß vor allem der Rat der Stadt sie in starkem Maß prägten. Alljährlich mußte neu um die Erlaubnis gefragt werden, das Fest abzuhalten, und die Antworten waren ganz unterschiedlich, konnten das Fest einengen, verkürzten es oder verboten es auch ganz. Aus einem Ratsprotokoll von 1636 geht hervor: *Denen Siedersbuben wurde wegen der überschweren Läufte vor heuer der Pfingstkuchen abgeschlagen.* 1731 heißt es: *Der Siedershof auf 2 Tage eingeschränkt. Jeder Pursch soll nur ein Mägdlein invitieren, und läßt man ihnen künftig nur 6. Eymer umgeldfrey passieren*[6]. Diese »Umgeldbefreyung«, das heißt die Freistellung des zum Fest getrunkenen Weines von Steuern, ist eine der angenehmen Angebote des Magistrats; das erlaubte Quantum wurde dabei immer wieder einmal geändert. Ebenfalls von der Stadt gestellt wurde der Mühlenkuchen selbst (*die Ausgaben zum Siederskuchen soll durch den Kastenmeister bescheinigt werden,* Ratsprotokoll 1760).

Es klang bisher schon an, daß wir von Glauben und Brauchtum der Siederschaft nicht in bunten Schilderungen, sondern aus trockenen Ratsprotokollen, Verzehrlisten und Rechnungen erfahren, daß wir uns aus Randnotizen informieren, gleichsam zwischen den Zeilen amtlicher Protokolle und behördlicher Verordnungen lesen müssen. Zum Charakter der Reichsstadt, verwaltet von einem übermächtigen Magistrat, einem Heer städtischer Beamter, Schreiber und Registratoren, paßt es nun einmal, daß wir unsere Kenntnis über manch wichtigen und althergebrachten Brauch der Bürger gerade aus Verboten, aus Rügen und Strafandrohungen herleiten. So wüßten wir z. B. wenig über den aktuellen Verlauf, über das Mitmenschliche des großen Siedersfestes, gäbe es nicht Extrakte aus Ratsprotokollen wie den von 1676: *Wird den*

5 Dieter NARR: Volkskundliches zum Brunnenzug und Kuchenfest der Haller Sieder. In: 800 Jahre Schwäbisch Hall. Sonderausgabe von »Schwäbische Heimat« 1956. H. 3/4.

6 Bei Zitaten aus Ratsprotokollen bzw. Auszügen aus Ratsprotokollen wurden folgende Bände des Haller Stadtarchivs benutzt: 4/280 (1673), 311 (1702), 320 (1711), 327 (1718), 328 (1719), 329 (1720), 332 (1723), 340 (1731), 379 (1760); Bd. 4/432 (Auszüge 1478–1700).

Haalbuben bewilligt, daß sie auf künftigen Pfingstmontag den Kuchen aus der Dorfmühle holen, bis Dienstag ihren Umgang halten, beim Bronnen auf einmal schießen, nicht scharfgeladen, dabey aber weder Esel mitführen, noch Bronnenspringen, Spritzen, noch andere Ungebühr treiben, ihnen hingegen ein ehrlicher Trunk, doch nur im Haus, und bis Läutung der Thorglocken erlaubt sein solle.

Eine große Reihe ähnlicher erhaltener Protokollauszüge macht die auf uns gekommene Ebene deutlich, auf der sich die Behörde mit den jungen Siedern schwarz auf weiß verständigte: *Die Sieder sollen bey den Schießen ihr übel gewohntes Saufen bey Straf einstellen*, heißt es 1657; *vor heuer wird den Siederspurschen noch erlaubt, ihre Kuchenmahlzeit in einem Privathaus zu halten. Künftig sollen sie die Mahlzeit im Wirtshaus halten und die Mägdlein davonlassen* (1719); *daß sich niemand von der Siederschaft unterstellen solle, bey ihrem Uffzug einen Schuß zu thun* (1723). Auf »Eseltreiben« und »Brunnenwerfen« wird wiederholt eingegangen. So erwähnt auch ein Ratsprotokoll von 1702, daß Sieder einen Esel als Maskottchen mitführten und allerlei Unfug mit ihm anstellten; als man 1718, als Ersatz für den verbotenen Esel, mit Feuerspritzen »Wasserspiele« auf dem Unterwöhrd veranstaltete und die Spritzen auch auf den Umzug mitnahm, verbot ein Ratsbeschluß das Anspritzen von Personen und Häusern. Das Eselführen, besser sein Verbot, erscheint gar in einem Zusatz zur Festordnung von 1723, das Brunnenwerfen in großer Ausführlichkeit in Paragraph 34 der Festordnung von 1785: *Weilen aber gleichwohlen von Zeit zu Zeit sehr viel ärgerlicher Unfug mit Einwerfung mehrerer Personen in die Brunnen von andern Siedern welche nicht zur Compagnie gehören, begangen worden, daß nicht nur allein der Compagnie die Kosten unnöthiger Dinge gehaufet, sondern mehrmalen zu großem Unglück Anlaß gegeben worden ist, so ist damit wiederholt alles und jedes Bronnenwerfen von Menschen und auch von Tieren, es habe Namen wie es wolle und unter welchem Vorwand es immer geschehen mag, ausdrücklich nochmalen verbotten...*

Bei aller Knappheit, mit der hier die Regieanweisungen für die Abhaltung des Siedershofs gegeben worden sind, ist die Festordnung von 1785 doch das vollständigste und interessanteste Dokument über unser Thema. In 40 Paragraphen, gefaßt in gestelztes Schreiberdeutsch und nur gelegentlich väterliche Sympathien für das Treiben der jungen Sieder verratend, wird die Abfolge des Festes niedergeschrieben. Dem Traktat vorangestellt ist die Erklärung, daß man auf der Ordnung von 1764 aufbaut, *weilen sich aber die Bedürfnisse der Zeiten ändern, auch verschiedene Hochverehrl. Rats und Gerichts Conclusa disfals ergangen ... so ist aufs neue diese Ordnung dahin theils vermehret theils abgeändert worden.* – Aus dem scheinbaren Wirrwarr aus detailversessenen Einzelbestimmungen läßt sich etwa folgender Festverlauf herausfiltern: Das Fest fand am Peter- und Pauls-Tag (29. Juni) statt, die Vorbereitungen begannen bereits am Pfingstmontag mit einem ersten Treffen der »Kuchenholer« auf dem Unterwöhrd (einer großen, durch Brücken mit der Kernstadt verbundenen Kocherinsel). Die Kuchenholer sind die jungen Sieder, die offiziell am Fest teilnehmen; sie müssen von jetzt an bei den Treffen im roten Rock und mit umgeschnalltem Degen erscheinen. Zur Vorbereitung gehört das Einüben des Marsches, der verschiedenen Rollen des Festablaufs, aber auch die Unterweisung der Jüngeren und Neuen in gutem Benehmen der Obrigkeit und den Mädchen gegenüber. Weitere wichtige Schritte sind die Auswahl des »Kuchenhauses« als künftiges Hauptquartier und Ort für Festmahl, Trinken und Tanz, die Wahl eines »Hofmeisters« als eine Art Beschaffungsoffizier für Speis und Trank (oder »Obmannes«, wenn das »Kuchenhaus« eine Gastwirtschaft ist) und das offizielle Gesuch an den Rat der Stadt, das Fest abhalten zu dürfen. An den drei Sonntagen vor Peter und Paul haben die Kuchenholer geschlossen in der Kirche zu erscheinen, die ersten beiden Male im roten Rock, am letzten Sonntag bereits in Schwarz, der Tracht, in der man den Kuchen abholt. Am letzten Sonntag vor dem Fest ist ein Treffen im Kuchenhaus angesetzt, das der allgemeinen Einweisung und der feierlichen Einladung der Hofjungfern dient. Am Abend vor dem Fest findet der »Erste Kuchenzug« statt: In Schwarz, aber ohne Trommler und Pfeifer, besucht man die Dorfmühle und prüft den Kuchen.

Am nächsten Morgen ist man schon um 6 Uhr im Kuchenhaus. Der Kuchen wird in der Mühle abgeholt, die vier Ältesten bringen den Stadthonoratioren den »Versuchskuchen«, die gesamte Kompanie zieht dann mit dem »Verzehrkuchen« zum »Neuen Haus«, dem Haalamt, um ihn dem versammelten Gericht mit dem Haalhauptmann an der Spitze zu übergeben. Es folgen der Tanz der Kuchenholer mit den Hofjungfern auf dem Unterwöhrd und ein gemeinsames Festmahl im Kuchenhaus. *Abb. 93, 92* *Abb. 89* *Abb. 96, 97*

Am nächsten Tag führt man den »Brunnenzug« auf, Treffpunkt ist wieder um 6 Uhr früh das Kuchenhaus. Nach Aufstellung und Gebet vor dem Kuchenhaus marschiert der Zug zum Marktbrunnen, wo gegen das Rathaus gewandt Salut geschossen wird. Der Zug bewegt sich weiter in die Gelbinger Gasse, wo diejenigen Sieder, die zum erstenmal dabei sind, um den dortigen Brunnen tanzen müssen, *um sich andurch der Compagnie zu weihen* (§ XXXII). Nächste Stationen sind Mühlmarktsbronnen, dann geht es weiter über die Brücke zum Brunnen jenseits des Kochers, über den Roten Steg und Steinernen Steg am Haalamt vorbei wieder zum Kuchenhaus. An allen genannten Stationen wird eine Salve abgeschossen, ebenfalls salutiert man vor den Gasthäusern am Weg, in denen gerade gefeiert wird. Nach dem Essen findet auf dem Unterwöhrd wieder der Tanz statt.

Ist ein dritter Feiertag angesetzt, so verbringt man ihn mit Treffen im Kuchenhaus und mit Tanz auf dem Unterwöhrd. Dazu ist es zum ersten Mal offiziell erlaubt, daß Burschen und Mädchen paarweise vom Kuchenhaus zum Tanzplatz ziehen. Am vierten Tag schließlich wird im Beisein des Obmannes abgerechnet.

In den Grundzügen wird das Fest so auch heute noch gefeiert, wobei als sehr bildkräftiges Element die angebliche Ursache des Kuchenzugs – Brand und Rettung der Dorfmühle – in den modernen Festverlauf einbezogen wird. »Es war dereinst am Freitag Petri und Pauli, als die ledigen Siedersöhne auf dem großen Unterwöhrd zu einer Beratung versammelt waren. Da geschah es, daß ein Hahn in der gegenüberliegenden Dorfmühle mit Zetergeschrei zum Dachladen hinausflog. Die Siederskompagnie sah aber auch, daß das Feuer zum Dachladen hinausschlug, schnell waren alle bei der Hand und retteten die Mühle. Zum Andenken an diese mutvolle Tat verwilligte hinfort der Rat der Stadt der Siederskompagnie alljährlich Früchte zu einem Kuchen und Wein zu einem Feste, das Siederskuchenfest oder Siedershof genannt wurde, mit der Bemerkung, daß sich die ledigen Siederssöhne auch künftig bei Feuersbrünsten auszeichnen und den Feuerern kräftige Hilfe leisten sollen«[7]. Es fällt nicht schwer, dieses Ereignis als späteren Zusatz zu erkennen, wobei sich zur Sage des Hahnes der »Rote Hahn« als Sinnzeichen für Feuer auf dem Dach aufdrängt. Immerhin ist ein Siederskelch aus dem 19. Jahrhundert – eine Nürnberger Silberarbeit des Empire – in der Form eines Hahnes erhalten. Seitdem trinken die Sieder aus dem »Gockel«.

Daß die wichtigsten Motive des Haller Siedersfestes mit Wasser und Feuer zu tun haben, fällt jedem auf und ist zugleich einleuchtend. Das Salz wird aus der Sole, aus dem Wasser gewonnen, zum Sieden wird das Feuer eingesetzt; die großen benötigten Mengen an Brennholz werden auf dem Wasser des Kocherflusses herangeschafft. Die tägliche Arbeit der Sieder findet an den Öfen und Pfannen der Sudhäuser statt und an den Landeplätzen der Floße; die traditionellen Farben der Siederschaft, zur Schau getragen als Tracht und Fahne, sind Rot (für das Feuer), Grün (für die Sole) und Weiß (für das Salz). Wir können in den Siedern, die

7 Beschreibung des Siedershofs in Schwäbisch Hall. 1908. S. 3.

Abb. 90 gleichermaßen gut mit Feuer wie Wasser umgehen können, zu deren Werkzeug Flößerhaken, Axt und Eimer gehören, die früher führende Feuerwehrtruppe Halls sehen. Auf diese Rolle gehen die Sieder selbst ein, wenn sie sich an den Rat der Stadt wenden: *Ein hochlöbl. Magistrat haben nach dero ruhmvollen Milde schon seit undenklichen Zeiten, denen jungen SiedersSöhnen welche sich bey Entstehung einiger Wasser- od. Feuers-Gefahr nach Erfordernis gebrauchen lassen, Hochobrigkeitl. erlaubt, alljährl. in der Woche des Feyertags Petri u. Pauli mit Umtragung des SiedersKuchens sich zu belustigen. Da nun diese erfreuliche Zeit sich wiederum nähert, so nehmen wir uns die submisseste Freyheit Einen etc. hiemit unterthänigst zu bitten, Hochderselbe wolle bei nunmehro eingetrettenem Frieden u: damalig ruhigen Zeiten uns gnädig erlauben, solchen Actum auf den nächstkommenden Feyertag Petri und Pauli, als den 29. dieses Monats Junii, iedoch mit Weglassung der übrigen an diesem Tag sonst hergebrachten Solennitaeten wiederum verrichten zu dürfen*[8]. Solche Briefe an den Magistrat gehören zum alljährlichen Ritual um das Fest, ebenso ritualisiert sind Antwort und »Erlaubnis des Magistrats zur Abhaltung des Siedershofes«.

Wenn die Sieder in dieser ihrer Bittschrift von 1801 geltend machen, daß sie ihr Fest »schon seit undenklichen Zeiten« abhalten, so können wir heute die Anfänge des Brauches um den Siederskuchen auch nicht präziser bestimmen. Bereits 1888 hat Haenle die frühesten Erwähnungen in Chroniken und Ratsprotokollen zusammenzufassen versucht. Schon ihm fiel auf, daß die Verbindung von »Mühlenkuchen« mit dem angeblichen Stadtbrand von 1376 (belegt ist er heute 1316) und der Rettung der Dorfmühle durch die Sieder in einigen wichtigen Quellen wohl zu finden ist (z. B. in der sogenannten Laccornschen Chronik aus dem 18. Jahrhundert), daß sie in den bedeutenden Chroniken von Herolt, Widmann oder Bühler aber nicht erwähnt wird. Die gleichen Ungereimtheiten finden sich in den überlieferten Festordnungen: 1764 wird die Rettung der Dorfmühle als Anlaß für das Kuchenfest genommen, in der »neu revidierten Ordnung« von 1785 ist dies nicht mehr erwähnt. Haenle verneint das Einzelergebnis als Ursprung für das Kuchenfest und weist dafür auf die umfangreiche Gesamttradition. In ähnlicher Weise argumentieren die späteren Bearbeiter, so vor allem Julius Gmelin (1896), Dieter Narr (1956) und Gerd Wunder (1975)[9], die jeder für sich deutlich machen, daß die Rettung eines Gebäudes in einem Brand, der große Teile der Stadt zerstört, wohl kaum einen markanten Brauch auslösen könnte. Es sei zudem noch einmal in Erinnerung gerufen, daß die Dorfmühle zum Zeitpunkt des Brandes in Privatbesitz und noch nicht eine herausgehobene städtische Einrichtung war.

Zweifellos gibt es einige unübersehbare Verbindungspunkte zwischen Haller Dorfmühle und der Siederschaft mit ihrem Kuchenfest. Zum einen ist da die räumliche Nähe: Die Mühle liegt einen Steinwurf weit vom Unterwöhrd entfernt, man benützt die Wasserkraft desselben Flusses. Neben Kraft von Haimberg wird 1362 Walther Senfft als Besitzer der Dorfmühle genannt, Vertreter einer Familie, die eigentlich Sulmeister heißt und also auf das Haller Siedewesen weist. Seit 1422 ist die Mühle Stadteigentum, seit 1489 wird sie auch durch die Stadt bewirtschaftet. Es gab in ihr – eine »Dorfmühlenrechnung« des 18. Jahrhunderts belegt es – ein

8 HA A 823. – Dieser Brief trägt den Vermerk »exhibirt d. 5. Junii 1801, d. 11. Junii 1802, d. 10. Junii 1803«, was offensichtlich bedeutet, daß die Siederssöhne die gleichen Formeln gleich für drei Jahre aufsetzten.

9 Julius Gmelin: Hällische Geschichte. Geschichte der Reichsstadt Hall und ihres Gebiets nebst einem Überblick über die Nachbargebiete. 1896. – Narr (wie Anm. 5). – Gerd Wunder: Die große Brunst zu Schwäbisch Hall. In: Der Haalquell 1975. Nr. 17.

öffentliches Backhaus, in dem der Siederskuchen gebacken worden sein kann[10]. So nennt ein Brief des Kastenpflegers Bonhöfer vom 16. Juni 1795, *den Kostenaufwand bey dem Siedenskuchen betreffend,* einmal den Begriff »Mühlengebackenes«[11]. Das feierliche Abholen und Umtragen des Kuchens, das Präsentieren des Kuchens am Haalamt, Festschmaus im Gasthaus und Tanz auf dem Unterwöhrd – dies alles spielt sich auf dem räumlich engen, der eigentlichen Kernstadt vorgelagerten Bereich zwischen Dorfmühle und Haalplatz ab. In Parallele zum Siederskuchen mag es einmal tatsächlich Kuchen gegeben haben, die der Müller als jährliche Abgabe an die Stadt geleistet hatte. Schließlich kannte man, lange Jahre in offensichtlichem Nebeneinander mit den Siedern, einen »Mühlenkuchen« der Bäckerinnung, der in ähnlichem Zug durch die Stadt geleitet wurde. In Ratsprotokollen ist 1650 erstmals die Rede davon, 1671 heißt es: *Der Siederskuchen soll am Petri Paulli, der Bäckerkuchen aber am Johannistag herumgetragen werden.* Die Vermutung, daß zwischen beiden Gruppen ein Wettstreit gar um den größten Kuchen entbrannt sein könnte, wird durch einen Protokollauszug von 1658 gestützt. Der Rat empfiehlt den Bäckern, statt eines Riesenkuchens zwei oder drei kleinere zu backen, damit man sich beim Tragen nicht verletze. 1693 gibt es *wegen der teuren Zeit* keinen Bäckerkuchen mehr; der Rat setzt die Einstellung dieses Brauches fest. – Die mögliche jährliche Abgabe des Müllers an Stadtverwaltung oder Bürgerschaft, der belegte Brauch eines Kuchenzuges der Bäckerzunft, »Gebackenes«, das in Verbindung mit dem Siedersfest in der Dorfmühle entsteht, die topographische Verknüpfung von Mühle und Arbeits- wie Festplatz der Sieder – dies alles mag irgendwann einmal zur ursächlichen Verknüpfung beider Bereiche geführt haben.

Über den Kuchen selbst können wir nur an wenigen Stellen nähere Beschreibungen finden, so in einem Ratsprotokoll von 1673, das als Gewicht 50 Pfund angibt und noch von einem zweiten kleineren Kuchen spricht, der 30 Pfund wiegen solle. Die aufschlußreichste Quelle ist ein Brief von Kastenpfleger Bonhöfer, den *Kosten Aufwand bey dem Siedenskuchen betreffend.* In Anlage A zum Schreiben vom 16. Juni 1795 heißt es: *Zu denen beeden Sieders Kuchen, davon der große 100 lb. und der kleine 50 lb. am Gewicht hat, so wie zu dem übrigen Gebachenen, wird erfordert:*

	Gulden (fl)	*Kreuzer (x)*
23 Vrtl. von dem besten alten Kern à 5 Gulden 12 Kreuzer	*119*	*36*
¾ lb Mußcatennüße à 56 x das Loth	*22*	*24*
54 lb Schmalz, à 22 x	*19*	*48*
28 lb Butter, à 19 x	*8*	*43*
90 Maas Milch, à 5 x	*7*	*30*
14 Maas Bierhefen, à 8 x	*1*	*52*
½ Maas Honig, à 2 fl 24 x	*1*	*12*
8 lb Salz, à 1 fl 20 x das Mees	–	*20*
1 Maas Kümmel	–	*12*
	181	*37*

10 HA A 1300, Urkunden zur Dorfmühlenrechnung 1790/91. – Hierzu: Ursula HOFFMANN-GRABSKI: Die Dorfmühle in Schwäbisch Hall. Zulassungsarbeit PH Reutlingen 1968. Auch in: Der Haalquell 1971. Nr. 7/8.

11 HA A 1427.

Eine Anlage B führt all diejenigen Personen auf, die im Rahmen des Kuchenfestes Kuchen und Backwerk aus der Mühle erhalten. Stättmeister und Steuerherr, Mühlpfleger und Stadtschreiber, aber auch der »Thorwarth am Steinernen Steg«, der Walker sowie alle für das Backen Verantwortlichen – »der Hafner, der den Ofen macht«, der »Bek in der Stuben« – bekommen ihre *Kuchen, Blaz, Ringe, Schifflein,* und *Laib Brot*[12].

Plastischer als die kargen schriftlichen Quellen führen uns bildliche Darstellungen den *Abb. 92* Verlauf des Kuchenfestes vor Augen. Ein kolorierter Kupferstich aus dem 18. Jahrhundert, heute im Keckenburg-Museum, fügt die verschiedenen Phasen zu einem Bild zusammen: In die obere Bildzone gesetzt sind Dorfmühle, die Übergabe des Kuchens durch den Müller, die Kuchenholer mit Träger, Pfeifer und Tambour, das Haalamt im Fahnenschmuck; die untere Zone zeigt die aufmarschierte Siederskompanie mit ihren Hauptmännern und Schützen und das große Rund der Zuschauer. Ein darangesetzter gedruckter Text gibt eine Beschreibung von Fest *Abb. 93* und Anlaß. Zum gleichen Thema besitzt Hall ein Aquarell aus der Zeit um 1730, das den Zug der Kuchenholer von der Stadtmühle zum Haalplatz wiedergibt. Akkurat ist die Marschordnung angegeben, wir erkennen im roten Rock Siedershauptleute, Kuchen- und Kannenträger, Pfeifer und Trommler, denen die »Schar der Kuchenholer« in schwarzer Festtagstracht folgt, und zum Abschluß den Müller mit dem Kuchen.

Abb. 89 Von der Szene am Haalamt – »Präsentation des Siederskuchens« – besitzen wir zwei schöne Abbildungen vom selben Maler. Die eine ist eine Schützenscheibe um 1790, gestiftet von Ratskonsulent Johann Lorenz Carl Seiferheld, die andere ein gerahmtes Ölbild, das heute noch im Haalamt hängt. Beide Male ist das »Neue Haus« am Sulferturm dargestellt, das Haalgericht der Siederschaft, mit wehender grünweiß gestreifter Fahne und Bäumchenschmuck am geöffneten Tor. Eine Gruppe von acht Siedern im leuchtend roten Rock ist auf dem Hof angetreten, vier Degenträger, Pfeifer und Tambour beim Spiel, ein Tänzer und in der Mitte der Kuchenträger. Die Bilder strahlen feierlichen Ernst aus, das Zeremoniell erscheint höfisch steif, die einzigen Nebenfiguren (ein Böllerschütze, zwei Neugierige auf der Treppe) sind bewußt klein gezeichnet.

Abb. 96 Eine weitere Kernszene aus dem Kuchenzug ist der Tanz der Paare des großen Siedershofs. Seine bildliche Darstellung folgt einem festen Muster: In der Mitte, auf einer großen umgestürzten Kufe, stehen oder sitzen Pfeifer und Tambour mit ihren Instrumenten Querpfeife und Trommel, links und rechts davon sind aufgereiht Sieder mit Dreispitz und Degen sowie ein *Abb. 97* tanzendes Paar (er nun ohne Hut und Waffe). Ein zartes Aquarell, das die Liste der Kuchenholer von 1794 in den »Erinnerungsbüchern an den abgehaltenen Siedershof 1741–1826«[13] schmückt, zeigt uns zudem Sieder und Siederin, wie sie Weinglas und Blume austauschen.

Überhaupt gibt es unter den kolorierten Vignetten dieser im Haalamt befindlichen Handschrift die anmutigsten Darstellungen der Sieder und des traditionellen Vierergespanns aus Kuchenträger, Flaschen- oder Kannenträger, Pfeifer und Tambour. Die gemalten Bewegungen, dem Formverständnis des Rokoko entsprungen, wirken graziös – die tatsächlichen Tänze, heute wie damals, erscheinen dagegen steif und fast unmelodisch. Bereits Friedrich David Gräter beschreibt 1812 in »Idunna und Hermode«: »Dieser Reihentanz ist durchaus ernsthaft und stille, freundlich dürfen die Tanzenden zur Not sein, aber sprechen oder gar

12 HA A 1427.

13 Erinnerungsbücher an den abgehaltenen Siedershof mit Ordnung der Kuchenholer. Mit handkolorierten Vignetten. 1741–1826. Mit Nachträgen bis 1907. HA B 938–B 964.

lachen und jauchzen, würde sich nicht schicken, und ihnen zur Unehre gereichen.« Und zum Tanzschritt selbst sagt er: »Der Tanzende nimmt die Hofjungfer nur züchtig beim kleinen Finger und kommt ihr während dem ganzen Tanze niemals näher.« Eine Beschreibung der Tänze durch Tanzmeister und Nagelschmiedmeister Adolf Cron wurde 1889 von Haenle veröffentlicht (vgl. Anm. 1).

Zur ein wenig gespreizten Würde der Tänze wollen die erhaltenen Texte auf den ersten Blick so gar nicht passen. Da gibt es den »Zwiebelesfisch« mit folgendem Tanzlied:

»Mei Muater kocht mir Zwiebel und Fisch
Rutsch her, Rutsch hin, Rutsch her,
Sie waaß wohl daß is gera iß,
Rutsch her, Rutsch hin, Rutsch her.

Mei Muater kocht mer Krautsalat,
Spinat und saure Ar,
do geht das Rutsche hin und her,
des isch a wahre Fraad!«

Und zum »Trampeleswalzer« werden diese Zeilen gesungen:

»Komm Trampele, mer wölla tanza,
komm Trampele tanz a,
Mei Vater kann pfeifa,
Dei Muater kanns a.«

Wir erkennen in solchen heiter-harmlosen Liedern, die in dieser Form zumindest aus dem *Abb. 89, 96, 97* 18. Jahrhundert überliefert sind, echte Volksstücke für Tanz und Belustigung. Da wir annehmen dürfen, daß der Siederstanz nach dem offiziellen Teil temperamentvoller und schließlich turbulent wurde (nicht umsonst mahnt der Rat immer wieder zur Disziplin), müssen wir in den aufgezeichneten Musikstücken mit ihrer kargen Melodik und den zeremoniellen Tanzschritten Äußerungen eines sich an aristokratischen Gesellschaftsformen orientierenden Siedershofs vergangener Jahrhunderte sehen, konserviert durch den beharrenden Geist der Siederschaft ebenso wie die ständigen Reglements einer auf Zucht und Ordnung bedachten Reichsstadt-Verwaltung.

Über die Tracht der Sieder finden wir, neben den verschiedenen erhaltenen Abbildungen, vor allem genaue Beschreibungen aus dem 19. Jahrhundert. Glöckler hält in seinem erwähnten Aufsatz von 1863 die Kleidung fest, wie sie wohl noch zum letzten echten Siedersfest im Jahre 1803 bestand. Der Hofbursche trägt danach einen dreieckigen schwarzen Filzhut, mit Silberschnüren und mit roter und gelber Kokarde eingefaßt, einen scharlachroten und silberbordierten Rock mit apfelgrünen Aufschlägen an Kragen und Ärmeln, eine schwarzseidene Halsbinde, eine weiße Weste mit doppeltem silbernem Besatz und Silberknöpfen, eine schwarze Hose, grüne Wickelstrümpfe und schwarze Lederschuhe, dazu den Degen mit schwarzem Bandelier, das mit silbernen Fransen besetzt ist. Die Hofjungfer hat eine schwarze, silbergestickte und mit schwarzen Spitzen besetzte Stirnbinde, festgehalten mit einer silbernen Zitternadel, dann einen schwarzen, mit weißen Spitzen besetzten Kittel mit rotem Vorstecker, ein weißes gesticktes Halstuch, einen roten Rock, eine weiße schmalgefaltete und gestickte Schürze mit grünem Band um die Hüfte, weiße Strümpfe, Stöckelschuhe mit silbernen Schnallen und weiße gestickte Handschuhe; Schmuck der Jungfern sind silbernes Ohrgehänge und silberne Kette mit Haken sowie die »Siedersnelke« als Miederzier.

Wenn auch die Tracht in bestimmten Bestandteilen zeitgenössische Grundmuster enthält (Bundhose, Rock mit Schürze, Dreispitz), in einigen Elementen verrät sie Anlehnung an militärische sowie aristokratische Formen (der rote Rock mit Stehbord und Aufschlägen, der Degen, Schärpe, Schnallenschuhe, weiße Handschuhe). Die Haller Siederstracht ist also keine Tracht im üblichen Sinne, sondern eine bewußt gestaltete und auf optische Fernwirkung ausgerichtete Uniform, die ihre Träger für alle deutlich erkennbar zu einer in sich geschlossenen und sich von Alltag wie Alltagsbürger abhebenden Gruppe macht. Die Begriffe »Siedershof« und »Siederskompagnie« sind beide in der Tracht wiederzufinden; die in den Festordnungen immer wieder ausgesprochenen Forderungen nach korrekter Kleidung unterstützen den Eindruck des Uniformierten. Schließlich unterscheidet man bei verschiedenen Gelegenheiten deutlich zwischen Rot und Schwarz. Die schwarze zivile Tracht der Kuchenholer, getragen während des ersten Kuchenzugs zur Mühle, wird wie folgt beschrieben: *braun Rock, schwarze Hosen, grüne Strümpfe, schwarze lederne Kappen mit Spitzen verbrehmt und einen Flor um den Hals* (§ 17 der Festordnung 1785).

Neben dem Kuchenfest gibt es als weiteren wichtigen Bestandteil des Siedershofs den Brunnenzug. Mit ihm haben wir einen zweiten Überlieferungsstrang, der – parallel zum Motivkomplex Dorfmühle/Mühlenkuchen – in das große Siedersfest einmündet. Wir wissen aus vereinzelten Quellen, daß es im Mittelalter Prozessionen und Umzüge gegeben hat, die dem Haller »Salz- und Seegensbronn« galten. Die Haller Bürgerschaft, die Sieder, der Klerus dankten auf diese Weise für die Wohltaten, die der Salzquell der Stadt erwies. Sie erflehten Gottes Segen für das Bestehen der Quelle und für die schwere Arbeit des Siedens, und sie baten um Verschonung vor Hochwasser, vor dem Einbruch »wilder Wasser« in die Sole. Aus Haller Chroniken erfahren wir mehrfach von der verheerenden Überschwemmung etwa des 8. September 1520: *Anno 1520 war der Koch alsz grosz, dz er alles holtz auf der Comberger wisen hinwegfurt, auch under der statt, und ertrenckht dz gantz Hal, also dz sie mit dem sacrament und gantzer procession auf dem unterwerdt gangen, rufften all hailigen an und schickthen ein opffer gen Regenspurg zu den schonen Margen* (Widmann)[14]. Herolt schildert dies Ereignis noch ausführlicher; nach seinem Bericht konnte auch das Salz in den Pfannen nicht rechtzeitig mehr gesichert werden – und er schließt: *Man trug dazumal das sacrament mit einer herrlichen procesz uff den Unterwert; es gieng ein gantzer rath mit allen priestern unnd schulern, sangen vil collecten und psalmen, auch responsorien, und gelopt ein erbar rath ein waldtfahrt gegen Regenspurg zu der schönen Marien, liessen darnach abconthrawein dis holtz unnd gewesser uff ein taffel, die schickthen sie mit sampt irem verheissen opffer.* Wir haben hier wohl das Beispiel einer Dankprozession für Errettung vor größeren Schäden vor uns; Klerus und Rat geloben eine Wallfahrt zur Schönen Maria in Regensburg und lassen für den Mirakelort ein Votivbild anfertigen, das die Überschwemmung genau schildert.

Anlaß für religiöse Feiern sind natürlicherweise auch Beginn oder glücklicher Abschluß der verschiedenen Salzbauten. Eine Haller Chronik berichtet von einer Prozession zum Brunnen im Jahre 1495, als man den Ausbau des Salzbrunnens in Angriff nahm[15]. Im Jahre 1540 – so schreibt Wilhelm Hommel in seinem Haller Heimatbuch von 1937 – soll der große Reformator

14 Die Chroniken von WIDMANN und HEROLT sind abgedruckt als Württembergische Geschichtsquellen. Herausgegeben von der Württembergischen Kommission für Landesgeschichte. 1. Band (HEROLT). 1894. – 6. Band (WIDMANN). 1904. – Nach diesen Texten wird auch zitiert.

15 StAH, Grüne Chronik. S. 208. – Vgl. hierzu Gertrud RÜCKLIN: Religiöses Volksleben des ausgehenden Mittelalters in den Reichsstädten Hall und Heilbronn (Historische Studien, hrsg. von Emil Ebering, H. 226). 1933.

Johannes Brenz zur Eröffnung des Sulenbaus auf dem Haalplatz gepredigt haben. Es ist selbstverständlich, daß im Mittelalter und bis ins Barock hinein das Siedejahr, überhaupt alle Ereignisse auf dem Haalplatz eng in das religiöse Leben der Stadt eingebunden waren. Wir können uns denken, daß vor allem der Salzbrunnen einen festen Platz im kirchlichen Ritus besaß. Archivakten des Haller Dekanatamts nennen einmal ein *Gebet welches bey dem den 13ten Decembr. 1779 vorgenommenen neuen Salzbrunnen-Bau, bey dem öffentl. Gottes-Dienst in der Stadt und Vorstätten, auf hochobrigkeitl. Befehl soll gesprochen und erbaulich gebraucht werden*[16]. Ein Auszug aus einem Ratsprotokoll vom 18. 8. 1777 gibt uns Kenntnis davon, wie Dekan Bonhöfer damit beauftragt wird, diese *Gebetsformul um den göttl. Beystand und Seegen zur vorhabenden Salzbronnen Reparation zu entwerfen.* 1779 wird Dekan Bonhöfer gebeten, das Salzbrunnengebet von 1777 zu kürzen, 1780 schließlich will man *mit dem bisherigen Salzbronnengebet in der Kirche bis auf wieder angehendes Geschäft innehalten, will aber Herrn Prediger u. Decanum Bonhöffer bemühen, ein Danck-Gebet aufzusezen.*

Im hällischen Kirchenbuch von 1749 finden sich solche Dank- oder Bittformeln, ins allgemeine Gebet aufzunehmen, *wann an dem Saltz-Brunnen eine Reparation oder Bau muß vorgenommen werden.* Und Haller Kirchengesangbücher, so von 1758 oder 1795 und wahrscheinlich bis zur Einführung des württembergischen Gesangbuchs 1802 gültig und populär, führen ein »Danklied für die edle Gabe des Salz-Bronnens« auf. Wie stark das Salinenwesen mit religiösem Gehalt durchdrungen werden kann, führt uns die Salzstadt Frankenhausen in Thüringen vor. Dort gab es zu Prozessionen, Salzgebet und Salzbrunnenfest auch eine »Salzpostille«, 1594/95 vom dortigen Superintendenten Jakob Gericke als Sammlung großer Salzpredigten herausgegeben. Gericke setzt dabei Saline und Salz in direkte Beziehung zu geistlichen Begriffen, spricht neben dem irdischen Salz vom Wort Gottes als dem »himmlischen Salz« und vergleicht die wilden Wasser, die stets die Sole bedrohen, mit falschen Lehren, die in die reine Lehre eindringen wollen[17]. Auch in Lüneburg zog die Geistlichkeit einmal jährlich um die Saline, auch dort sind Salz- und Siedersfeste überliefert; das Salzgebet (»Gebet zur Erhaltung der Sülze«) ist sogar Bestandteil der von Bürgermeister und Rat der Stadt am 17. 2. 1789 erlassenen Soleordnung[18].

Einzelnotizen in Haller Chroniken und Ratsprotokollen, aber auch Parallelen aus anderen deutschen Salzstädten machen deutlich, daß das Arbeitsjahr der Sieder fest im Kirchenjahr der Stadt verankert war. Natürliches Ziel von Bitt- und Dankprozessionen sind dabei Haalplatz und Salzbrunnen. Es ist denkbar, daß einiges aus der Tradition religiöser Brunnenzüge in jenen Brunnenzug eingeflossen ist, der Bestandteil des großen Siedersfestes wurde. Der Verweltlichungsprozeß muß mit der Reformation eingesetzt haben, als man von Umzügen mit Monstranz und römischer Messe abging. Inwieweit vorchristliches Brauchtum und Gedankengut in beide Formen des Brunnenzuges, die religiöse Bitt- und Dankprozession sowie den Siedersmarsch zu den Brunnen, hineinspielen, kann nicht belegt werden. Bereits Bühler hatte ja vermutet, daß die Prozessionen des Mittelalters auf vorchristliches religiöses Brauchtum zurückgehen.

Die Einbeziehung einer religiösen Komponente ins Haller Siedersfest wird durch einen weiteren Überlieferungsstrang unterstützt, über den ebenfalls Bühler berichtet. Jeden Donnerstag verrichteten die Armen der Stadt und des Spitals am Salzbrunnen ein Gebet, das Dank

16 Haller Evangelisches Dekanatsarchiv Nr. 51 i (1777–1780).

17 Hans BUROSE: Jakob Gerickes Frankenhäuser »Salzpostille«. In: Der Anschnitt. Zs. für Kunst und Kultur im Bergbau 24 (1972). Nr. 5. S. 9–18.

18 Gerhard KÖRNER: Saline. Museumsverein für das Fürstentum Lüneburg. 1981. S. 29/30.

für die edle Gabe der Solequelle und die Bitte um ihr Weiterbestehen ausdrückte. Dafür erhielten die Armen Brotrationen, die später durch Salzlieferungen der Sieder an das Spital ersetzt wurden. Um diese Almosen rankt sich übrigens auch die Sage vom Haalgeist, der dann rächend auftrat, als die Almosen einmal nicht ausreichend ausgefallen waren. Das »Salzalmosen« erscheint auch in Ratsprotokollen: *Das Salzalmosen läßt man hierfür wöchentlich einziehen und so viel Wochen gesotten werden, so oft soll die Einsammlung geschehen* (28. Juni 1711) und *Von den wöchentlichen Almosen soll demjenigen, der nicht zum Beten an den Salzbronnen gehet, auch... gegeben werden* (9. 9. 1711).

Schließlich sei noch eine wichtige Überlieferung erwähnt, die sicher auch in den großen Zusammenhang des Siedersfestes gehört. Von Zeit zu Zeit war es notwendig, daß der Salzbrunnen von Unrat, eingebrochenem Gestein, Schlamm etc. gereinigt werden mußte. Solche »Sulenfegen« bedeuteten schwere Arbeit für eine größere Anzahl von Siedern, es waren gefährliche und mit viel Schmutz verbundene Unternehmen. Nach getaner Arbeit konnten die Beteiligten auf Kosten der Stadt baden, nach Abschluß der Sulenfege kam man als Gast des Stättmeisters zu einem Essen und zu Tanz zusammen. Die erste Brunnensäuberung ist für das Jahr 1469 belegt, zwischen 1558 und 1798 sind – laut vorhandener Brunnenbau-Protokolle – nicht weniger als 42 Sulenfegen vom Rat verordnet worden. »Die Sieder scheinen im Laufe der Zeit auf eine regelmäßige Durchführung auch ohne besondere technische Notwendigkeit gedrängt zu haben, um in den Genuß der damit verbundenen Festlichkeiten zu kommen«, sagt dazu Werner Matti[19]. Wir können annehmen, daß der glückliche Abschluß einer Sulenfege auch mit Gottesdienst und erleichtertem Gebet verbunden wurde, und so fügt sich das festliche Treiben doch in den großen Rahmen des Dankes der Haller Sieder für ihren »Salz- und Seegensbronn«. Was für Lustbarkeit und Trink- und Eßgelage der breiten Siederschaft gilt, ist ebenso für das Mahl des exklusiven Kreises der Kuchenholer gültig: Eigentlicher Kern des Brauches ist die Vorstellung, mit dem Fest auf die Existenz der Salzquelle und den davon
Abb. 95 ausgehenden Segen für die Stadt zu weisen. Ganz deutlich wird dies in den »Erinnerungsbüchern an den abgehaltenen Siedershof« der Jahre 1741–1826. Die dort feierlich zusammengestellten Listen der Siederssöhne, die *den Kuchen geholt und bey der Taffel gesessen,* werden von Psalmsprüchen eingerahmt, unter den Vignetten finden sich Heiligendarstellungen, 1708 eine Allegorie des Salzes *(Die Göttlige Vorsehung)* und im Jahr 1817 gar die bemerkenswerte Darstellung des Motivs »Speisung der 5000« aus dem Neuen Testament.

Der Mühlenkuchen in feierlichem Umzug, Mühlengebackenes, das an Prominenz ebenso wie an kleine Leute der Stadt verteilt wird, religiöse Prozessionen bei Naturkatastrophen und wichtigen Bauarbeiten am Brunnen, Begleitung des Siedejahres von Gottesdienst und Gebet, der Brunnen in Verbindung mit Brot- und Salzalmosen, Festessen nach glücklich abgeschlossener Sulenfege, die Siederstafel mit Bezug auf ein biblisches Mahl – dies alles sind Traditionen und Motive, die im Siedersfest zusammenfließen. Schon Haenle hat den Anlaß des Kuchenfests nicht im Einzelereignis, sondern in der Gesamttradition gesehen: »Nicht also auf Grund einer einzigen, an und für sich geringfügigen und nur pflichttreuen Handlung der Siederschaft entstand das Fest, sondern es entstand nach und nach auf historischem Boden, ein Spiegelbild des ganzen Wesens der Siederschaft, ihres Wollens, ihres Schaffens, ihrer Festtagsfreuden und ihres Wirkens zu ›Glimpf und Schimpf‹«[20]. Und Wilhelm Hommel meint in seinem Haller

19 Werner Matti: Verfassung und Wirtschaftspolitik der Saline Schwäbisch Hall bis zum Jahre 1802. Diss. rer. pol. Tübingen 1952 (mschr.). S. 161.
20 Haenle (wie Anm. 1). S. 68.

Heimatbuch von 1937, daß der Siedershof, »das Nationalfest der Sieder, geschichtlich aus mehreren festlichen Anlässen und Gedenktagen, Belohnung für besondere Arbeitsleistung usw. zusammengeflossen ist, wie ein Baum Jahresringe ansetzt« (S. 277). In diesen Rahmen fügt sich, daß es keinen unverrückbaren Termin für das Siedersfest gab. Neben Peter und Paul werden früh auch die Pfingstfeiertage genannt, das Fest konnte zwei, drei oder vier Tage dauern. Im 19. Jahrhundert wurde der Siedershof dann zu den verschiedensten Gelegenheiten abgehalten, heute hat das Fest endgültig die Pfingsttage belegt.

Es wurde deutlich, daß alles Brauchtum der Sieder sich in starkem Maße um Halls »Salz- und Seegensbronn«, um die gefaßte Solequelle auf dem Haalplatz dreht. Platz und Brunnen sind Mittelpunkt der täglichen Arbeit der Sieder und ebenso der beherrschende emotionale Bezugspunkt. Nicht verwunderlich ist es, daß man den Ursprung der Quelle in den Bereich des Sagenhaften verlegt: Wie bei anderen vergleichbaren Einrichtungen wird auch in Hall die Entdeckung der Quelle wilden Tieren zugeschrieben. *Und da ieztundt der saltzbrunnen, die suhl genandt, und dasz saltzwerkh steht, eine wäldige klingen, darinn eine herbe stinkendte laichen gestanden, zu welcher dasz gewildt geloffen, daran geleckth und seine wohnung gehabt. Durch welches gewildt diese gottesgab desz saltzbrunnens den menschen eröffnet worden sein soll* heißt es in Widmanns Chronik. Die Sage vom Grafen des Kochergaus, der zu Westheim Hof hielt und auf der Jagd durch Tiere zur Salzlache geleitet worden war, wird in Herolts »Chronika der Stadt Hall« des 16. Jahrhunderts ebenso genannt wie in Gmelins »Hällische Geschichte« von 1896 und den weiteren gedruckten Stadtgeschichten der letzten 100 Jahre. Schöne bildliche Wiedergaben finden wir im 18. Jahrhundert (etwa auf einer Schützenscheibe des Haalhauptmannes Haspel, vom Langenburger Hofmaler Christian Andreas Eberlein 1789 gemalt) und vor allem im 19. Jahrhundert: Eine Lithographie im Stadtarchiv und ein kleines *Abb. 87* Ölbild im Keckenburg-Museum, beide um 1840 wohl vom Haller Biedermeiermaler Georg Peter Groß gefertigt, zeigen den Grafen von Westheim, wie er sich in romantischer Waldlandschaft der Hirschgruppe an der Salzlecke nähert. Auch eine Haller Schützenscheibe des Jahres 1816 mit dem Titel »Entdeckung der hallischen Salzquelle Ano 941« nimmt das Thema auf. Die vielleicht älteste Darstellung der Entdeckersage enthält die naive Tuschzeichnung »Die sieben Burgen, aus denen Hall entstanden sein soll« aus einer Haller Chronik (HV II/8). Am rechten unteren Rand des Blattes sind Salzlecke mit drei Hirschen und der berittene Jäger mit seinen Hunden abgebildet.

Eine zweite Sage verbindet sich mit dem Salzbrunnen, die auch heute noch lebendig ist und in phantasiereichen Ausgestaltungen das Folklorejahr des Siedershofes begleitet. Es handelt sich um den Haalgeist, den »Hoolgaascht«, wie es in hällisch-fränkischer Mundart heißt. Sein Äußeres ist – so gehört es sich für eine Sagengestalt mit Schreckcharakter – vielgestaltig und verschwommen; eine erste Erwähnung gibt es wieder in den Haller Chroniken des 16. Jahrhunderts. Bei Widmann lesen wir über das Ungeheuer am Salzbrunnen: *Man sagt eine fabel, es solle bey nacht der bösze feinndt einem saltzsieder mit einem kiebel mit haiszem siedendem saltzwasser, alsz er saltz gesotten, mit einer grosen nasen erschienen sein und die nasen durch ein spalt in dasz halhausz gestoszen und gesagt haben: wie gefellt dir diese naasz, kan dasz auch eine nasze sein? Habe der sieder denn kiebel mit heiszem siedenden waszer dem teuffel uf seine naszen geschüttet und gesagt: kan dasz nicht ein guesz sein? Darauf der teuffel den sieder*

21 Heinz SAUSELE: Von den Haller Salzsiedern. In: Unsere Heimat. Württ. Monatsblatt f. Heimat- und Volkskunde (Beilage des Kocher- und Jagstboten). 6. Jg., Juni 1926.

erwischt undt über den flusz der kocher uff den berg der Gännszbühel genandt – ist die hohe ietz- und bey dem mittelgärberthürlein zue Hall – geworffen und gesagt: kann dasz nicht ein wurff sein? Die heiter-gruselige Geschichte »Von des teuffels nasen« zeigt bekannte Charakteristika der volkspoetischen Formen von Sage und Legende, wenn das im Grunde unwahrscheinliche Ereignis mit genauen Ortsangaben und wörtlicher Rede Wahrhaftigkeit beansprucht; die drei gleichklingenden Fragen zudem erinnern an vergleichbare Formeln im Märchen. Unübersehbar ist die Komik des Textes, es wird auf die Spottlust der Sieder angespielt, von der es schon im Haller Faustbuch von 1599 des Georg Rudolff Widman heißt: *denn es ist umb die Sieder ein solches volck, wie in solcher stadt ein sprichwordt ist, das, wenn Christus selbsten solt durch das Hall gehen, er ohn gespött oder unbeschissen nicht davon kommen würd.*

Wenn der Haalgeist sich für diese Spottlust der Sieder rächt, so haben wir hier eines der Motive für seine Existenz. Bei allem Abschreckenden seiner Gestalt und trotz der wiederholten Bezeichnung als Teufel ist er nämlich keinesfalls nur Bösewicht, sondern durchaus auch Helfer der Armen, Bundesgenosse der unteren Schichten gegen die Reichen und Mächtigen. Eine im
Abb. 91 Besitz der traditionsreichen Siederfamilie Gräter befindliche Tuschezeichnung aus dem 18. Jahrhundert (ein weiteres Exemplar wird im Keckenburg-Museum verwahrt) ist so zu deuten: Im Bildmittelpunkt tafeln einfache Sieder an einem großen Tisch, rechts entdecken wir den Haalschreiber an seinem Amtstisch, darunter die vier Sulmeister in ihren vornehmen Trachten. Der Haalgeist, am unteren Rand als finsterblickendes Fabeltier mit Drachenhals und Löwentatzen gemalt, erschreckt die hohen Haalbeamten zu Tode, während das Siedersvolk ungerührt weitertafelt und nach den herankommenden Frauen auf der linken Bildseite winkt. Der Haalgeist als Verbündeter des kleinen Mannes gegen die Herrschenden, dies ist also ein zweites denkbares Motiv für die Erschaffung und Tradierung einer solchen Sage. Dazu gehört die Annahme von Heinz Sausele, daß man ihn als Schreckfigur erfand, weil an den Haller Produktionsstätten zu oft Salz gestohlen wurde. Die wohl populärste Version ist, daß der Haalgeist in Zusammenhang mit drohenden Feuersbrünsten und Flutkatastrophen erscheint,
Abb. 98 als Vorbote kommenden Unheils und Warner der am Haal arbeitenden Sieder. Eine Schützenscheibe des Jahres 1865 zeigt den Geist auf dem Kettensteg (der einstigen Verbindung von Kocherinsel Unterwöhrd und Ackeranlagen), wie er seinen legendären Ruf »Davelä, raumt aus, s'kummt an groß Wasser« ertönen läßt. Nur daß in diesem Fall keine Kocherflut zu erwarten ist, sondern der Haalgeist von der Brücke herab sein eigenes Wasser läßt.

Belege über den Haalgeist, die ernst genommen werden wollen, sind jedoch selten. Haußer nennt 1878 in seinem »Führer durch Schwäbisch Hall« ein 1741 urkundlich erwähntes Zusammentreffen zwischen Geist und *des alten Schübelin ledigen Tochter.* In der sogenannten Schauffele-Chronik lesen wir, daß der Haalgeist einen Haalwächter, der ihn neckte, in den Kocher geworfen habe. Ein noch undatiertes handschriftliches Blatt aus dem Haller Stadtarchiv führt den Haalgeist in einer Art Abfragetext vor:

Hat sich bei dem Brunnen oder sog. Bergwerk kein Berggeist als wie in anderen Orten sehen lassen? –
Ja, und wird der Haalgeist genennt. –
Läßt er sich zu Zeiten hören oder sehen? – Ja.

22 StAH 5/219a; vielleicht 18. Jahrhundert.

Wann er sich hören oder sehen läßt, was erfolgt darauf? –
Es bedeutet ein großes Wasser oder sonst ein Unglück.
Wie ist er Gestalt? –
Man hat ihn zum öfteren gesehen; nach dem Brand hab ich ihn selbst gesehen. Wie ein großer Hammel. Zu Nacht um 12 Uhr sas ich und Michel Schuster vor dem Haalhaus vor der Dürr (= Tür), da kam das schwarze Dürr (= Tier) und bei uns vorbei, wir sahen ihm nach und geht bis an des Dürle (= Türchen) wo Hans Buhl. Weiter sahen wir nicht. Das war am Montag gewesen im selbig Samstag geht das bis dahin und das Hall ertrank[22].

Fehlende Vorstellungskraft und mangelnde künstlerische Phantasie haben uns eine Reihe von eher putzigen denn abschreckenden Porträts des Ungeheuers am Salzbrunnen hinterlassen. Ein Fabelwesen mit Eselkörper und schnurrbärtigem Kopf ist in einer Haller Chronik (HV II/14) zu entdecken, zwei weitere naive Tuschzeichnungen im selben Buch geben eine Mischung aus Vogel, Wolf und perückentragendem Menschen wieder. Eine doppelte Darstellung des Geistes – einmal als Drachen, einmal als Hammel – ist in das Ornament um die Kuchenholer-Liste von 1776 eingearbeitet (Erinnerungsbücher). Am häufigsten wird die Sagengestalt gehörnt und mit überlanger Nase dargestellt, so auf einigen Haller Schützenscheiben (1895 von Maler Conrad Schauffele; 1971 von Maler Karl Nefzer) oder auf Schauffeles Randzeichnungen von 1891 zu einem Haalgeistgedicht, das heute gerahmt im Haalamt hängt. *Abb. 99*

Am Haalgeist hat sich auch stets die Volkspoesie entzündet. Wir besitzen launige Mundartgedichte von Heinz Sausele (1862–1938) und Eugen Geiger (* 1865). Im Bändchen »Nelken für dich. Prosa und Poesie in Haller (Hohenloher) Mundart« hat Geiger auch das »Haller Siaders-Nächelich«, den silbernen Miederschmuck der Siederinnen besungen.

Im Verlaufe dieses Aufsatzes wurde deutlich zu machen versucht, daß alles Brauchtum der Haller Sieder, gipfelnd im Siedershof und dem großen Fest, mit Ausklingen des reichsstädtischen Siedewesens seine Echtheit und Lebendigkeit verliert und im Laufe des 19. und 20. Jahrhunderts zu Erinnerung und Folklore werden mußte. Die Spielregeln von Siederstanz, von Kuchenfest- und Brunnenzug werden auch heute noch eingehalten, Motivation und Lebensgefühl der Ausführenden ebenso wie der Zuschauer sind jetzt jedoch grundsätzlich anders. Es paßt zu diesem Tatbestand, daß das Haller Pfingstfest heute ohne die Figur eines Herolds, der die einzelnen Phasen erklärt, nicht mehr auskommen kann. Vor allem nach dem Zweiten Weltkrieg hat sich Haller Siederstradition auf mannigfaltige Weise verändert und im Sinne einer stärkeren Einbeziehung des Besuchers erweitert[23]. So konnte sich seit 1962 am Pfingstfest auch die Bevölkerung an Mühlenkuchen und Wein laben (nicht bevor jedoch der »hochlöbliche Magistrat« am Sonntag zuvor um Erlaubnis des Straßenverkaufs angegangen worden war), mit den Jahren wurde mittelalterliches Lagerleben auf dem Grasbödele zu einem populären und bildwirksamen Teil des Festes, 1979 nahm man eine Gerichtsverhandlung am Haller Pranger – »Strafsache gegen Wendelin Grundel« – ins Gesamtgeschehen mit hinein. Eine bemerkenswerte Entwicklung nahmen die Musiker des Siedershofs. Aus den ursprünglich zwei Pfeifern und zwei Trommlern bildete sich seit 1960 ein Fanfarenzug, der, parallel zum folkloristischen Aufblühen der Siederstradition, zum unübersehbaren und unüberhörbaren Block innerhalb des Hofs wurde. Mit den Jahren verselbständigte er sich und führte 1981 gar eine Trennung herbei;

23 Die folgenden Einzelheiten verdanke ich Herrn Fritz Gräter, dem heutigen Haalhauptmann, und Herrn Gerhard Hirsch, dem 1. Hofburschen des Großen Siedershofs.

als Grund hierfür wurde die Einengung des selbstbewußten Fanfarenzugs durch allzu starres Regelwerk im Siedershof genannt. Eine hübsche Ergänzung des großen Siedershofs ist der neu eingeführte »Kleine Siedershof« mit gelegentlichen Tanzauftritten im Stil historischer Kinderfeste. Die Festordnung des Jahres 1951, in Inhalt und Stil bewußt anknüpfend an die barocke Ordnung von 1785 und alle folgenden Ergänzungen, spiegelt die Zeichen der Zeit wider. So erlaubt Paragraph 2,3 dem Siedershof »gelegentlichen Besuch von Trachtenfesten zur Werbung für die Stadt«. Längst auch sind die strengen Aufnahmeregeln in den Siedershof gelockert: 1785 noch eine Gemeinschaft lediger Siederssöhne und laut Paragraph 2 zur Keuschheit verpflichtet, hat der Hof heute auch verheiratete Mitglieder. Waren ursprünglich Siedersfamilien unter sich, so wurde diese Exklusivität in der Festordnung von 1951 durch die Aufnahme auch anderer ehrbarer Bürgersöhne, seit den 60er Jahren auch durch auswärtige, schließlich gar durch ausländische Mitglieder aufgelöst. Diese Flexibilität, das Hereinnehmen neuer Formen der Selbstdarstellung, der bewußte Dienst am heutigen Besucher der alten Stadt Hall hat den Siedershof lebendig erhalten. Die genaue Kenntnis der Ursprünge des Siedershofes, der Entwicklungen im Laufe der Jahrhunderte und der Gründe für die Einstellung alter Traditionen sind dabei Voraussetzung für einen Haller Siedershof der Gegenwart.

87 Sage von der Auffindung der Salzquelle. Ein oft gewähltes Motiv für Haller Künstler ist die Sage von der Entdeckung der Solequelle. Der Graf von Westheim, so heißt es, sei auf der Jagd durch wilde Tiere auf die Quelle aufmerksam gemacht worden. Eine Lithographie (Format 23 × 17 cm) aus der Zeit um 1830, unterschrieben mit »Auffindung der Salzquelle in Schwäbisch Hall im IX. Jahrhundert« und »gemalt von Groß« schildert diese Szene in romantischer Waldlandschaft. Eine Hirschgruppe steht verhoffend am Quell, von rechts nähert sich der Graf zu Pferd, begleitet von einem Jäger und zwei Hunden. Im Künstler können wir wohl Georg Peter Gross (1782–1858) vermuten, den tüchtigen Biedermeiermaler und Schöpfer einer großen Anzahl Haller Schützenscheiben. Das gleiche Motiv vom selben Maler, nun in Öl gemalt, hängt im Keckenburg-Museum. (HV B III/1021)

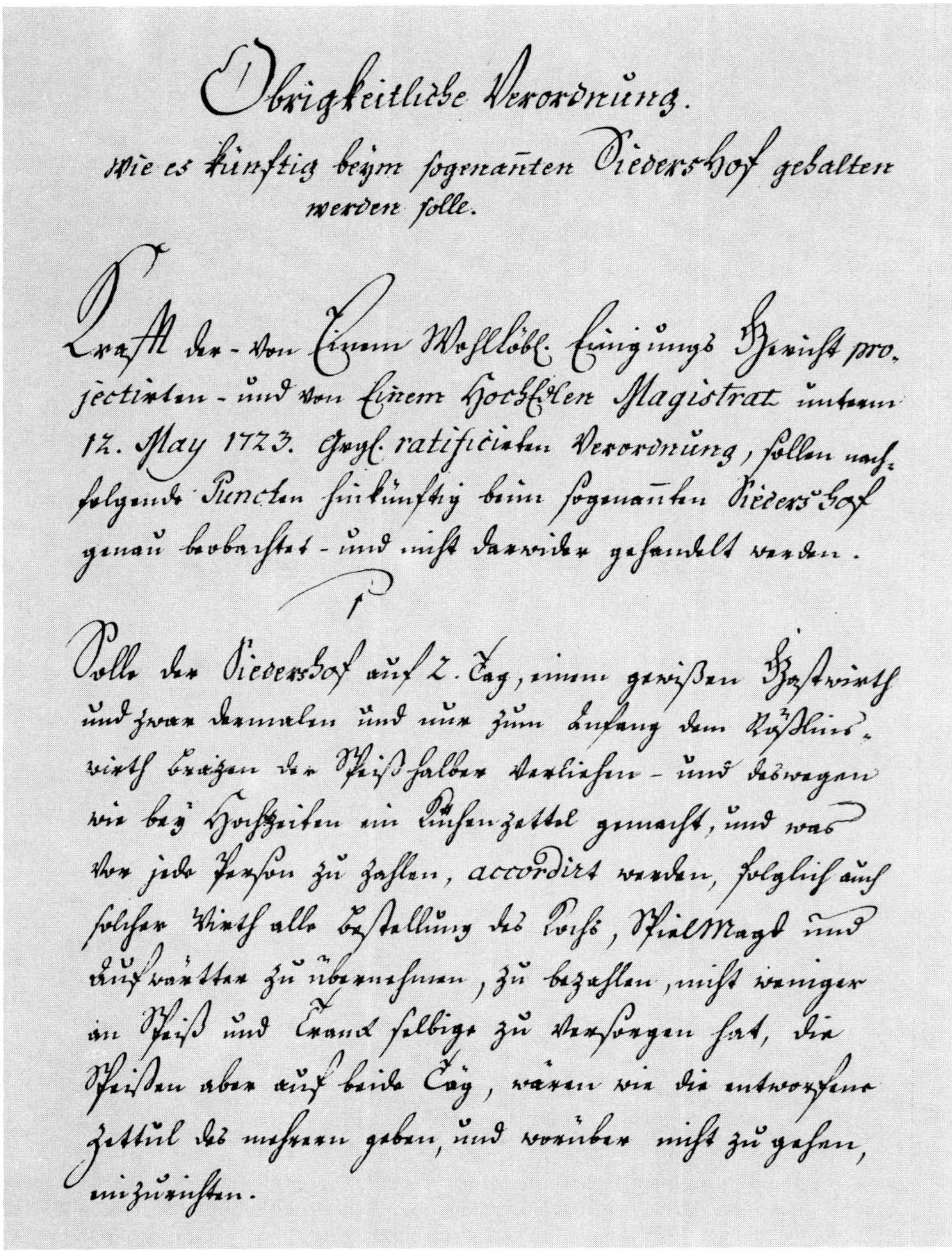
Obrigkeitliche Verordnung.

wie es künftig beym sogenanten Siedershof gehalten werden solle.

Krafft der - von Einem Wohllöbl. Einigungs Gericht projectirten - und von Einem Hochedlen Magistrat untern 12. May 1723. gnädigl. ratificirten Verordnung, sollen nachfolgende Puncten hinkünftig beim sogenanten Sieders Hof genau beobachtet - und nicht darwider gehandelt werden.

1

Solle der Siedershof auf 2. Tag, einem gewissen Gastwirth und zwar damalen und nur zum Anfang dem Rößlinswirth wegen der Speiß halber verliehen - und deswegen wie bey Hochzeiten ein Küchenzettel gemacht, und was vor jede Person zu zahlen, accordirt werden, folglich auch solcher Wirth alle Bestellung des Kochs, Spielleut und Aufwarter zu übernehmen, zu bezahlen, nicht weniger in Speiß und Tranck selbige zu versorgen hat, die Speisen aber auf beide Täg, wären wie die entworffene Zettul des mehreren geben, und worüber nicht zu gehen, einzurichten.

88 Zu den wichtigsten Dokumenten über die Haller Siederschaft gehören die erhaltenen »Festordnungen« von 1723, 1764 und 1785. Sie setzen den Ablauf des »Siedershofs« fest, beschreiben aufs genaueste Termine, Kleiderordnung, Verhaltensformen während der Tage des großen Siedersfestes. Die Abbildung zeigt die »Obrigkeitliche Verordnung, wie es künftig beym sogenan(n)ten Siedershof gehalten werden solle« vom Jahre 1723. (HA A 1426)

89 Präsentation des Siederskuchens. Eine wichtige Szene innerhalb des großen Siedersfestes ist die Präsentation des Siederskuchens vor dem Haalamt, dem Verwaltungs- und Gerichtsgebäude der Siederschaft. Am Pfingstsonntag oder an Petri und Pauli marschiert der Siederszug zum »Neuen Haus« (wie das Haalamt auch heißt) und übergibt in feierlicher Zeremonie den »Verzehrkuchen« an das versammelte Gericht mit dem Haalhauptmann an der Spitze. Wir besitzen zwei Ölbilder mit diesem Motiv, beide möglicherweise vom Langenburger Hofmaler Christian Andreas Eberlein (1747–1795) im ausgehenden 18. Jahrhundert gemalt. Das eine füllt eine Schützenscheibe im Keckenburg-Museum, gestiftet von Consulent Johann Lorenz Carl Seiferheld, das andere hängt als gerahmtes Bild heute im Haalamt (Format 30 × 22 cm). Auf dem Platz vor dem Gebäude, dessen tannenbaumgeschmücktes Tor weit geöffnet ist, hat sich eine Abordnung von acht Siedern aufgebaut, darunter Pfeifer und Trommler, Flaschenträger als Tänzer und der Kuchenträger mit dem Gebäck auf der Schulter. Aus einem Fenster des Haalamts wird die grünweiß gestreifte Siedersfahne geschwenkt, ein Böllerschütze schießt Salut. Gebäude (rechts erkennbar der Sulferturm) und Siedersformation sind authentisch wiedergegeben – wir besitzen mit diesem Bild ein wertvolles Dokument einer alten Tradition. (Ölbild. Haalamt, Schwäbisch Hall)

90 Schöpfbrunnen mit zwei Siedern in Arbeitstracht. Ein männliches Siederspaar mit dem traditionellen Arbeitsgerät, Flößerhaken und Axt, gehört zu den beliebtesten Rand- und Vordergrundmotiven auf Haller Stadtansichten und Darstellungen der Salzbauten. Bekanntestes Beispiel hierfür ist die Wappentafel des Hans Schreyer von 1643 (vgl. auch Abb. 23).
Selten sind Darstellungen von Haller Siedern in schlichter Arbeitstracht. Eine Tuschzeichnung des 18. Jahrhunderts aus einer Haller Handschrift ist ein solches Beispiel: Zwei junge Siedersknechte rahmen das Bild des Schöpfbrunnens auf dem Haal ein. Sie tragen grobleinenes Hemd mit offenem Kragen, Bundhosen, derbe Schuhe und eine Kappe auf dem Kopf; die hochgekrempelten Ärmel unterstützen das Porträt zweier kräftiger Arbeiter. »Der Hällische Saltz und Seegens-Bronn« steht über dem Schöpfwerk im zentralen Medaillon, darüber ist ein Salzgebet, darunter (wohl nachträglich zugefügt) eine kurze Beschreibung der beiden Sieder gesetzt, der eine »mit einem Haken an einer langen Stangen, der andere mit einem Holzbeil«. (Keckenberg-Museum, Schwäbisch Hall)

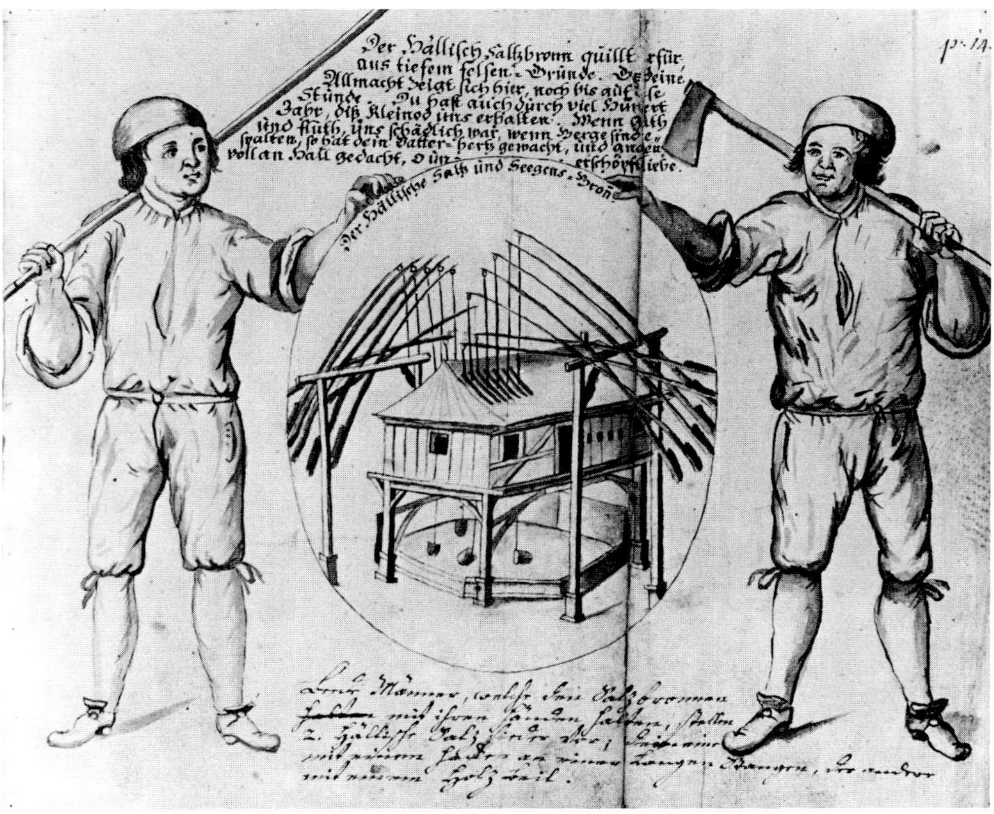

92 Kuchenzug der Haller Sieder. Ein in den Farben Rot und Grün handkolorierter Druck mit der Darstellung des Kuchenzuges der Sieder – nicht unähnlich einem gedruckten Flugblatt – besitzt das Haller Keckenburg-Museum. Das unscheinbare Blatt (Format 19 × 25 cm, Kupferstich, vielleicht aus dem 18. Jahrhundert) bildet Motive des Siedersfestes im oberen Teil ab, daruntergesetzt ist eine gedruckte Kurzbeschreibung des Festes. Die Abbildung ist noch einmal zweigeteilt, die einzelnen Szenen sind mit Buchstaben gekennzeichnet und werden in der Legende erklärt. Wir erkennen in der obersten Zone die Dorfmühle, Mühlensteg und Steinernen Steg, das Unterwöhrdstor, Haller Stadtmauerfront und links den Beginn des Haalplatzes. Von der Mühle her bewegt sich der Zug der Kuchenholer in ihrer schwarzen Tracht, im roten Rock marschieren Pfeifer und Trommler und der Kuchenträger, in der Mitte steht der Dorfmüller mit dem Kuchen. Die untere Bildzone zeigt den Aufmarsch der Siederskompanie mit Büchsen und umgehängten Degen, die zwei Hauptmänner mit dem Spieß und wieder Pfeifer und Trommler. Der weite Platz ist von Zuschauern gesäumt, zwei Männer im roten Mantel drängen die Menge zurück.

Legende:

1. Die Dorffmühl
2. Der Müller mit dem Kuchen
3. Die sämtl. Kuchen-Hohler
4. Der Kuchen-Träger
5. Pfeiffer und Tambour
6. Das neue Haus mit flieg. Fahnen
7. Der Sulpher Thurm
8. Der Thurm zum steinernen Steg
9. Der Unterwerth Garten
10. Die commandirende Sieder
11. Die im Gewehr stehende Sieder
12. Die sämtl. Zuschauer

(Keckenburg-Museum, Schwäbisch Hall)

91 Eine ganze Motivkette aus der Haller Siedersgeschichte führt uns diese Tuschzeichnung aus der 2. Hälfte des 18. Jahrhunderts vor (Format 65 × 23 cm). Im Mittelpunkt wird ein ausgelassenes Festmahl geschildert; elf Männer und Frauen in ländlicher Tracht sitzen um einen breiten Tisch, prosten sich zu und winken nach links, wo zwei weitere Frauen herankommen. Dort sind Bildsymbole aus Sage und Arbeitswelt zu finden: Sieben verstreut liegende Gebäude deuten an, daß Hall aus sieben Burgen entstanden ist, ein Reiter stellt den Grafen von Westheim dar, der die Salzquelle fand, zwei Holzstämme mit deutlich eingezeichneten Mälern weisen auf die Arbeit der Flößer und Siedersknechte. Die rechte Bildseite ist zweigeteilt: Oben sitzt vor einem Stoß Bücher ein Haalbeamter an seinem Schreibtisch (vielleicht der Haalschreiber), darunter erkennen wir in den vier Männern im vornehmen Rock die vier Sulmeister des Haal. Der Haalgeist, am unteren Rand des Bildes als Fabeltier mit Löwentatzen, Drachenhals und rollenden Augen dargestellt, erschreckt die »Viermeister« so sehr, daß sie wie erstarrt zu Boden fallen. Die Gruppe beim Festschmaus ist nicht eindeutig zu identifizieren – es könnte sich um ein Siedersmahl nach

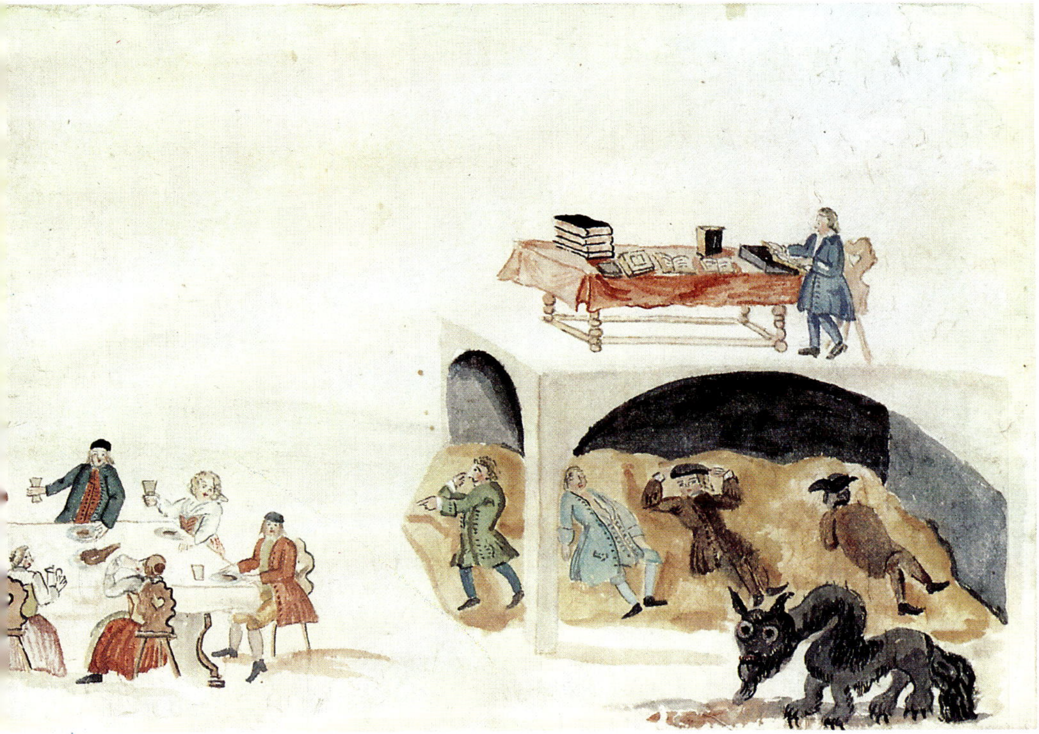

abgeschlossener Sulenfege oder in Zusammenhang mit dem Kuchenzug handeln (einer der Männer hebt ein »Schifflein«, das mehrfach erwähnte Gebäck aus der Dorfmühle, in die Höhe), wir können aber auch eine »Baurenrechnung« vermuten, das Abschlußessen der Limpurger Floßbauern am Tag der Saisonabrechnung in der Reichsstadt (das Floßholz mit den so auffälligen Mälern deutet daraufhin). Die Personenzahl Acht bei den abgebildeten Männern bringt uns aber auch auf den Begriff Scharhauptleute (»Ausschüsser«), die Vertretung des gemeinen Siedersvolks. Interessant ist die Dreiteilung der Zeichnung mit den Sagenmotiven, dem einfachen Volk und den hohen Herren. Eine Schlüsselrolle spielt dabei der Haalgeist, der zwar die vornehmen Perückenträger zu Tode erschreckt, die Zecher im groben Rock aber gar nicht beeindruckt. Der »Hoolgaascht« als Bundesgenosse des kleinen Mannes der Salzstadt Hall gegen die mächtige und sicher ungeliebte Verwaltung – dies ist eine der Deutungen dieses ganz aus der Volksseele heraus entstandenen Bildes.

(Keckenburg-Museum, Schwäbisch Hall)

93 Abholung des Mühlenkuchens durch die Salzsieder. Eine der anschaulichsten Illustrationen des Haller Siedersfestes liefert uns eine Tuschzeichnung aus der Zeit um 1730, die im Keckenburg-Museum aufbewahrt ist (Format 32 × 20 cm). Dargestellt ist der Zug der Kuchenholer von der Dorfmühle zum Haalplatz; die wohl nachträglich zugefügte Inschrift am unteren Rand berichtet von einer Überschwemmung an diesem Standort: »Aō 1729 den 30. Jan. ist durch das grosse Gewässer und Eisbaus der Koch über zwischen Mühlweg in Graben geloffen.« – Vor einer sorgsam gezeichneten Stadtkulisse – wir erkennen Stadtbefestigung, Haal mit seinen Holzstapeln, die Vorstadt jenseits Kochens und St. Katharina – wird im Vordergrund der mauerbegleitete Mühlenweg gezeigt, wie er parallel zum Kocher von Dorfmühle (links) auf Steinernen Steg und Unterwöhrdstor zuführt. Auf ihm bewegen sich in feierlichem Zug die Sieder, voran im roten Rock Hauptmänner der Siederskompanie, Pfeifer und Trommler als Musikanten, dann Kuchen- und Flaschenträger, schließlich die Abordnung der Kuchenholer in schwarzer Festtagstracht. Am Schluß, noch im Innenhof der Dorfmühle befindlich, marschiert der Müller mit dem Kuchen. Deutlich erkennbar sind die Wehre am Kocher und die Landeanlagen der Kocherinsel »Grasbödele« für das Floßholz, das die Sieder für ihre Arbeit brauchten. (Keckenburg-Museum, Schwäbisch Hall)

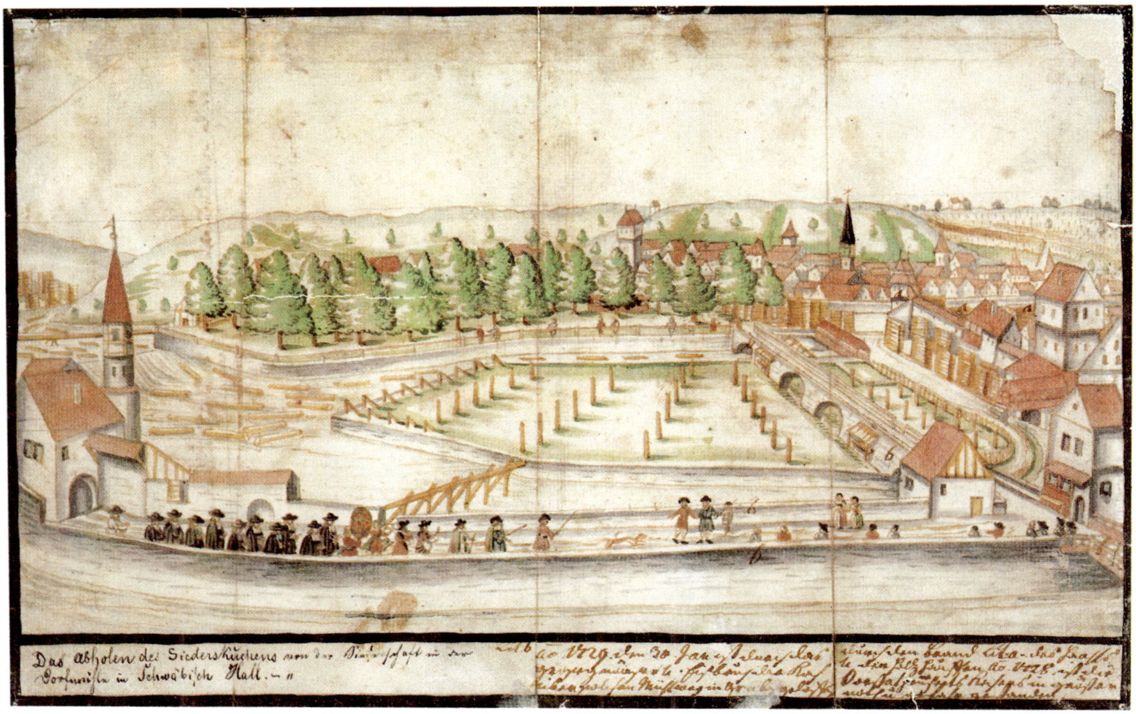

94 Siederszug. Eines der meistveröffentlichten Bilder aus Hall ist diese Zeichnung von 1863, gefertigt von Louis BRAUN (1836–1916) und lithografiert bei E. HALLBERGER. Der Künstler ist gebürtiger Haller und später als gefeierter Schlachtenmaler Professor in München. Seine Zeichnung, geschickt zusammengefügt aus vier verschiedenen Motiven, erschien als Illustration zu einem Aufsatz von P. GLÖCKLER in der Zeitschrift »Über Land und Meer«. Mittelpunkt ist der Siederstanz auf dem Unterwöhrd, mit den Musikanten auf umgestürzter Kufe, mit Kuchen- und Fahnenträger und dem Kranz aus Tanzpärchen des Siedershofs. Die linke Szene führt uns auf den Haller Marktplatz, wo an den Sonntagen vor dem Siedersfest die Kuchenholer in Formation die Kirche besuchen. Im rechten Bildteil stellt Louis Braun ein Motiv aus dem Brunnenzug dar: Die Kompanie hat am Gerbersbrunnen in der Gelbingergasse Halt gemacht und grüßt die in den Gasthäusern Feiernden mit donnerndem Salut. Abschluß des Bildes nach oben bildet eine feine Ansicht der Stadt am Kocher. – Louis Braun hat sich bei seiner Auffassung des Siedersfestes an den erhaltenen Abbildungen aus dem 18. Jahrhundert orientiert; sein populäres Blatt wiederum wurde Vorbild für spätere Zeichnungen, etwa die des Reinhold Schmidt aus den Jahren um 1880. (StAH)

95 Die kostbare Handschrift »Erinnerungsbücher an den abgehaltenen Siedershof mit Ordnung der Kuchenholer 1741 bis 1826«, die als eines der wenigen Originalzeugnisse vom einstigen Brauchtum der Sieder im Haalamt aufbewahrt wird, ist es wert, einmal mit einer ganzen Seite vorgestellt zu werden. Ausgewählt wurde das Blatt des Jahres 1789, das eine Liste von 22 Siederssöhnen und Kuchenholern aufführt, beginnend bei Friederich Jacob Koch, der schon neunmal »Beim Sieders Hof gewesen und bey der Tafel gesessen« und endend mit Georg Melchor Seyboth, der bisher erst einmal teilnahm. Gesondert aufgeführt sind der Kuchenträger und der »Flaschträger« des Jahres. Die Liste ist von einem Rahmen aus Ornamenten des Rokoko und Klassizismus eingefaßt, auf vier Podesten sind Hauptmänner der Siederskompanie und Kuchen- wie Flaschenträger mit ihren bekannten Sachattributen abgebildet. Interessant ist die Vignette am Kopf des Blattes, eine Allegorie des Haller Salz- und Siedewesens, mit göttlichem Auge, Grazie und Putten auf einem Wolkenthron und den symbolhaft gesehenen Details Floßholz, Salzhüte, Siederswerkzeug wie Schlegel und Hammer, Salzkörbe. »Die Göttlige Vorsehung« heißt es in der Kartusche – eine bemerkenswerte Verknüpfung von aktuellem Siedershof und seinem Fest mit der allgemeinen Vorstellung vom Salzquell als Geschenk durch göttliche Fügung. (HA B 938–964)

die Göttlige Vorsehung.

Anno 1789. haben folgende Sieders Söhne den Kuchen geholt.

Wie offt einer beim Sieders Hof gewesen und bey der Tafel gegessen.

Nom		
1.	Friederich, Jacob, Koch	9.
2.	Andreas, David, Blinzig	8.
3.	Johann Friedrich Bühel	7.
4.	Andreas, David, Röchler	6.
5.	Andreas, David, Schwarz	6.
6.	Christoph, David, Ströbel	6.
7.	Johan, Friedrich Reitz	6.
8.	Johañ, Michael Scherer	5.
9.	Johañ, Friedrich Schübelin	5.
10.	Johañ. Friedrich Fritsch	5.
11.	Georg, Willhelm, Koch	5.
12.	Georg, David Scherer	4.
13.	Georg, Friedrich Groß	4.
14.	Georg. Andreas. Schübelin	4.
15.	Gottlieb, Friedrich Seyboth	4.
16.	Johañ. Friedrich Seyboth	4.
17.	Johañ. Andreas. Bänerdörffer	4.
18.	Johañ. Peter Wartrer	4.
19.	Gottlib. David Bühel	3.
20.	Johañ Georg Bauer	3.
21.	David Nicolaus Scheuman̄	2.
22.	Georg Melchor Seyboth	1.

Georg Ludwig Köhler Kuchenträger,
Johañ. Jacob. Fritsch Flaschträger,

96 und 97 Die anmutige Formenwelt des Rokoko führen diese beiden Abbildungen des Siederstanzes vor. Das obere Bild (Format 13 × 10 cm, kolorierter Kupferstich, vielleicht Ende des 18. Jahrhunderts) gehört zu den populärsten Darstellungen dieser Kernszene des Haller Siedersfestes, das rechte, eine Vignette aus einer Handschrift im Besitz des Haalamts, ist kaum bekannt und noch unveröffentlicht. Wir sehen oben Pfeifer und Tambour, wie sie auf einer umgestürzten Kufe sitzen und musizieren, flankiert von einem zum Tanz aufgestellten Siederspärchen; rechts im Hintergrund stehen drei weitere Sieder, im Unterschied zum Tänzer nun mit Dreispitz und Degen. Aufführungsort des Tanzes ist traditionell die Kocherinsel Unterwöhrd, angedeutet durch die mächtigen Bäume.

Ein ähnliches Motiv finden wir als Tuschzeichnung am Kopf eines Blattes aus den »Erinnerungsbüchern an den abgehaltenen Siedershof mit Ordnung der Kuchenholer 1741–1826« (Format 23 × 32 cm). Es ist die handschriftliche Liste der Kuchenholer des Jahres 1794. Der begabte Maler hat sie mit schwungvollem Rokoko-Ornament eingerahmt und mit der Tanzszene gekrönt. Pfeifer und Trommler spielen wieder auf der Kufe unter einem schützenden Baum. Zur linken tauschen Hofbursche und Hofjungfer Weinglas und Rose, rechts steht ein weiterer Sieder in roter Uniform, mit Schärpe, Dreispitz und Degen. Sehr akkurat ist beide Male die Siederstochter in ihrer schönen Tracht gezeichnet; es fehlt nicht das weiß gestickte Halstuch, die eng gefältelte Schürze über dem roten Rock und der silberne Schmuck im Haar.

(96 Haalamt, Schwäbisch Hall; 97 HA B 938–964)

98 Haalgeist auf Kettensteg. Der »Hoolgaascht«, das Fabelwesen des Haalgeistes, hat in Haller Volkskunst und Mundartdichtung immer wieder seine Interpretationen gefunden. Die Sagengestalt – Warner vor Feuers- und Wassergefahr, Kinderschreck, Bundesgenosse der kleinen Leute gegen die Herrschenden und vieles mehr – wird im Laufe der Jahrhunderte immer wieder einmal an Haal und Kocher gesichtet. Eine Schützenscheibe des Jahres 1865, »zum Endschießen auf dem Tanzplatz« gestiftet von P. Groß aus Kupfer (Schützenkönig wird Bierbrauereibesitzer Carl Klinger), zeigt den Kettensteg, 1836 als erste württembergische Hängebrücke zwischen Ackeranlagen und Unterwöhrd gespannt. Auf ihm, vor nächtlichem Himmel, steht der Geist, sein »Davelä! raumt aus, s'kummt an groß Wasser« spielt auf den Ruf an, der die Sieder auf dem Haal vor Überschwemmung warnen will. Aber es sind nicht Kocherfluten, die drohen, sondern des Haalgeistes eigenes Wasser, das er in hohem Strahl von der Brücke abläßt. – »Davelä«, »Dovele«, dies sind spöttische Verkleinerungsformen des populärsten Vornamens Haller Sieder: David.
(Ausschnitt aus einer Schützenscheibe. Keckenburg-Museum, Schwäbisch Hall)

99 Drei Haalgeister. In einer handschriftlichen Chronik aus Hall, der »Chronica des Christian Colland« von 1775, finden wir drei Darstellungen des »Hoolgaascht«, die von der Unvereinbarkeit blühender Phantasie und begrenztem künstlerischem Vermögen zeugen. Die naiven Tuschzeichnungen geben ein Fabelwesen mit Tierkörper und menschlicher Grimasse wieder, Vogelkrallen, Raubtiertatzen, Teufelsschwanz sollen bedrohlich und abschreckend wirken. Flößerhaken, Leiter und Ketten weisen auf die enge Verbindung des Geistes zum Haal, zweimal erkennen wir als Kopfschmuck eine vornehme Rokoko-Perücke (eine Anspielung auf die hohen Herren der Verwaltung?). Die ausführlichste Darstellung ist von einer Schriftkartusche begleitet: »Diß ist der sogenandte Haal-Geist wie er dañ von vielen Leuten ist gesehen worden.« Das eselähnliche Tier mit dem Schnauzbart ist vom Haalamt und einem aufgeschichteten Holzhaufen des Haalplatzes umgeben.

(HV II/4)

Abkürzungs- und Sigelverzeichnis

A Akte(n)
a. am, an, auch
Abb. Abbildung
Abh. Abhandlung(en)
Anm. Anmerkung
Art. Artikel
Aufl. Auflage
B. Band, Bild
b. bei
Bd(e). Band, Bände
bearb. bearbeitet
Bf. Bischof
Bl. Blatt
Bü Büschel
bzw. beziehungsweise
ders. derselbe
deutsch. deutschen
Diss. Dissertation
ebd. ebenda
Ebf. Erzbischof
f. Folio, für
f., ff. folgende
Frh. Freiherr
geb. geboren
gen. genannt
geol. geologisch(en)
Ges. Gesellschaft
Gesch. Geschichte, geschichtlich
H. Heft
HA Haalarchiv, Depositum im Stadtarchiv Schwäbisch Hall
Haalq. (HT) Der Haalquell. Blätter für Heimatkunde des Haller Landes (Beilage zum Haller Tagblatt)
Hrsg., hrsg. Herausgeber, herausgegeben
Hs Handschrift
HStASt Hauptstaatsarchiv Stuttgart
HT Haller Tagblatt
HV Bibliothek und Bildarchiv des Historischen Vereins für Württembergisch Franken, Deposita im Stadtarchiv Schwäbisch Hall
Jahresh. Jahresheft(e)
Jg. Jahrgang
Jh(s). Jahrhundert(s)
JhVVNW Jahreshefte des Vereins für vaterländische Naturkunde in Württemberg
Komm. Kommission
Landesgesch. Landesgeschichte
Landesk. Landeskunde
lat. lateinisch
lb Pfund
max. maximal
Mgf. Markgraf
Mitt. Mitteilungen
mschr. maschinenschriftlich
N Notiz
NF Neue Folge
N. Jahrb. Geol. Paläontol. Neues Jahrbuch für Geologie und Paläontologie
Nr. Nummer
o. D. ohne Datum
o. E. ohne Erscheinungsvermerk
o. J. ohne Jahr
oberrhein. oberrheinisch(e)
PH Pädagogische Hochschule
preuß. preußisch
S. Seite
s. siehe
sämtl. sämtlich(e)
schw(äb). schwäbisch
sog. sogenannt
Sonderbeil. Sonderbeilage
Sp. Spalte
St. Sankt
StAH Stadtarchiv Schwäbisch Hall
StAL Staatsarchiv Ludwigsburg
südwestdt. südwestdeutsch
U Urkunde
u. a. und andere, unter anderem
UB Hall Die Urkunden des Archivs der Reichsstadt Schwäbisch Hall. Bearbeitet von Friedrich Pietsch. Band 1 (1156–1399). Band 2 (1400–1479) (= Veröffentlichungen der Staatlichen Archivverwaltung Baden Württemberg 21 und 22). 1967 und 1972
v. vom, von
Veröff. Veröffentlichung
vgl. vergleiche
Vol. Volumen
Vrtl. Viertel (Maß)
WFr Württembergisch Franken. Jahrbuch des Historischen Vereins für Württembergisch Franken
WGQu Württembergische Geschichtsquellen
wiss. wissenschaftlich
WUB Wirtembergisches Urkundenbuch. Herausgegeben vom Königlichen Staatsarchiv in Stuttgart. 11 Bände. 1849–1913
württ. württembergisch
WVjH Württembergische Vierteljahreshefte für Landesgeschichte
Wwe. Witwe
z. B. zum Beispiel
z. T. zum Teil
Zeitschr. Zeitschrift
Zs. Zeitschrift
ZWFr Zeitschrift des Historischen Vereins für das württembergische Franken

Orts- und Personenregister

Adelberg 96, 116
Adelmannsfelden 83
Allhäußer 93
Alpirsbach 103
Amman, Jost 159
Ammann, Hans 149
Amsterdam 93
v. Angelloch (gen. v. Brobach), Philipp 139
Anhausen 96
Ansbach s. Brandenburg
Arnold, Georg Bernhard 123, 143
Augsburg 44, 48, 66
Autenried, Apollonie, Martin 161

Baader, J. 54
v. Bachenstein 135 – Magdalene 139
Backnang 96, 101
Bad... s. unter dem Ortsnamen
v. Baden s. Hermann
Barth, Annethilde 146
Basel 97
Bauer, Roland 143, 158
Baumann, Hans 149
Baumeister, Jo. Jakob 72, 73
Bayern 100, 102, 107
Bechstein 147
Beilstein 111
Bellinzona 97
Berlin 35
Bernburg s. Richter
v. Beust, Frhr. Joachim Friedrich 47, 54
Beyschlag 147 – Jörg 148–150 – Hans Konrad 142
Bibersfeld 150, 151
Biermann, Peter 149
Binder, Karl Friedrich 7
Blank, Michel 97
Blinzig 147, 151 – Apollonie 148, 149 – Gilg 148, 149 – Hans 147–149 – Konz 148, 149 – Lutz 148–150 – Margarete 148–150 – Peter 148, 149 – Wilhelm 148, 149
Bonhöf(f)er, Dietrich 154, 156, 158 – (Dekan) 173 – (Kastenpfleger) 169
Botz 147, 157 – Heinrich 160 – Michel 148–150
Brandenburg-Ansbach 13, 103, 112, vgl. Georg
Braun, Louis 164, 186
Braun & Hogenberg 90
Brenz, Johannes 11, 18, 20, 155, 156, 173
v. Brobach (Braubach) s. Angelloch
Brody 12, 24, vgl. Sussmann
Bruchsal 102
de Bry, Jo. Theodor 20
Büchner, Georg 156
Bühl 147, 157 – Hans 142
v. Bühler, Georg Christian Wilhelm 44, 84, 86, 168, 173
Burckhardt, Sebastian 142
Büschler, Hans 139, 154 – Hermann 139 – Konrad 139

Carlé, Walter 7, 30, 31, 36, 37, 40–43, 53, 55, 63, 68, 78–80
Carlin, H. 54
Christfels, Weidner & Co. 75, 102
Christof, Herzog v. Württemberg 11, 20
Clausthal 44
Clemenshall (Offenau) 8, 45, 48, 49
Coccyus, Sebastian 153
Colland, Christian 191
Colmar 99
Crailsheim 103
Cristan 135
Cron, Adolf 171

Decker-Hauff, Hansmartin 96
Demmler, G. 54
Denkendorf 96, 123, 132, 136, 137
Deuber, Kilian 148, 149
Dierolf 135 – Martin 97
Dinkelsbühl 155
Dötschmann 147, 157 – Hans 142
Dürbrech, Peter 150
Dürer, Albrecht 77
Dürkheim 101
Durlach 100, 103

Eberhart 135 – Burkhard 139
Eberlein, Christian Andreas 175, 181
Ebner, G. 89
Eckhart, Hans 149
Egen 135
Eisenmenger, Johann 142
Elchingen 96
Ellwangen 88
Elsaß 101, 103, 107
Eltlin, Lienhard 155
v. Emeringen, Pilgrim 137
Enslingen 39
Erlangen 102, 123
Eschenau 150, 151
Esslingen 155

Faust 176
Feldner s. Veldner
Feuerbach, Anselm 154, 156, 158
Feyerabend 147 – Johann 142 – Konrad 160
Fichtelgebirge 70
Firnhaber 147
Frankenhausen 173
Frankfurt a. M. 97, 103, 112
Frauenalb 103
Frickenhofen 88
Friedrich I. Barbarossa, Kaiser 10 – II., Kaiser 137 – I., Herzog, Kurfürst, König v. Württemberg 13, 25, 103, 115, 133, 144, 163
Friedrichshall (Jagstfeld) 8, 49, 50

Gaildorf 87, 89, 155
v. Gailenkirchen 135
Gailing, Hans 151
Gebhard, Bf. Regensburg 9 – Bf. Würzburg 10, 18
Geiger, Walter 164
Gelbingen 43, 78, 79
Georg, Mgf. v. Brandenburg 11
Gerabronn 45
Gerhard, Heinz, Konz 147, 148
Gericke, Jakob 173
Germersheim 101
Geyer 147, 157 – Hans 148, 149
Glenk, Jo. Georg 44, 54 – Karl 154, 156
Glöckler, P. 164, 184
Gmelin, Julius 168, 175
Gmünd (Schwäbisch) 101, 155
Gnadental 96, 147–150
Gracia Patricia, Fürstin v. Monaco 151
Gräter (Greter), Els 150 – Friedrich David 154, 156, 163, 170 – Fritz 177 – Margarete 155, 156
Grimm, Jakob und Wilhelm 163
Gronbach, Peter 154
Groß 145 – Georg Peter 71, 77, 175, 179 – Hans Jörg 142 – Hans Kaspar 142 – Kaspar 101 – P. 190
Großaltdorf 30
Großbottwar 103
Großsachsenheim 103
»Grundel, Wendelin« 177

Häfenlin (Heiffenlin), Hans 85
Hagdorn, Hans 27, 41
Hagedorn 135
Hain s. Heim
Halberg 147 – Johann 154, vgl. Hallberger
Hall (Schwäbisch) passim – Tirol 8
Hallberger, E. 186
Halle a. S. (»Hall in Sachsen«) 8, 41, 100, 102, 107, 114, 143
Hallein 8, 41
Hallstatt 8, 41
Haenle, S. 163, 168, 170
v. Hardenberg, Karl August 103, 112
Harlung 147
v. Harstal, G. 54
Hartmann, Friedrich Christian 54
Has, Heinrich (»Hasenrat«) 17, 156
Haspel 175
Haug 147 – Heinz 148, 149
Haußer, Johann 176
Heidelberg 11, 20, 99, 101–103, 151, 155
Heiffenlin s. Häfenlin
Heilbronn 36, 99–102, 163
Heilbronner 154 – Philipp (gen. Stock) 94, 153
Heim, Eberhard Friedrich 12 – Margarete (Hain) 160
v. Heimberg, Kraft 160
Heinrich (VII.), König 136, 137
Helbling 147
Held & Teufel 30, 78
v. Herdegen, Christof 145
Herdtle 81
Hermann, Mgf. v. Baden 137
Hermann, Josef 142
Herolt, Johann 96, 164, 168, 172
Herzogenhall 8
Hessen 97, 99–101, 107
Hezel, Johann Friedrich 145
Hirsch, Dr. 12 – Gerhard 177
Hirschfelden 78
Hof(f)mann 93 – Konz 151
Hogenberg s. Braun
Hohenlohe 11
v. Hohenlohe 135 – v. H.-Langenburg 175, 186
Homann 19
Hommel, Wilhelm 42, 172, 174
Honhardt 19, 100, 114
Hoppensack, Jo. Martin 45, 54
v. Horneck 100
Hornung, Michel 142
Hub 147 – Anna 150 – Hans 160 – Heinz 150, 161
Hübner, Hans 148, 149
Hufnagel, Karl Friedrich 129, 145, 146 – Wilhelm Friedrich 103, 112
Hugo v. Trimberg 155, 161
v. Humboldt, Alexander 31, 45, 48, 54, 72
v. Husinecke, Ulrich 137

Jäger, Georg Friedrich 123
Jagstfeld s. Friedrichshall
Ilsfeld 151
Ilshofen 11, 19, 150, 151
Ingelfingen 39
Joss, J. F. 66
Isaak, Samuel 101
Junckherre, Johann 138
Jung, Jo. Heinrich 114, 115
Jungk, Gottlob 7, 49, 79, 81

Karl IV., Kaiser 114 – V., Kaiser 17, 20 – König v. Württemberg 163
Karlsruhe 103
Katzner, Jo. Leonhard 75 – J. M. 54
Kaufmann 111 – Katharine 160
Keck 135 – Elsbet 139 – Konrad 139
Kelheimer 147
Kempten 96
Kirchberg a. Jagst 41, 155
Klinger, Karl 190
Koch, Friedr. Jacob 186 – Peter 72
Kochendorf 50, 81
Köln 35, 97, 99, 100, 107, 155
Komburg (Schw. Hall) 11, 78, 96, 126
v. Komburg, Graf 9, 96
»König« 1280 s. Rudolf
Konrad IV., König 89
Körner, J. C. 67, 70, 75, 76
Kost, Emil 42, 55, 56
Kraus, Jo. Ulrich 21
Krauß 147
Kraußhaar, Walter 135
Kreil, Dieter 11
Kübler, Philipp Jakob 111
Kupfer 188
Kurz, Isolde 154

Laccorn (Lackorn), Georg Bernhard 168 – Peter 44, 54
Ladenburg 99
Laidig, Hans Reinhard 125, 140 – Jörg Michel 85
v. Langenburg s. v. Hohenlohe
Lecher 135
Lehmus, Emilie 156
Leipzig 123, 143
Lenckner, Georg 85
Levi, Hajum 103
Lichtenstern 96
Limpurg (Schwäb. Hall) 11, 47, 78, 83, 86, 88, 89, 164, 183, vgl. Schenk
Lorch 103
Lothringen 100, 107
v. Ludewig, Jo. Peter 114, 143, 156
Ludovice, Jo. Friedrich 154, 156
Ludwig d. Bayer, Kaiser 10, 17, 130
Ludwigsburg 103
Ludwigshalle 8
Lüneburg 114
Lunéville 13

Mack v. Leiberich, Frhr. Karl 151
Majer (Konsulent) 87
Mainhardt 43, 88
Mainz s. Ebf. Siegfried
Mannheim 102, 103
Marsal 97
Matti, Werner 132, 174
Maximilian I., Kaiser 98, 131
Mayer, Robert 151
Mehl, Heinrich 163
Mengoß, Burkhard 160
Mergentheim (Bad) 41, 96, 101
Merstatt 135 – Hans 139
Meyer, J. P. 23
Molß, Erhard 147
v. Monaco s. Gracia Patricia
v. Montalègre, Josef 60
v. Montgelas, Graf Maximilian Josef 13
Morff, Gottlieb Wilhelm 146
Mörike, Eduard 151, 154, 156, 158
Mosbach 99
Müller 147, 151, 157 – Anna 153 – David 152, 153 – Els 153 – Erenfried 151, 153 – Friedrich Sybäus 122, 151–153 – Georg (Jörg) 151–154, 158 – Hans 142, 151–154 – Jakob Friedrich 119, 122, 153, 154 – Jo. Wilhelm 153 – Kaspar 151, 153 – Klaus 151, 153 – Konz 151 – Ludwig 152, 153 – Ludwig David 152, 153 – Maria 152, 153 – Nikolaus David 153, 154 – Wendel 151–154 – Wolfgang Nikolaus 153
Müller v. Zanegg, Ludwig 152, 153
München 186
Münzmeister 135
Murrhardt 88, 101, 155
Müsekunninch, Haward 137

Napoleon I., Kaiser 13, 25
Narr, Dieter 165, 168
Nau, Elisabeth 96
Nauheim (Bad) 41, 97, 107
Neckarsulm 100, 101
Neresheim 96
Neuenstadt a. K. 103
Neumühle (b. Uttenhofen) 30, 49
Neyffer 135 – Hans 139
Niedernhall 8, 47
Nördlingen 150
Nürnberg 11, 70, 103

Oberpfalz 70, 95
Oberscheffach 150
Ochsenius, K. 29, 34
Odenwald 70, 95
Offenau 49, vgl. Clemenshall
Offenburg 103
Öhringen 98, 99
Oppenheimer, Süß 101, 111
Orb 110
v. d. Osten 49
Otterbach, Margarete 152
Öttingen 152

Pfalz (Kurpfalz) 13, 101–103
Pfannenschmied 135
Pforzheim 103
Poltawa 151
Prag 35, 155, 156

Raiffeisen, Friedr. Wilh. 156
Rausch, Karl August 44, 54
Regensburg 114, 172, s. Bischof Gebhard
Reichenhall 8, 49, 96, 100, 111
Reitz 147, 157 – David 101
Richter-Bernburg 35
Rieden 78, 151
Riehm, Karl 41–43
v. Rinderbach 135 – Hans 139, 154 – Matthias 139 – Peter 139
Rormüller 154
Roscher, J. M. 54
Rosengarten (Westheim) 88
v. Roßdorf, Volk 152
Roßnagel, Katharina 160
Rothenburg o. T. 11, 101, 151, 155
Rudolf v. Habsburg, König 10
Rupert d. Heilige, Erzbischof v. Salzburg 98

Sachsen-Anhalt 70
Salins 151
Salzburg s. Erzbischof Rupert
Sandel, Eberhard Friedrich 145
Sausele, Heinz 176
Seckel, Burkhard 152 – Michel 149 – Paul 152
Seif(f)erheld (Seyfferheld) 53, 147 – Alexander 46, 54 – David 156 – Georg (Jörg) 153, 156 – Georg Friedrich 12, 21, 99, 100, 107, 132, 152 – Hans 101, 159 – Johann Lorenz Karl 170, 181 – Michel 156
Seille (Lothringen) 41
Seligmann s. Schmalz
Senf(f)t (v. Suhlburg) 115, 118, 120, 135, 140 – Gabriel 115, 135 – Gilg 139, 140, 154 – Michel 135, 139 – Walter 168
v. Serini 103
Seubot, Heinz 151
Seyboth (Sybot) 93, 147, 150, 157 – Daniel 150, 160 – Daniel Friedrich 151 – Georg Melchior 186 – Georg

Wilhelm 151 – Hans 150 – Heinrich (Heinz) 150, 151, 160 – Jo. Andreas 151 – Jo. Friedrich Daniel (v. Seyboth) 151 – Katharine 160 – Michel 150, 151, 160 – Nikolaus Wilhelm 151 – Philipp 150, 151, 160, 161
Sieber, Hans Jörg 142 – Jo. Georg 54
Sieder 135, 154 – Hans 139
Siegfried, Erzbischof v. Mainz 137
Sonnenfroh, Dorothee 151
Speyer 97, 99, 101, 104, 150
Spielmüller, Albrecht 155
Sulmeister 120, 126, 127, 135, 168
Sulz 47
von Suntheim, Ladislaus 98
Sussmann, Elieser (aus Brody) 12, 24

Schäfer 87
Schauffele 176
Schenk v. Limpurg 10, 120, 121, 126, 155 – Walter I. 89
Scheu, Hans 160
Schickhardt, Heinrich 69
Schletz 135
Schloßstein 111
Schlözer, August Ludwig 151
Schmalz & Seligmann 102
Schmidlin 145
Schmidt, Reinhold 186
Schmiedelfeld 87
Schöntal 96
Schragmüller, Jo. Friedrich 123
Schreiber, Konrad 135 – Ulrich, Werner 137
Schreyer, Hans 90, 91, 142, 182
Schübelin 147, 157, 176 – Gilg 151
Schübler, Valentin 145
Schultheiß 120, 121, 135, 139
Schwäbisch Gmünd s. Gmünd
Schwäbisch Hall passim
Schwarzwald 70, 95

Stadtmann 147, 157 – Adam 142 – Hans 149, 150
Staufer 9, 96, 113
Steinbach (Schw. Hall) 18, 78
v. Stetten, Margarete 148
Stichler (Stiegler) 163
Stock, Karl 50, 54, vgl. Philipp Heilbronner
Stöckenburg s. Vellberg
Straßburg 97, 99
Strauß, David Friedrich 154, 156
Stryk, Samuel 114
v. Stubenrauch, Franz Xaver Anton 9
Stüber, Jos 154
Stuttgart 11, 56, 146

Teufel s. Held & Teufel
Thomasius, Christian 114
Thon, Jo. Wilhelm 48, 49
Treutwein 135, 150
Trier 155
Trimberg s. Hugo
Truller, Ulrich 148, 149
Tübingen 94, 115, 123, 146
Tullau 13, 31, 50, 78

Ulm 11, 143
Ulmer, Hans, 148, 149
Ulrich, Jörg 151
Ulshöfer, Kuno 9, 68, 95
Unmaß 135
Unterscheffach 31
Unterzell 96
Uttenhofen 78, vgl. Neumühle

Veeck, Walther 41, 56
Veldner (Feldner) 135, 150, 154
Vellberg (und Stöckenburg) 11, 19, 43, 100, 150
Vischer, Ursula 152
Vogelmann 147 – Ezechiel 101 – Georg Friedrich 142 – Kunz 138, 154 – Wendel 160
Vohenstein 83

Wachenheim 101
Wagner 147 – Georg 34, 39
Walter, Kaspar 44, 48, 66
Warschau 35
Weber, Karl Julius 151, 154, 156 – Raimund J. 7, 83, 113, 147, 149–151
Weidner s. Christfels & Weidner
Weigel, Hans 159
Weil der Stadt 155
Weinheim 99
Weinsberg 103, 151
Weißbach 44
Weißkopf (Weyskopf), Konz 147, 148
Weller, Eberhard 91, 142
Welzheim 88, 103
Wenger 147
Westheim (Rosengarten) 88, 151
v. Westheim, Graf 96, 175, 179, 183
Wetterau 100, 107
We(t)zel 147, 151, 157 – Bartel 156 – Berchtold 154 – David 156, 161 – Hans 150, 154–156, 161 – Katharine 155 – Konrad 156 – Lienhard 154, 155 – Ludwig 155, 156 – Melchior 156 – Peter 155, 156, 161 – Veit 156 – Walpurg 156 – Werner 121, 154
Wibel 143, 145 – Jo. Lorenz 145
Widmann, Erasmus 156 – Georg 164, 168, 172, 175 – Georg Rudolf 176
Wien 35, 129
Wild, Helmut 36
Wilhelm I., König v. Württemberg 49, 80, 145, 163
Wilhelmsglück 13, 30, 31, 36, 39, 48–50, 54, 68, 78–80, 145
Wilhelmshall 8
Wimpfen (Bad) 49, 99, 150, 151, 154
Winnenden 103
Wittenberg 94
Wolf, Löw 12
Wolfsberg 154
Woltz 100
Worms 137
Wunder, Gerd 7, 12, 85, 147, 168
Württemberg 11, 13, 101, 102, 111, 124, vgl. Christof, Friedrich, Karl, Wilhelm
Würzburg 150, 154 – Hochstift 110, vgl. Bischof Gebhard

Zeyher 88
Zweiffel, David 142 – Georg David 60